자폐증인가요 Ⅰ

임상가와 모두를 위한 지침서

Donna Henderson · Sarah Wayland · Jamell White 공저 | 신민섭 · 이가영 · 신다예 공역

Is This Autism? A Guide for Clinicians and Everyone Else

학지사

Is This Autism:
A Guide for Clinicians and Everyone Else
by Donna Henderson, Sarah Wayland, & Jamell White

역자 서문

우리는 서로의 이야기꾼이 되어야 한다. 적어도 그런 노력을 기울여야 한다. 우리는 우리가 알지 못하는 아름다운 사람들에 대해 알고 싶어 한다. 알아야 할 필요가 있다.

– 메리 올리버Mary Oliver, 1935~2019, 『긴 호흡』 중

심리학의 많은 개념은 학문적 맥락을 넘어 모호한 범용성을 띤 채 사용된다. '사회성'이라는 개념이 그 대표적인 예라고 할 수 있다. 이 단어는 사용되는 맥락에 따라 친사회적 성향, 사교 기술, 사회적 적응력, 외향성, 연대하려는 본능 등 다양한 의미를 내포한다. 하지만 쉽게 사용되는 개념일수록 그 의미와 표현 양상을 면밀히 살펴보아야 할 필요가 있다.

사회성이란 과연 무엇이며, 어떤 방식으로 드러나는가? 이 질문에 접근하는 한 가지 방법은 사회성이 결여되었을 때 나타나는 특성들을 살펴보는 것이다. 이 책은 독자로 하여금 바로 그러한 시도를 가능하게 한다. 사회성의 결여를 핵심 특성으로 하는 자폐증에 대한 탐색을 통해 우리는 다음과 같은 질문들을 마주하게 된다. 상호호혜적인 상호작용의 본질은 무엇인가? 의사소통에서 비언어적 요소는 어떤 역할을 하는가? 대인관계는 어떻게 구축되고 유지되는가? 융통성이란 정확히 무엇을 의미하는가?

이러한 측면에서 이 책은 말 그대로 '모든 이'를 위한 책이다. 이 책의 제목 『자폐증인가요 I: 임상가와 모두를 위한 지침서』는 이 책이 임상가뿐 아니라 일반 독자 모두에게 열려 있는 유용한 안내서임을 명시한다. 제목에서 드러난 바와 같이, 이 책은 자폐인 당사자와 그의 가족, 친구뿐 아니라 사회성이란 무엇이며, 그것이 어떤 방식으로 표현되는지를 더 깊이 이해하고자 하는 모든 사람에게 유익하다.

그리고 사회성과 그 결여에 대해 고찰할수록 우리는 '좋은 사회성'이라는 것이 얼마나 임의적인 개념인지를 깨닫게 된다. 이 책의 저자들은 자폐인과 비-자폐인을

왼손잡이와 오른손잡이에 비유한 바 있다. 한때 왼손잡이는 사회적 기준과 다르다는 이유로 거부되거나 교정의 대상이 되었지만, 우리는 이제 왼손잡이가 '나쁘게 타고난' 것이 아니라 다르게 기능하는 방식일 뿐임을 이해한다. 자폐인과 비-자폐인의 관계도 이와 다르지 않아서 서로에게 낯선 언어와 생활양식, 사고방식, 감정 표현을 마주하더라도 그것은 손상이나 결함 혹은 '나쁜 것'이 아니라 그저 고유한 삶의 방식인 것으로 이해된다.

이 책을 읽는 독자는—그가 자폐인이든, 비-자폐인이든—자신이 가진 자폐에 대한 이해, 더 나아가 사회성에 대한 이해가 얼마나 얕고 단편적이었는지를 깨닫게 될 것이다. 비-자폐인 독자라면 자폐인을 이해하기 위해 자신이 얼마나 적은 노력을 기울여 왔는지 돌아보게 될 수도 있겠다. 그리고 책을 읽으며 문득 "나도 이런 면이 있는데, 혹시 나에게도 자폐적인 부분이 있는 걸까?"라는 질문을 마주할 수도 있으리라. 우리 역자들은 모두 그런 순간을 겪으며 함께 의견을 공유하였다.

이러한 방식으로 우리는 서로를 이해하게 된다. 마치 익숙한 나라에서 살아온 사람이 외국인을 맞이할 때와 같이, 비-자폐인은 자폐인과의 소통에서 당혹스러움을 느끼곤 하지만 자폐인이 느끼는 혼란과 긴장은 그보다 훨씬 깊고 복잡하다는 것을—제2장에 등장하는 자폐 소녀 에리카의 외침을 보라. "비밀에 관한 규칙이 너무 많아요! 어떻게 다들 그 비밀에 관한 규칙을 배우는 거예요?" 또한 우리 각자는 서로 다른 삶의 방식을 지녔음에도 욕구와 감정, 관심사에 있어서 많은 부분을 공유한다는 것을. 그리고 이러한 측면에서 우리가 때때로 서로의 세계를 넘나든다는 것을. 그 순간—타인을 하나의 점에서 선으로, 면으로, 그리고 마침내 무수히 많은 층위의 입체로 이해하게 되는 바로 그 순간—우리는 타자 속에서 자신의 일부를 발견한다. 어쩌면 그것이 사회성의 가장 핵심이 되는 부분일지도 모르겠다. 서로 간의 단절과 고립을 넘어 서로를 서로 안에 품어 내는 순간, 그것이 인간을 가장 사회적이고 인간답게 만드는 순간일지도……. 이 책이 우리 모두에게 그러한 순간을 잠시나마 내어주는 책이기를 바란다.

2025년 10월

신민섭, 이가영, 신다예 드림

자폐증인가요Is This Autism

자폐증에 관한 이해가 크게 확장되고 있지만, 여전히 많은 자폐인이 진단에서 누락되거나 오진되고 있다. 이 책은 자폐증이 표현될 수 있는 다양한 방식을 명료하게 보여 주며, 특히 자폐적 특성을 숨긴 채 위장한 사람도 설명하고 있다.

저자들은 진단 기준을 단계별로 안내하는 과정에 최신의 연구뿐만 아니라 100명이 넘는 자폐인 관련인의 생생한 인용문을 통합하였으며, 이에 더해 자폐증의 강점 및 동반 질환과 같이 현재의 진단 기준이 담고 있지 않은 자폐증의 여러 측면도 제시한다. 독자들은 밀접한 관련 주제인 다양한 유형의 공감, 잘 알려지지 않은 감각 시스템, 신경적 충돌과 번아웃, 상대적 사고와 절대적 사고를 배우게 될 것이다.

| 도나 헨더슨Donna Henderson, PsyD.

임상심리학자로, 자기 이해가 향상되기를 바라는 아동, 청소년, 성인 대상의 신경심리평가 전문 분야이다. 인기 강사로 활동하면서 다른 정신건강 전문가를 대상으로 교육과 자문을 제공하고 있다.

| 사라 웨일랜드Sarah Wayland, PhD.

Guiding Exceptional Parents의 창립자이며, The Behavior Revolution의 공동 창립자이다. 신경다양성을 지닌 아동의 부모에게 신경다양성을 지지하는 지원, 교육, 커뮤니티를 제공하고 있다.

| 자멜 화이트Jamell White, PhD, LCSW-C.

임상사회복지, 특수교육, 인간 발달 분야에서 자폐증 아동·청소년·성인과의 공동 작업을 전문으로 한다. 20년 이상의 임상 경험이 있다.

이 책은 자폐증의 덜 명확한 표현에 대해 최신의 심오하고도 신경다양성을 지지하는 이해를 제공하며, 건강관리전문가, 교육자, 가족, 자폐인, 그리고 자폐증에 관심이 있는 모든 이를 대상으로 한다. 정신건강 진단을 내리는 임상가에게 임상 지침을 안내하는 『**자폐증인가요 II: 진단을 위한 동반 지침서**』도 있다.

우리의 자폐증 내담자, 친구, 가족, 특히 진단이 늦어진 내담자에게,
그리고 여전히 눈에 띄지 않는다고 오해를 받고 있다고 느끼는 내담자에게,
우리가 여러분과 함께하고 있습니다.

내가 가장 좋아하는 자폐인들에게
그리고 한 특별한 ADHD 친구에게.

– D. H.

인내심과 유머로 가득 찬 가족들에게.
매일 당신에게 배웁니다.
감사합니다.

– S. W.

독자에게

들어가기에 앞서 이 책의 개관과 함께 저자들이 독자와 잘 소통하기 위해 고민했던 결정 과정을 소개하고자 한다.

이 책은 연구, 임상 경험, 인생 경험의 조합에 기초를 두고 있다. 자폐증에 관한 저자들의 이해는 가정에서 시작하여 직업으로 확장되었다. 자폐인과 함께 생활하고 일하면서 어느 하나의 경험만으로는 불가능했던 더 깊은 이해를 얻게 되었다. 물론 저자들의 경험과 이 책의 정보는 연구에 기반을 두고 있으며, 가능한 한 많은 연구를 참고하였다. 많은 독자가 각주와 문장 내 인용을 선호하지 않는다고 알고 있으며, 이에 『사이언티픽 아메리칸Scientific American』과 같은 출판물에서 채택한 인용법을 사용해서 책의 가독성을 높이려고 했다. 본문에서 원저자를 직접 언급했고, 각 장의 말미에 참고문헌을 정리하였다. 이 외의 관찰은 저자들의 전문적인 경험을 토대로 하였다.

저자들은 '#nothingaboutuswithoutus(#우리 없이 우리에 관한 것은 아무것도 아니다)'를 전적으로 지지한다. 저자들은 각자 신경다양성을 지녔지만 자폐인이 아니며, 자폐인의 관점을 담아야 한다고 생각한다. 이를 위해 100명이 넘는 자폐인이 자신의 생생한 경험을 공유하겠다고 흔쾌히 제안했으며, 이 책에서 '**자폐증 경험에서 본 시선으로** From the experts' 제목의 인용문 형태로 제시되었다. 저자들은 자폐인 각자가 인용문 표기 방식을 정하도록 했다. 다수는 실명이지만 몇몇은 가명이며, 일부는 단순히 마지막 이니셜이 생략된 이름인데, 모두 인용된 사람이 직접 선택한 것이다.

이에 더해 각 장을 읽고 피드백을 제공해 준 **자폐증 자문위원회**가 있다. 저자들은 연령, 젠더, 인종, 민족적 배경이 다양한 자문위원회를 구성하고자 했다. 임상가 자문위원회에는 자폐인이 7명이나 포함되어 있기도 하다.

모든 젠더의 자폐증을 이해하기 위해 여성에 관한 연구를 제시하였다. 여성과 여아의 자폐증이 남자와는 다른 증상으로 표현된다는 연구가 상당히 많다. 그러나 조기에 발견되지 않은 남아와 남성도 많다. 물론 논바이너리non-binary, 트랜스젠더, 젠더플루이드gender fluid, 그리고 현재의 문헌에 등장하지 않은 이들의 경험도 중요하다. 젠더와 무관하게 자폐증으로 미진단된 모든 이의 경험을 비추어 이들이 혜택받기를 희망한다.

다양한 문화권에 속한 사람들의 경험을 더 잘 이해하기 위해 임상사회복지사LCSW-C인 자멜 화이트Jamell White 박사가 '문화 간 연결connecting culture' 단락을 작성하였다. 자멜은 문화와 자폐증 간의 상호작용을 명시적으로 논의해야 한다고 지적하였다. 한 사람의 문화적 경험과 정체성은 모든 상호작용에 영향을 미치며, 자폐인의 확장된 경험으로부터 분리될 수 없기 때문이다.

> 문화적 인식, 다양성, 감수성과 관련된 방대한 정보를 개관하는 것은 이 책의 범위를 벗어난다. 그러나 저자들은 문화적 겸양의 이슈가 특히 관련된 사례를 강조하면서 임상가가 내담자를 개별 문화적 맥락 안에서 이해하기 위해 꾸준히 노력해야 할 필요성을 전반적으로 제고할 것이다.
>
> – 자멜 화이트 박사

'문화 간 연결' 단락에서는 자폐증과 함께하는 인생 여정 중에서 문화적인 경험을 이야기로 엮어 조명한다. 어떤 어머니가 아름답게 표현한 것처럼, "인종, 젠더, 장애, 발달 차이에 대한 둔감함은 서로 연결되어 있다The insensitivities are intersectional."

▎이 책의 개관

서론에서 저자들은 임상가(를 포함한 모두)가 자폐증의 유형을 확인하고 이해하는 것이 왜 중요한지를 설명한다.

제1부는 무엇에 관한 논의이다. 저자들은 자폐증이 덜 분명하게 나타나는 많은 다양한 방식을 개관하고, 정확히 무엇을 살펴야 하는지 DSM-5-TR 기준을 바탕으로 설명한다.

제2부는 **다른 무엇**에 관한 논의이다. 현재의 진단 기준에는 포함되어 있지 않지만, 흔히 동반되는 특성이나 어려움을 소개한다. 이 중에는 널리 알려진 불안장애와 ADHD도 있고, 덜 알려졌지만 그만큼 중요한 감정인식불능증, 자폐적 번아웃, 맥락에 대한 높은 요구high heed for context도 있다. 임상가가 어려움의 유형을 많이 알고 있어야 자폐증 내담자를 더 잘 인식하고 이해할 수 있다. 저자들은 자폐적 강점도 개관한다.

동반저서인 『**자폐증인가요 II: 진단을 위한 동반 지침서**』에서는 그 **방법**을 다룬다. 이 책에서 도나는 정보를 수집하고 조직화하고 통합하는 방법, 내담자와의 협력적인 논의를 통해 그들의 경험에 의미를 부여하는 방법을 설명한다. 이 정보는 매우 중요한데, 어떤 사람의 자폐증 여부를 판단할 때뿐만 아니라 다른 사람에게 진단을 설명하고 유의미한 권고 사항을 제시할 때에도 활용되기 때문이다. 만약 임상가가 획득한 정보를 효과적으로 소통한다면 진단은 내담자에게 긍정적으로 삶을 변화시키는 순간이 될 것이다.

❙ 용어 사용

이 책의 핵심 목표는 신경다양성을 지지하는 방식으로 저자들의 생각을 전달하는 것이며, 이 과정에서 언어와 관련한 많은 고민이 있었다. 어떤 용어와 문구를 사용할지에 대한 결정이 바뀌어 왔는데, 이는 부분적으로 자폐인 스스로도 이와 관련한 의견이 다양하기 때문이며, 또 다른 이유로 이 주제에 대한 저자들의 생각이 글을 쓰는 동안에도 빠르게 진화했기 때문이다. 이를 염두에 두고, 그리고 불가피하게 누군가는 동의하지 않을 수도 있음을 알기에 저자들은 가능한 한 최선의 선택을 했다. 더욱이 이러한 선택은 현재의 사고에 기반하고 있으므로 일부는 언젠가 구식이 되어 버릴 것을 인지하고 있다. 따라서 독자들이 이러한 복잡한 딜레마를 염두에 두면서 가능한 한 포용적이고 존중하는 언어를 사용하고자 한 저자들의 노력을 이해해 주면 좋겠다. 지금부터 저자들이 결정한 언어를 간략히 설명하고자 한다.

'사람이 우선인 언어person-first language**' 대(對) '질병 정체성이 우선인 언어**Identity-first language'. 의학적 장애가 있는 사람들의 커뮤니티 전반에서 장애는 전체 프로파일 중 하나의 단면이며, 개인을 먼저 **한 사람으로서**person first 인정하는 방향으로 전환되고 있다[즉, 당뇨가 있는 사람 대(對) 당뇨인]. 사람을 우선시하는 언어는 장애나 질병이 있는 사람들이 그들의 문제 증상에 의해 정의되지 않도록 고안되었다.

그러나 많은 자폐인이 주장하기를 자폐증은 평생 지속되며, 그들이 누구인지에 대해 떼려야 뗄 수 없는 관계에 있고 삶 전반에 퍼져 있다. 이들의 정체성은 자폐증과 분리될 수 없다. 더욱이 사람을 우선시하는 언어의 사용은 기술어descriptor가 질환이나 장애라는 것을 의미하는데, 많은 자폐인은 자폐증이 이에 해당하지 않는다고 주장한다. 따라서 자폐인은 그들의 **정체성을 우선으로**identify first 지칭되기를 선호한다(즉, 자폐증이 있는 사람 대신에 자폐인).

일부 자폐인은 정체성을 우선하는 언어를 선호하는 반면, 다른 누군가는 사람을 우선하는 언어를 선호하여 문제가 복잡해진다. 저자들은 개인이 자신을 지칭하는 방식을 선택할 수 있어야 한다고 강하게 생각한다. 자폐증 커뮤니티, 특히 이 책을 집필한 사람들과의 교류에 기초하여 저자들은 정체성을 우선하는 언어를 사용하기로 결정했다. 독자들이 이 딜레마를 이해하고 완벽한 해결책은 없음을 알아주면 좋겠다.

마찬가지로, 저자들은 때때로 **자폐인**autistic person 대신에 '**자폐증의 혹은 자폐적인**autistic'이라는 단어를 명사로서 사용하였다. 이것을 어떻게 받아들일지 확신할 수 없어서 두 개의 자폐증 커뮤니티를 대상으로 온라인 설문 조사를 진행했는데, 참여자 대다수가 이러한 사용에 대해 불편함을 느끼지 않거나 반대하지 않는 것으로 나타났다.

자폐증이 아닌 사람에 대한 지칭. 자폐증이 아닌 사람을 지칭할 때 **신경-전형적**neurotypical이라는 용어가 많이 사용된다. 그러나 자폐증이 아닌데 전형적인 신경에도 해당하지 않는 사람도 많다(전형적인 신경이 만약 존재한다면). 사람을 **자폐적** 범주와 **신경-전형적** 범주로 나눈다면, ADHD나 난독증과 같이 신경다양성의 비-자폐적 유형을 가진 수많은 사람을 고려하지 못하게 된다. 또한 저자들은 자폐증이 아닌 사람을 의미하는 '**비-자폐적**allistic'이라는 용어가 많은 사람에게 익숙하지 않음을 알게 되었다. 이러한 연유로 저자들은 자폐증이 아닌 사람을 단순하게 **비-자폐인**non-autistic individual이라고 지칭하기로 결정했다. 인용된 사람 중 일부는 **자폐증이 아니라는** 의미로 '신경–전형적'이라는 용어를 사용했고, 인용문에 표현을 그대로 유지하였다.

기능에 따른 분류의 지양(예: 고기능과 저기능). 자폐증 문헌에서 **고기능은** 일반적으로 지적발달장애가 없는 자폐인을 지칭하는 시대에 뒤떨어진 용어이며, 이들이 겪는 어려움이나 지원이 필요한 수많은 방식을 고려하지 않는다. 마찬가지로 **저기능** 또한 구식의 용어로, 지적기능이 낮거나 심각한 자폐적 특성이 있는 경우와 관련되며, 이들이 자신의 강점을 활용하여 일상에서 잘 기능할 수 있는 다양한 방법을 고려하지 않는다. 더욱이 기능 수준은 고정적이지 않고, 날마다 상황에 따라 달라진다. 실제로 많은 자폐인은 비–자폐인을 위해 설계된 환경이 자신의 기능을 제한한다고 주장한다. 마지막으로, 고기능/저기능으로 꼬리표를 붙이는 일은 타인에 대한 주관적인 판단이며, 종종 당사자의 인생 경험과 무관하게 이루어진다. 이러한 모든 이유로 저자들은 고기능/저기능 용어를 사용하지 않았다.

여성에 대한 언급. 이 책의 제1부에서는 자폐증 여성이 자폐증 남성과 다르게 나타나는 방식을 강조한다. 이 단락의 제목을 '**여아**girl**로부터 배운 점**'이라고 정했지만, 성인 **여성**women도 이 표현형을 저자들에게 분명히 가르쳐 주었다. 간결함과 가독성을 위해 **여아**라는 단어를 사용했고, 여성 독자들이 이러한 선택에 불쾌감을 느끼지 않기를 바란다.

▍자폐증 경험에서 본 시선으로: 당사자가 사용한 용어들

"저는 '스펙트럼의 어딘가에 있거나' '자폐적 특성이 있거나' '신경–전형적이지 않아요'. 어떤 조건이나 수식어를 붙이지 않고 '저는 자폐증입니다'라고 말하는 것은 제게 큰 진일보였습니다."

– 드류 R. Drew R.

"다른 사람들의 눈에 저는 '고기능'으로만 비추이는 것 같고, 물 밑에서 제가 경험하는 아주 힘든 일들은 모두 보이지 않는 듯해요. 여러분이 파티에서 저를 만나면 제가 스펙트럼에 속한다는 것을 전혀 알 수 없겠지만, 파티를 위해 혼자만의 시간을 많이 가져야 하고, 파티가 끝난 후에도 회복을 위해 많은 시간이 필요하다는 것을 모를 겁니다. 그리고 저는 '저기능'이라는 말을 들어 본 적이 없지만, 친구들 중 일부가 그 용어로 묘사될 때 화가 나요. 이 친구들이 매일 겪는 모든 어려움을 생각하면 얼마나 (잘하고 있는지를) 깎아내리는 것 같으니까요."

– 조에 M. Zoe M.

"저를 포함한 많은 자폐인은 자폐증을 마치 인종이나 젠더처럼 우리 정체성의 핵심적인 부분으로 여긴답니다."

– 자카리 M. Zachary M.

참고문헌

Henderson, D. (in press). *Is this autism?: A companion guide for diagnosing.* Routledge.

서문 1

데나 가스너Dena Gassner, MSW, PhD

자폐인의 세계에 일부를 차지하고 있는 사람이라면 누구나 많은 책을 읽었을 것이다. 실제로 성인기의 자폐증을 강의할 때면 나의 자폐인 친구나 동료가 일인칭의 시점에서 들려주는 이야기를 읽으며 수업을 시작한다. 나는 이들의 생생한 경험과 연구를 겸비한 책을 항상 바라 왔다. 사실 이것이 바로 내가 가르치는 방식이다.

사랑하는 자녀를 둔 부모라면 이 자전적인 이야기뿐만 아니라 시스템을 탐색하고 길을 찾는 다른 부모의 이야기를 누구나 읽어 보았을 것이다. 그리고 전문가인 당신도 시스템 탐색자system navigators, 진단가, 치료자/교육자로서 이 생생한 경험의 풍부한 자료를 가지고 있기를 바란다. 하지만 내가 25년 동안 이 분야에 종사하면서 자폐증에 관한 수백만 개의 글을 읽었지만, 이 세 가지 세계를 한 권에 모두 담은 책은 아직 찾지 못했다. 그리고 이제 한 권이 생겼다.

도나 헨더슨과 사라 웨일랜드가 쓴 『**자폐증인가요 I: 임상가와 모두를 위한 지침서** Is This Autism: A Guide for Clinicians and Everyone Else』는 아주 많은 것을 제공한다! 타협할 여지없이 이 책은 연구에 기반한 자폐증에 대한 인식을 대부분의 시스템에서 활용되는 의료 모델을 통해 제시하며, 동시에 자폐증을 이해하기 위한 신경다양성 틀의 변화, 즉 진화를 짚어 낸다.

자폐증 성인에게 적용 가능한 연구의 한계를 지적하는 것은 진실을 말하는 면이 있다. 예를 들어, 저자들은 자폐인에서 명시되는 젠더 유동성이 기존의 젠더 관련 문헌과 일치하지 않는 현실을 솔직하게 인정한다. 그리고 자폐증과 관련된 이분법적 사고의 현실을 지적하고 이에 도전한다. 많은 남성과 논바이너리non-binary인 사람이 더 미묘하고 내면화된 방식으로 나타날 수도 있다. 마찬가지로 자폐증의 전형적인 고정관념에 더 가깝게 외현화된 방식으로 나타나는 여성도 있다. 그리고 이 두 가지가 복합적으로 나타나는 사람도 있다. 이 책은 실제 현실에 맞닿은 주의 사항과 함께 최신의 연구를 제공한다.

이 책의 강점은 저자들이 책의 방향을 안내해 준 여러 자폐인 참여자에게 솔직하게 피드백을 구하고 이들과 깊이 협력했다는 사실에 있다. 사례의 이야기 삽화에서는 통찰을 얻을 수 있고, 단락마다 자폐인 참여자들의 아름다운 인용문으로 마무리되면서 실제 경험이 생생하게 전달된다.

대개는 이렇게 광범위하게 출처를 인용하지 않으므로 이 책의 중요한 강점이 된다. 진정한 공동체 참여 정신에 따라 자폐인 참여자들은 각 장의 내용, 피드백, 공유된 경험에 실질적으로 기여하면서 창조적인 선물을 주었다. 또한 이러한 형태의 글은 자폐증의 확고한 근거를 제시하고, 자폐인, 가족, 건강관리전문가, 교육자에게 도움을 준다. 연구, 사례, 생생한 경험의 흐름은 독자가 몰입을 지속하면서 각 장에서 얻은 통찰을 예민하게 유지하도록 해 준다.

내가 자폐인 당사자이자 부모, 연구자, 교육자, 서비스 제공자의 다양한 역할을 가진 사람으로서 이 책은 이 모든 정체성에 유용한 정보를 말해 준다. 이 책은 창의적이고 통찰력이 있으며, 진단을 받지 못해 서비스를 거부당한 상실된 자폐인 세대를 위해 자폐증이 무엇인지 전반적이고 귀중한 그림을 그려 낸다는 의의를 가진다(Lai & Baron-Cohen, 2015, p. 1013). 또한 자폐증을 내면화하도록 압박받는 이들을 위해 자폐증의 이분법적 표현에서 비롯된 이해의 격차를 좁혀 준다. 마침내 우리의 공유된 경험은 전문가, 가족, 동료를 포함하여 모든 이를 가르치는 그들의 역량을 축하하고 최대화하는 공간으로 승격된다.

참고문헌

Lai, M.-C., & Baron-Cohen, S. (2015). Identifying the lost generation of adults with autism spectrum conditions. *The Lancet Psychiatry*, *2*(11), 1013-1027. https://doi.org/10.1016/S2215-0366(15)00277-1

서문 2

멩-추안 라이Meng-Chuan Lai, MD, PhD

Child and Youth Mental Health Collaborative at the Centre for Addiction and Mental Health, The Hospital for Sick Children, and Department of Psychiatry, Temerty Faculty of Medicine, University of Toronto, Toronto, Ontario, Canada

나는 내가 처음 만났던 자폐인을 생생하게 기억한다. 정신과 전공의 시절, 4개월 동안의 소아정신과 수련 첫 주였다. 나는 선배와 함께 진료실에서 첫 번째 가족을 기다리고 있었다. 한 소년이 벌컥 문을 열고 들어왔고, 우리 둘에게 눈길 한 번, 말 한마디 건네지 않은 채 창문으로 직진하여 밖을 내다보더니 손을 펄럭이면서 30초 정도 있다가 곧장 문으로 돌아가 나가 버렸다. 주저함도, 눈 맞춤도, 대화도 없었다. 나는 소년이 우리에게 한 톨의 주의라도 기울였을지 확신할 수가 없었다. 선배는 격려하는 눈빛으로 나를 바라보며 물었다. "아이의 진단이 뭘까?" 그때 나는 그루냐 수카레바Grunya Sukhareva는 말할 것도 없고, 레오 카너Leo Kanner나 한스 아스퍼거Hans Asperger를 들어 본 적이 없었다. 한눈에 알아채지 못한 나를 어리석게 느꼈다.

그러다가 소아정신과 전임의가 되었다. 그때는 DSM-IV-TR과 ICD-10을 더 자신 있게 사용했고, 진단을 내리고 감별하는 방법도 알고 있었다. 나는 마침내 좋아하는 우주왕복선 그림이 그려 있는 공책을 늘 가져다주던 사랑스러운 10대 소년과도 소통할 수 있었다. 하지만 그 아이는 내 얼굴에 가까이 대고 말을 걸거나 갑자기 손을 뻗어 내 머리를 만지곤 해서 걱정이 많았다. 학교의 또래 친구들도 알았겠지만, 나는 그가 자폐증이라고 말할 수 있었다. 아이는 몇몇 친구에게 보호받았으나, 더 많은 친구에게 괴롭힘을 당했다.

시간이 흘러 연구에 참여하는 많은 자폐증 여성을 만났다. 그런데 이전처럼 빠르게 자폐증인지 판단하기가 어려워서 혼란스러웠다. 6년의 임상 수련으로 다진 내 머릿속의 임상 양상에 따르면, 이들 중 일부는 '자폐증처럼 보이지 않았기' 때문이다. 이 여성들은 눈을 마주치면서 사회생활에 참여했고, 레트증후군이 있는 소녀가 보여주었던 몸 중앙에서 손을 씻는 듯한 동작도 보이지 않았다. 이 자폐증 여성과 부모는 나를 참을성 있게 대해 주었다. 기나 긴 때로는 고통스러운 삶의 이야기를 아낌없이 공유해 주었고, 나는 이들의 자폐적 특성이 생애 초기에 어떤 모습이었는지 알게 되었다(그렇다. 모두 'ADI-R 기준을 충족했다'). 'ADOS 기준을 충족'하기도 했고, 그렇지 않기도 했다. 다만 회기마다 항상 눈에 띄는 것이 있었다. 고급진 언어와 많은 의사소통 기술을 보여 줌에도 우리의 상호작용이 '동기화sync'되지 않거나, 지나치게 예의 바르거나, 혹은 사회적 기대에 너무나도 완벽하게 일치하였다.

이 여성들과 그들의 가족을 면담하고, 표준화된 측정 자료를 정량적으로 분석하고, 자폐인의 자서전적 글을 읽고 다른 임상가의 통찰을 수집해 나가면서 내 안에서 자폐증의 임상 양상이 더욱 진화했다. 미묘한 차이점을 알게 되었고, 스펙트럼을 아우르는 공통점을 이해할 수 있었다. 시간이 지나면서 문화와 젠더 경험이 자폐인의 행동, 사고, 경험을 어떻게 형성하게 되는지 알게 되었다. 자폐증에는 '남성' 대 '여성'의 표현형이 존재하지 않으며, 대신에 40여 년 전에 로르나 윙Lorna Wing이 밝힌 내용을 바탕으로 전형성의 축을 따라 고전적인 것부터 미묘한 것까지 다양하게 분포한다는 사실을 알게 되었다. 자폐인 당사자와 그 가족의 생생한 경험, 운 좋게 참여했던 연구와 임상 경험을 숙고하면서 내가 자폐증을 개념화하는 방식에 변화가 이어 왔다. 나의 경험은 과학적 진보에서의 '인식론적 반복epistemic iteration', 즉 더욱더 가까운 현실을 향한 연속적인 단계를 미시적으로 표현했다고 할 수 있다Kendler, 2009, p. 1939.

많은 임상가에게 비슷한 경험이 있으리라 생각한다. 임상적 실체로서 자폐증에 대한 개념적 합의를 제공하고 이를 설명하는 공통 언어를 제공한다는 점에서 DSM-5-TR과 ICD-11은 중요한 기초가 된다. 일반적인 행동 특성에 대한 필수 지침을 제공하기도 한다. 또한 표준화된 도구(예: ADI-R, ADOS, DISCO, 3Di, CARS) 사용을 훈련받은 임상가는 더욱 구체적이고 상세한 질문 및 관찰을 평가 절차에 통합하는 방법을 배울 수 있다.

노련한 진단가라면 임상적 진단 실무가 지니는 모호함과 가치를 이해하기 이전에 진단 과정에서 대면하고 사례개념화하고 숙고할 기회가 많았을 것이다. 이 전부를 임상 수련 중에 쉽고 효율적이고 통합적으로 배울 방법이 있다면, 그래서 소외된 계층을 위해 봉사할 수 있는 임상가가 현장에 더 많이 배출될 수 있다면 꿈같을 것이다.

이제 그 꿈이 실현된다. 『자폐증인가요 I: 임상가와 모두를 위한 지침서』와 동반저서인 『자폐증인가요 II: 진단을 위한 동반 지침서』를 통해서 말이다. 진단적 개념화에 대한 명료한 설명, 패러다임과 관점에 대한 개방적이고 심오한 토론(과 가능한 경우에는 융합까지), 솔직하고 다원적인 의견 표현, 연구 결과의 뛰어난 종합, 임상적 전문성과 자폐인의 생생한 경험, 자폐증의 전형부터 미묘함까지 뉘앙스를 아우르는 유기적인 묘사는 내가 (흔하게 발생하는 일인) 자폐 진단에 대해 임상적으로 당황할 때마다 이 책을 찾게 되는 이유이다. 이 두 권의 책을 읽는 것은 마치 자폐증을 속속들이 알고 있는 여러 명의 숙련된 임상가와 자폐인 커뮤니티의 지도를 동시에 받는 일과 같다. 이 책은 접근성이 뛰어나고, 완전히 현실적이며, 임상적 정수로 가득 차 있다. 나에게 있어서 두 권의 『자폐증인가요』 자폐증, 심리학, 정신의학, 신경학, 소아의학, 아동·청소년 발달, 교육, 말하기 및 언어치료, 작업치료, 정신건강 분야에서 일하는 모든 사람이 필수적으로 읽어야 할 책이다.

진단의 목적은 이해하고 도움을 주기 위함이다. 자폐인을 자폐적이라고 인지하는 것을 포함해서 자폐인에 대한 이해는 임상가가 첫눈에 알아볼 수 있는 것이 아니다. 환경적 맥락에서 당사자의 발달 과정을 상세하고도 측은지심으로 관찰하고 평가하는 것이 중요하며, 발달력, 보조 정보, 행동 관찰, 필요한 경우에는 인지적·의학적 평가, 다양한 맥락에서 당사자의 내적 경험에 대한 공감적인 이해를 통합해야 한다. 이 정도 수준의 이해가 있어야만 지원을 받도록 안내해 주는 유용한 개념화가 이루어질 수 있다. 임상가는 자폐증을 이해하고, 발달 수준, 지원이 필요한 수준, 지적 역량, 인종, 성, 젠더, 전형에서 미묘함에 이르기까지 모든 자폐인을 편안하게 지원할 수 있도록 자원을 갖추고 훈련을 받아야 한다. 이는 누구에게도 쉽지 않은 배움의 과정이지만, 도나, 사라, 자멜 그리고 자폐인이든, 비-자폐인이든 이 책에 기여한 많은 이가 우리 모두를 위해 길을 닦아 주어 행운이 아닐 수 없다.

참고문헌

Henderson, D. (in press). *Is this autism?: A companion guide for diagnosing*. Routledge.

Kendler, K. S. (2009). An historical framework for psychiatric nosology. *Psychological Medicine, 39*(12), 1935-1941. https://doi.org/10.1017/S0033291709005753

Wing, L. (1981). Asperger's syndrome: A clinical account. *Psychological Medicine, 11*(1), 115-129. https://doi.org/10.1017/S0033291700053332

추천사

『자폐증인가요』는 자폐증에 관한 최신의 과학적이고 임상적인 통찰, 자폐인의 생생한 경험과 관점을 통합한 탁월한 성과물입니다. 섬세한 묘사와 세심한 관찰, 속 깊은 온정을 담은 이 책은 임상가, 가족, 혹은 자폐인 본인을 포함한 모든 독자에게 자폐증에 관한 이해를 바꿔 줄 것입니다.

스티브 실버맨Steve Silberman,
『뉴로트라이브: 자폐증의 잃어버린 역사와 신경다양성의 미래』의 저자

『자폐증인가요』는 제가 지금까지 읽었던 책들 가운데 가장 뛰어납니다! 헨더슨Henderson, 웨일랜드Wayland, 화이트White 박사는 자폐증의 의료 및 치료 분야에서 매우 필요한 정보를 풍부하게 제공하기 위해 신경-확증적인 임상 활동neuro-affirming practice을 포괄하고, 자신들의 임상적 경험과 삶을 통합하였습니다.

밥 쿡Barb Cook, MAut, DipHSc, 발달 교육자,
NeuroEmploy Pty Ltd & NeuroDiversity Hub 디렉터, Spectrum Women 창립자

『자폐증인가요』는 자폐인의 목소리와 최신 연구를 통합하여 모든 유형의 임상가가 쉽게 읽고 힘을 북돋을 수 있는 통합적인 자료를 제공합니다. 자폐인의 강점과 신경다양성의 가치를 강조한 점은 특히 환영할 만합니다.

로렌 켄워시Lauren Kenworthy, PhD, 소아 신경심리학자,
Children's National Hospital, Center for Autism Spectrum Disorder 디렉터

일인칭으로 서술된 다양한 자폐증의 표현 방식에서 어떤 패턴을 찾아내기까지 몇 년이 걸릴 수 있습니다. 아니면 이 책을 읽는 방법이 있습니다. 뒤늦게 진단받은 자폐증 여성으로서 제게는 이 책이 더 빨리 출판되었다면 좋았을 것입니다. 자폐증 평가를 받아 보려고 하는 다른 성인 여성에게 이 책을 읽어 보라고 자신 있게 권하고 싶습니다. (자폐증 여성을 진단해 본 적이 있는 임상가를 만나 보라고만 추천했던 저의 과거 모습에서는 아주 큰 변화입니다!)

애니 코토비츠Annie Kotowicz,
『What I Mean When I Say I'm Autistic: Unpuzzling a Life on the Autism Spectrum』의 저자

이 책은 자폐인 모두를 포함하여 자폐증이 사람마다 실제로 어떤 모습일지를 풍부하고도 폭넓게, 존중하는 마음으로 보여 줍니다. 그리고 그동안 자폐증의 전체 '스펙트럼'에 대한 이해를 제한해 왔던, 때때로 부정확하고 제한적이고 정형화되어 있던 기대를 임상가가 뛰어넘을 수 있도록 귀중한 자료를 제공합니다. 자폐인을 알든 모르든지 간에 우리는 이들과 함께 일하기 때문에 모든 신경심리학자가 반드시 읽어야 할 책입니다.

키라 암스트롱Kira Armstrong, 소아 신경심리학자,
『The Clinical Neuropsychologist's Special Issue:
Assessment and Diagnosis of Autism Spectrum Disorders』 공동 편집장

『자폐증인가요』는 이 분야에 놀라운 공헌을 했습니다. 이 책은 임상가가 평가 과정에서 자폐인의 자기-발견을 향한 여정을 도울 때 그들을 더 잘 이해하고 인정하고 설명할 수 있도록 안내하고 있습니다.

마릴린 J. 몬테이로Marilyn J. Monteiro, PhD, 『자폐스펙트럼진단을 위한 몬테이로 면담 지침서-2판
Monteiro Interview Guidelines for Diagnosing the Autism Spectrum, second edition: MIGDAS-2』의 저자

이 책은 걸작입니다. 새로운 정보들로 아름답게 서술되어 있으며, 체계적이고 중요하고 유용합니다. 정말 훌륭합니다. 정말 마음에 듭니다.

캐롤 스톡 크라노위츠Carol Stock Kranowitz, 『The-Out-of-Sync Child』의 저자

이 책의 전문 지식은 자폐증에 관심이 있는 사람 모두에게 중요합니다. 이 책은 임상가, 연구자, 진단가에게 필수적인 자료입니다. 저는 지금까지 이 분야에서 가장 중요한 책이라고 주저하지 않고 평가하겠습니다.

레이첼 K. 쉴리Rachelle K. Sheely, PhD, RDI 사장

생생한 경험, 전문적인 지식과 연구가 섬세하게 짜여 있는『자폐증인가요』는 모든 임상가가 그들의 진료실에 방문하는 자폐증 내담자를 인식하고 더 나은 서비스를 제공하기 위해 반드시 읽어야 할 책입니다.

킴 클래리Kim Clairy, OTR/L, 자폐증 작업치료사

『자폐증인가요』는 자폐증에 관한 최신 연구와 관련 임상 지침을 확증적이고도 이해하기 쉬운 틀로 제공합니다.

제레미 샤프Jeremy Sharp, PhD, 공인 심리학자, The Testing Psychologist 팟캐스트 진행자

이 놀라운 책은 임상가와 부모님이 자폐증의 덜 분명한 표현을 이해하고 확인하는 데 없어서는 안 될 필수품입니다. 저자의 개인적이고 임상적인 경험에 뿌리를 둔 실용적인 지혜뿐만 아니라, 신경다양성에 대한 지대한 존중으로 가득 차 있습니다. 제가 더 나은 심리학자가 될 수 있는 정말 많은 것을 배웠습니다.

윌리엄 스틱스루드William Stixrud, PhD, 임상신경심리학자,
『놓아주는 엄마 주도하는 아이The Self-Driven Child』, 『What do you Say?』의 공동 저자

이 획기적인 책은 자폐증에 관한 우리의 사고방식에 큰 변화를 가져다줄 것입니다. 헨더슨 박사와 웨일랜드 박사는 양질의 연구와 조직화를 통해 자폐증을 이해하는 시야가 구체화되고 확장될 수 있는 최고의 글을 창조하였습니다. 이 책은 신경다양성의 세계를 이해하고자 하는 모든 전문가와 일반인에게 필독서입니다.

리타 에이헨슈타인Rita Eichenstein, Dr, 신경심리학자,
『Not What I Expected: Help and Hope for Parents of Atypical Children』의 저자

당신의 이웃, 선생님, 동료, 이모에게 자폐증이 어떤 모습으로 보이는지 알고 있습니까? 풍부한 인용문과 실제 사례를 통해 신경다양성을 생생하게 보여 주는 이 특별한 책은 실망스럽지 않을 것입니다.

테레사 M. 리건Theresa M. Regan, PhD, 『Understanding Autism in Adults and Aging Adults』의 저자

『자폐증인가요』는 임상가뿐만 아니라 자폐적인 뇌를 가진 사람에게 힘을 북돋는 메시지를 담고 있어서 혁신적입니다. 헨더슨 박사와 웨일랜드 박사는 자폐증이 이해되고 진단되는 대화의 방식을 분명하게 바꾸고 있으며, 그 세상은 자폐인에게 더 나은 곳이 될 것입니다. 만약 당신이 자폐증에 조금이라도 관심이 있다면(만약 관심이 없더라도!) 이 책은 정말 필독서입니다. 제가 장담합니다. 이만한 책은 없을 것입니다.

카린 바블로Karin Varblow, MD, 소아과 전문의

『자폐증인가요』는 자폐인의 마음과 영혼 속으로 떠나는 여행에 가이드가 되어 줄 것입니다. 헨더슨, 웨일랜드, 화이트는 수십 년에 걸친 개인적이고 전문적인 연구에서 얻은 지식을 바탕으로 자폐인이 발달 과정 중에 경험하게 되는 수많은 우여곡절을 생생하게 전달했습니다. 특히 '소속감'에 대한 문구가 인상 깊었습니다. 세상에 어떤 모습으로 표현되든지 간에 우리가 누구인지 인정받으려는 마음은 모든 인간의 열망 중에서도 가장 깊은 핵심에 자리 잡고 있습니다. 헨더슨, 웨일랜드, 화이트는 측은지심과 포용력을 가지고 자폐증에 관한 학식을 넓히면서 지혜를 발휘할 방법을 제시했습니다. 신경다양성 전문가들의 확고한 근거를 가진 연구와 실용적인 제안, 감동적인 이야기를 통해 우리는 자폐인의 내면을 알아야만 곁에서 전문가와 가족으로서 도울 수 있다는 사실을 이해하게 됩니다. 이 책은 자폐인의 독특한 경험에 적응하고 이를 기념하는 세상을 만들기 위해 노력하는 우리 모두에게 필수적인 지침서가 될 것입니다.

릭 실버Rick Silver, MD, 정신과 전문의, The THRIVE Center 창립자 겸 디렉터

차례

제2부

자폐증의 다른 표현

서론

"제게 단지 신경다양성이 있다는 진실을 인정하기까지 평생을 스스로 수치스러워 하고 저 자신을 벌하며 보냈어요."

– 셰리 W. Sherry W.

저자들은 이 책을 왜 썼는가

만약 자폐증이 혼란스럽고 두려우며, 자폐증 앞에서 자신감이 낮아진다면 당신 혼자만의 느낌은 아니다. 자폐증에 대한 이해는 지난 수십 년 동안 어마어마하게 발전하였고, 따라잡기가 쉽지 않을 수 있다! 많은 사람이, 심지어 건강관리전문가와 교육자도 자폐증에 관한 고정관념과 낡은 사고방식을 지니고 있다.

자폐증의 고전적이고 전형적인 표현에 딱 들어맞지 않는 자폐인이 무수히 많기 때문에 이는 문제가 된다. 이들 중 상당수가 여성이지만, 이 문제는 모든 연령, 문화, 교육, 직업적 배경뿐만 아니라 모든 젠더에 해당한다.

자폐증이 아직 확인되지 않은 사람은 사회와 맞지 않는 느낌을 계속 받으며 살아갈 수 있다. 흔하게 신체적·정신적 건강 문제로 어려움을 겪으며, '잠재력을 발휘하지 못한다'는 죄책감과 수치심에 시달릴 수도 있다. 더 흔하게는 부적합한 진단을 받거나 도움이 되지 않는 개입을 받기도 한다. 이들은 다음과 같은 의문을 품을 수 있다.

- 나에게 세상은 왜 이렇게 힘든 곳일까?
- 내가 다른 사람들과 다르다고 느끼는 이유는 뭘까?

- 나는 왜 이렇게 외로움을 느낄까?
- 나에게 왜 불안이나 우울이 지속될까?
- 내가 충분히 노력하지 않는 걸까?
- 나에게 무슨 문제가 있는 걸까?

물론 이 문제의 영향력은 단지 본인에게만 국한되지 않는다. 이들의 부모, 배우자, 형제자매, 친구 등 이들을 사랑하는 사람들도 무력감, 수용되거나 지지받지 못하는 느낌을 받을 수 있다. 더욱이 이들과 상호작용하는 수많은 건강관리전문가, 교육자, 고용주, 동료 등 주변 사람들도 혼란스럽고 막막할 수 있다. 자폐인을 알든 모르든, 이들과 사적이거나 공적인 관계가 없었던 사람은 자폐인을 머릿속으로 그려 내기가 어렵다.

이 책을 쓴 이유는 자폐증에 대한 이해를 업데이트하는 데 일조하고 싶었기 때문이다. 처음에는 자폐인을 확인할 기회가 가장 많은 정신건강 전문가를 대상으로 하였다. 정신건강전문가의 교육적·임상적 배경이 상당히 광범위한 만큼 자폐증에 대한 인식도 그에 못지않게 다양하다.

머피Murphy 박사는 성인 정신과 전문의이다. 수십 년 전에 수련을 마쳤고, 수련 과정 중에 유아기에 시작하는 장애를 다루지 않아서 자폐증에 대한 교육을 거의 받지 못했다. 머피 박사에게 자폐증이란 팔을 펄럭이고 언어를 거의 사용하지 못하고 돌봄과 감독이 온종일 필요한 사람이다. 머피 박사는 자폐증에 관한 자신의 지식이 시대에 뒤떨어진다는 사실을 인식하지 못했고, 환자를 감별진단하는 과정에서 자폐증을 고려하지 않는다.

빌링스Billings 박사는 자격증을 가진 심리학자이다. 자폐증에 관한 교육을 받았지만 그다지 큰 관심을 두지는 않았고, 항상 막연한 두려움을 느껴 왔다. 심리학자로 일한 지 20년이 지난 지금 빌링스 박사는 자폐증에 대한 지식이 완전하지 않아서 내심 부끄러워하고 있다. 내담자를 감별진단할 때 자폐증을 거의 고려하지 않으며, 만약 필요할 때는 다른 전문가에게 의뢰한다.

마르시 그레이Marci Grey는 석사학위를 가진 심리치료사이다. 마르시는 자신의 내담자 중 몇몇이 자폐증 진단을 받지 못했다고 알고 있지만, 어떻게 해야 할지 감을 못 잡고 있다. 주(州)에서 진단 권한을 부여한 자격증이 있지만, 공식적인 평가를 수행하지 않기 때문에 자폐증을 진단해서는 안 된다고 생각한다.

저자들은 자폐증이 혼란스럽고 겁난다고 털어놓는 임상가를 많이 만나 왔다. 이를 뒷받침하는 연구도 있는데, 많은 치료자가 자폐증을 오해하고 있으며, 다른 진단에 비해 자폐증 관련 교육을 훨씬 적게 받았고, 자폐증 내담자와 작업할 수 있는 역량이 없다고 느끼는 점이 제시되었다.

이 결과는 진단과 치료에 접근하는 데 어려움을 겪는 자폐증 성인의 보고와도 일치한다. 이들은 정신건강 전문가가 자폐인을 내담자로 받아들이지 않는 가장 큰 이유로 자폐증 관련 지식이 모자란 점을 꼽았다. 또한 정신건강 전문가들이 자신의 신체적·정신적 건강 문제가 자폐증과 연관된다는 사실을 잘 이해하지 못한다고 보고한다. 요컨대, 자폐인은 비-자폐인과 동일하게 의료서비스를 이용할 수 없으며, 건강관리전문가는 관련 전문 지식의 빈약함에 대해 불확실감과 불충분함, 때로는 속으로 당황스러움을 느낀다.

이것이 바로 저자들이 정신건강 현장의 임상가를 위해 자폐증에 관한 책을 쓰기 시작한 이유이다.

하지만 저술을 시작하면서 저자들은 건강관리전문가의 내담자들 중에 (알게 모르게) 자폐인이 있으며, 자폐인이 어떻게 표현되어 비-자폐인에게 보이는지 이해해야 한다는 사실을 깨달았다. 여기에는 소아과 전문의와 신경과 전문의뿐만 아니라, 성인 일차의료인, 소화기내과 전문의, 수면 전문의, 작업치료사, 언어재활사 등이 포함된다. 또한 교사, 상담 교사, 보조 교사, 행정 직원 등 모든 유형의 교육자도 자폐증이 덜 분명한 학생임을 인지하고 이해해야 한다는 사실을 깨달았다.

게다가 자폐인 가족들도 이러한 이해가 필요하다고 말해 주었다. 저자들은 건강관리전문가나 교육자가 아닐지라도, 많은 사람이 이 주제에 관심을 보여 놀랐다(자녀, 배우자 등 사랑하는 사람 혹은 스스로를 더 잘 이해하기 위해서든지 간에).

그래서 저자들은 임상가를 위해 이 책을 집필하기 시작했지만, 결국 자폐인, 자폐인의 가능성이 있는 사람, 자폐인인 친구나 가족을 둔 사람, 자폐인과 함께 일하는 사람, 자폐인을 가르치거나 지원하는 사람 모두가 대상이 된다는 사실을 깨달았다. 한마디로, 저자들은 **모두**를 위해 이 책을 썼다.

자폐증이란 무엇인가

자폐증에 관한 이해는 계속 발전 중이기에 참으로 답하기 까다로운 질문이다.

40년 전, 저자들이 고등학생일 때 이 질문을 받았다면 자폐증을 들어 본 적도 없었을 것이다.

30년 전, 저자들이 대학원생일 때 이 질문을 받았다면 아마도 영화 〈레인맨Rain Man〉에서 더스틴 호프만Dustin Hoffman이 연기한 레이몬드Raymond와 비슷한 모습으로 답했을 것이다. 그 당시에 건강관리돌봄제공자와 교육자를 포함한 많은 사람에게 자폐증이란 특별한 능력을 지녔음에도 특이하게 행동하면서 눈을 마주치지 못하고 거의 지속적인 관리감독이 필요한 백인 남성의 모습이었다. 일부 대중의 인식이 여전히 제한된 점은 안타깝지만, 자폐증이 다른 모습으로도 나타날 수 있다는 인식이 점점 확산되고 있다.

사실 자폐증에 관한 우리의 이해는 꾸준히 확장되어 왔다. 20년 전에 자폐증에 관한 질문을 받았다면 저자들은 평균 이상의 지능과 자폐적 특성이 덜 분명한(혹은 장애가 덜한) 아스퍼거를 언급했을 것이다. 아마 저자들은 여전히 드라마 〈빅뱅 이론Big Bang Theory〉의 셸든Sheldon처럼 완전히 특이하지는 않아도 괴짜스러운 모습의 백인 남성을 떠올렸을 것이다. 조금 더 넓게 말하자면 여전히 건강관리전문가나 교육자를 포함한 수많은 사람이 자폐증을 이렇게 인식하고 있다. 다행히도 1990년대 후반에 이르러서 연구자와 임상가는 자폐증이 무관심한 부모 혹은 소위 **냉장고 어머니**refrigerator mothers로 인해 발생하는 심리 장애라기보다는 주로 유전에 기인한 신경학적 차이임을 이해하게 되었다.

자폐증에 관한 우리의 이해는 최근 몇 년 동안에도 빠르게 확장 중이다. 몇 년 전에 이 질문을 받았다면 저자들은 외견상 잘 드러나지 않는 소위 **자폐증의 여성 표현형** female phenotype of autism을 덧붙였을 것이다. 이들은 자폐증의 정형화된 모습에 부합하지는 않지만, 그럼에도 자폐증이 맞다.

자폐증의 여성 표현형은 **위장**camouflaging, **가면 쓰기**masking, 혹은 **비-자폐인처럼 보이기**passing as non-autistic로 지칭되는 개념을 알려 주었다. 최근 몇 년 동안 자폐증 여성은 자폐증 남성과 다른 방식으로, 대개는 덜 분명한 표현으로 나타난다는 연구가 급증했다. 또한 많은 자폐증 여성이 이들의 자폐증 경험과 더불어 정확한 진단을 받기까지 겪었던 어려움을 생생히 공유해 주었다. 이들로부터 저자들은 몇몇 자폐인이 자폐증을 적극적으로 숨기며(예: 일부러 눈을 완전히 맞추거나 반복 행동을 숨김), 그래서 자폐증을 '보기' 위해서는 표면 아래를 들여다봐야 할 필요성을 배우게 되었다. 자폐증 여아와 여성은 자폐증이 정말 잘 섞여 있어서 진단과 지원에 접근하기가 상당히 어려울 수 있다는 점도 알게 되었다.

그러나 저자들이 이 글을 쓰는 지금에도 자폐증의 여성 표현형에 관한 개념은 다음의 두 가지 중요한 이유로 벌써 약간 구식이 되었다. 첫째, 자폐증을 덜 분명하게 보이는 남성도 많으며, 더 전형적인 표현을 보이는 여성도 많다. 둘째, 이제 우리는 젠더가 이분법적인 구조가 아님을 알게 되었다. **여성 표현형**의 언급으로 논바이너리, 젠더 플루이드gender fluid, 사회 구조적인 젠더 이분법에 해당하지 않는 많은 사람이 배제될 수 있고, 자폐인 상당수가 이 집단 중 하나에 속한다.

따라서 자폐증의 여성 표현형보다는 인구학적/문화적 요인에 의해 조절되는 자폐증의 덜 분명한 표현형을 논의하고자 한다. 항상 그렇지는 않지만 태어날 때 여자로 태어난 사람에게서 종종 관찰되며, 이 책에서는 자폐증의 덜 분명한 표현을 논의하면서 **여아로부터 알게 된 점**을 강조할 것이다.

최근에는 자폐증이 유전적 '실수'가 아닌, 인간 다양성의 자연스러운 형태 중 하나라는 개념으로 확장되고 있다. 이를 **신경다양성**neurodiversity **패러다임**이라고 한다.

누가 '옳은가?'

패트Pat는 스스로를 자폐인 고학력의 건강관리전문가이며, 자폐증을 진단명이나 장애가 아닌 하나의 특성으로서 강하게 믿고 있다. 패트는 자폐증이 DSM에 등재된 것도 불쾌하고, 자폐증에 대해 어떤 식으로든 바람직하지 않거나 문제라고 여기는 사람들에게 소외감을 느낀다. 그러면서도 동시에 "그런데 당신은 자폐증으로 보이지 않아요!"라고 말하면서 자신이 자폐증의 기준에 맞지 않는다고 주장하는 사람들에게도 소외감을 느낀다.

앤드류Andrew는 상당히 유능한 금융 전문가이며, 스스로가 자폐증을 가졌다고 생각한다. 그리고 자폐성 뇌가 장단점을 모두 가진다고 생각하며, 자폐증을 하나의 진단으로서 받아들이기가 불편하지 않다. 하지만 앤드류는 자신이 진정한 자폐인이라고 하기에는 너무 성공적이라고 생각하는 사람들로부터 수용받지 못한다고 느낀다. 동시에 '자폐인' 대신에 '자폐증을 가진 사람'이라는 표현을 선호한다는 이유로 스스로 수치심을 느낀다고 생각한다. 앤드류는 그 한가운데에 끼어 있다고 느낀다.

6세인 조시Josie는 자폐증과 연관된 학업, 사회성, 정서 · 행동 문제가 심각하다. 부모는 조시를 보조하고 통제하는 과정에서 압도감을 경험하며, 피로감, 분노, 고립감, 죄책감도 자주 느낀다. 최근에 조시의 어머니는 신경다양성에 관한 글을 읽었는데, 자폐증이 생물학적 다양성의 한 형태일 뿐이며 의학적 문제로 간주해서는 안 된다는 내용이었다. 조시의 부모는 신경다양성의 개념에 대해 소외감을 느끼고 수용받지 못한다고 느낀다.

이 복잡한 문제에 단 하나의 진실만이 존재하지는 않는다. 개인 각자와 그 가족은 서로 다른 관점을 존중하면서 자신의 길을 찾아나가야 한다.

신경다양성 모델에서는 자폐증도 다른 생물학적 변이와 마찬가지로 인간의 생물학적 다양성의 일부일 뿐이라고 주장한다. 왼손잡이의 예를 들어 설명해 보려고 하는데, 왼손잡이가 자폐증으로서의 경험만큼 중대하다는 말은 아니다.

왼손잡이를 병리적으로 취급하고 하나의 결함이나 죄로 여기던 시절이 있었다('죄악sinister'이라는 단어는 실제로 라틴어로 왼쪽left을 의미한다). 왼손잡이는 단지 다르다는 이유만으로 수치심과 비난, 불편함을 경험하고 자연스러운 생리를 거스르도록 강요받았고,

때때로 이는 학대적이었다. 예를 들어, 학교에서 수업 시간 중에 왼손잡이의 왼손을 등 뒤로 묶어 놓기도 했다. 마침내 의료계, 교육자, 일반 대중은 왼손잡이가 나쁘게 타고난 것이 아니라, 생물학적 다양성의 일부라는 사실을 깨닫게 되었다. 이제 왼손잡이는 수치심이나 비난을 받거나 자신의 몸과 싸우지 않아도 된다(오른손잡이의 세상에서 왼손잡이가 여전히 더 스트레스를 받을 수 있겠지만).

신경다양성neurodiversity 용어는 1990년대 후반에 자폐인 사회과학자인 주디 싱어Judy Singer가 처음 사용하였다. 이해를 돕기 위해 〈표 1-1〉에서 신경다양성 패러다임을 전통적인 의료 모델과 비교하였다.

〈표 1-1〉 의료 모델과 신경다양성 패러다임 비교

	의료 모델	신경다양성 패러다임
핵심 가정	정상적인normal 존재 방식이 있고, 이와 현저하게 다르다면 나쁘게 타고난 결함이며 수정되어야 한다.	정상normal이란 없다. 다양한 종류의 뇌가 있고, 똑같은 뇌, 그리고 더 나쁘거나 좋은 뇌는 없다. 더군다나 신경다양성은 우리 종에게 경쟁에서 우위를 점할 수 있게 해 준다.
자폐증의 개념화	자폐증은 질환 혹은 장애이다. 자폐증은 바람직하지 않으며, 나쁜 쪽으로 분류된다.	자폐증은 인간의 생물학적 다양성의 일부이며, 개인적인 수준에서는 정체성의 타고난 일부이다.
장애의 개념화	장애는 개인 내적within 결함이다.	장애는 사람과 환경 간의 부조화의 결과이다. 환경적 지원 혹은 융통성의 결여가 장애가 된다.
사용 언어	결함을 기반으로 하며, 강점을 무시한다.	차이를 기반으로 하며, 강점을 포함한다.
치료 목표	자폐인이 덜 자폐적으로 보이도록 하고, 치료법을 찾고자 한다.	자폐인이 일상에서 기능적인 방식으로 진정한 자기가 될 수 있도록 돕는다. 치료는 자폐인을 더 잘 지원하고 부정적인 인식을 바꾸도록 환경을 변화시킨다.
이상적인 결과	자폐증을 예방하고 치료한다.	자폐증(및 다른 형태의 병리적인 생물학적 다양성)에 대해 문화적으로 서술되는 방식을 바꾼다.

엘리자베스 펠리카노Elizabeth Pellicano와 재클린 덴 하우팅Jacquiline den Houting의 언급처럼, 의료 모델에서 "자폐증은 당사자와 가족에게 비극적인 운명의 메시지를 주기적으로 전달하며, 자폐증 진단을 슬퍼하고 애도하리라고 가정한다." 자폐인과 그 가족에게 미치는 분명한 영향 외에도, 저자들은 이 모델이 임상가에게 미치는 효과에 대해서도 우려한다. 만약 임상가가 자폐증을 비극으로 간주한다면 자폐증을 살펴보고 진단하고 내담자와 공개적으로 논의하기를 꺼리게 될 것이며, 또한 자폐증에 대해 두려움, 불안, 동정심을 가지고 이야기하게 될 것이다. 그렇지 않다면 어떻게 나쁜 소식을 전하겠는가?

그러나 신경다양성의 관점에서 왼손잡이를 장애로 여기지 않는 것처럼, 자폐증은 장애가 아니다. 우리는 인간 경험의 일반적인 부분이 되는 다양한 프로파일을 가진 사람에게 진단을 내리지는 않는다. 그러나 누군가 어려움을 겪는다면 비록 그 어려움이 뇌와 환경의 불일치에서 비롯되었더라도 진단은 다양한 목적으로 사용될 수 있다. 진단으로 개인, 가족, 학교 등에서 서술되는 방식을 바꾸고, 부정확하거나 비판적인 꼬리표를 뗄 수 있다. 또한 도움이나 지원과 같은 법적 권리를 부여하고 적절한 개입 및 지원으로 이끌 수 있다. 그러나 진단이 그 사람 안에 무언가 문제가 있음을 의미해서는 안 된다. 대신에 그 사람이 다른 유형의 신경계를 가지고 태어났다고 이해하도록 하며, 이를 인정하는 것이 우리의 의무이다. 이로서 우리는 비-자폐인의 세상에서 자폐인으로서 진정한 삶을 살아가도록 하는 도구와 전략을 논의할 수 있게 된다.

자폐증 관련 지식이 축적되면서 자폐스펙트럼에 대한 이해가 이전보다 훨씬 광범위하고 다양해졌다. 이 책은 자폐증의 표현이 덜 분명한 사람에게 초점을 둔다. 그러나 물론 초기에 우리가 자폐증에 대해 알고 있던 바와 더 일치하는, 다시 말해 지적기능이 저조하거나 언어적 기술에 현저한 손상이 있거나 많은 도움이 필요한 자폐인도 많다.

서로 다른 경험들은 모두 타당하다

이 책을 쓰고 있는 현재 전 세계 인구는 약 80억 명에 달하며, 현재 자폐증 유병률이 2% 이상으로 추정되는 만큼 자폐인의 수는 1억 5천만 명이 훨씬 웃돌 것이다. 이렇게 큰 규모의 집단은 엄청나게 다양한 모습으로 나타날 수밖에 없다. 한 명의 자폐인 혹은 집단이 모든 자폐인을 대변하지 못하며, 저자들 역시 자폐인 중 어느 누구도 대변하지 못한다. 더욱이 신경다양성의 접근법은 일부 자폐인에게 적합하고 적절하게 보이지만, 모든 자폐인에게 그렇지는 않다.

이 책은 자폐증이라고 쉽게 확인되거나, 많은 지원이 필요하거나, 평생 상당한 관리감독이 요구되거나, 조기 진단을 받을 가능성이 높은 사람에 대해서는 전혀 초점을 두지 않았다. 이들의 경험이나 이들을 사랑하고 지지하는 사람들의 경험을 수용하지 않으려는 것이 아니고, 단지 이 책의 초점이 아닐 뿐이다.

자폐인, 자폐증, 건강관리 장면에서의 모든 이가 이 복잡한 문제를 해결하기 위해 사려 깊고 서로를 존중하는 대화를 이어 나가길 바란다. 우리에게는 모든 자폐인의 삶을 개선하고자 하는 공동의 목표가 있다.

자폐증이란 무엇인가

자폐스펙트럼에 대한 이해가 점점 더 복잡해지면서 이렇게나 대규모의 이질적인 집단을 설명하는 유일한 정의를 고안하는 것 또한 점점 더 어려워지고 있다(앞서 설명하였듯이, 전 세계 인구의 2% 이상인 1억 6천만 명이 넘는 것으로 추정된다). **자폐증에는 무수한 이형**variation**이 있다.**

이를 염두에 두고 자폐증의 표현이 덜 분명한 사람에게 초점을 맞춰 보면 다음을 알 수 있다.

- '자폐증임'은 근본적으로 다른 유형의 신경계를 가지고 있음을 의미한다.
- 만약 당신이 이렇게 다른 유형의 신경계를 가지고 있다면 비-자폐인과 비교하여 여러 다른 방식으로 세상을 **경험하고 처리하고 반응하게** 될 것이다. 여기에는 외부 감각 경험(예: 소음, 질감), 내적 감각 경험(예: 배고픔, 갈증, 통증), 움직임의 패턴(예: 자기-자극stimming, 실행곤란dyspraxia), 의사소통(예: 더 직접적으로 의사소

통하고 이를 선호함), 정보처리(예: 전체 맥락을 고려하기보다는 세부 지향적임)에서의 차이가 포함될 수 있다.

- 이러한 차이는 시간이 지나면서 변할 수 있지만, 일반적으로 평생 지속되고 만연한 영향을 미친다.

이것이 자폐증의 핵심이지만, 이 외에도 더 있다.

표현의 심각도에 따라(다시금 말하지만 이 책은 표현이 덜 분명한 자폐인에게 초점을 맞추었다) 자폐적인 신경계 그 자체로 문제가 되지는 않는다. 자폐인 대부분이 비-자폐인을 위해 설계된 세상에서 살아야 하는 점을 제외한다면 말이다. 이는 엄청난 스트레스가 될 수 있다. 간단히 말해 자폐인은 **그 안에서** 무언가 잘못 타고나서 문제인 것이 아니라, 자폐적인 신경계와 자폐인을 위해 설계되지 않은 세상 간의 **불일치** mismatch에 대처해야만 하는 것이 문제가 된다.

이러한 불일치는 자폐인에게 많은 문제를 초래하는데, 이는 일반적으로 **압도감**, 그리고 **오해하거나 오해받는** 것으로 분류될 수 있다. 빈번한 압도감과 의사소통 오류의 두 가지 문제는 종종 사회적 문제와 불안으로 이어지며, 비-자폐인은 이 모습을 일상적으로 보게 된다. 사람들은 **자폐증에서 관찰 가능한 행동 표현**behavioral manifestations을 보고 그것이 바로 자폐증이라고 생각한다. 마치 물 위에 떠있는 섬의 일부만 보고 나서 그 아래에는 아무것도 없으며, 평평한 육지가 떠 있다고 생각하듯 말이다. 그러나 사회적 문제는 자폐증의 **핵심**이 아니며, (비-자폐인을 위해 만들어진 세상에서) 자폐적인 것의 **결과**이다. 이를 이해하면 일부 자폐인이 다른 사람들만큼 자폐인처럼 보이지 않는 이유를 알 수 있다. **행동 표현**, 즉 사회적 어려움은 자폐증 자체가 아니며, 자폐증으로 인한 **결과**이다.

이를 설명하기 위해 생각하는 실험을 하나를 해 보려고 한다. 저자가 당신을 플럽 나라the Land of Flurb로 데려간다고 가정해 보자. 여기서는 대다수의 문화권과 마찬가지로 대부분의 사회적 규칙이 명시적이지 않지만(즉, 명시적으로 가르쳐 주지는 않아도 각자 직관적으로 알아야 하지만), 저자가 당신을 돕기 위해 몇 가지를 말해 주겠다. 눈 맞춤을 무례한 행동으로 여긴다. '그the'라는 말을 할 때마다 어깨를 만지도록 요구된다. 누군가를 만나거나 반기거나 작별 인사를 할 때 웃지 않도록 주의하되, 대화 중에는 반드시 미소를 지어야 한다. 또한 플럽인의 감각적 요구는 우리와 다른데, 계속해서 요란하게 울리는 시끄러운 음악을 강하게 선호하며, 화씨 102도[1]의 실내 온도를 좋아한다. 당신이 플럽나라에서 하루 종일 상호작용하고, 작업하는 내내 이 모든 일에 대처해야 한다고 생각해 보라.

- 주의 산만해지는가? 스트레스를 받는가? 신체적으로 불편한가?
- 다른 사람의 말을 듣거나 경청하기가 어려운가?
- 주의집중 능력, 에너지, 사회적 동기가 저하되는가?
- 다른 사람들과 쉽게 소통할 수 있는가? 상대방을 감동시키고 설득하고 자기주장을 펼칠 수 있는가?
- 당신의 진정한 모습으로 존재할 수 있는가?

참고로 여기서는 당신을 돕기 위해 몇 가지 규칙만을 명시적으로 읊어 주었다. 실제 현실에서 자폐인은 암묵적이고도 상황에 따라 수시로 바뀌는 규칙을 파악해야 한다. 예를 들어, 눈을 얼마나 마주쳐야 하는지, 얼마나 가까이에 서야 하는지, 사적인 이야기를 어느 정도 해도 되는지 등은 모두 대인관계나 상황에 따라 달라진다.

실수로 눈을 마주치거나 혹은 어깨 만지기를 잊어버렸는가? 그렇다면 **당신은 무례하거나 실례되거나 이상한 사람으로 보일 것이다.** 따라서 당신은 "안녕하세요! 전 여기 처음 왔어요! 여기 적응하려면 어떻게 해야 할지 고민 중이에요! 음악과 더위 때문에 머리가 아파요!"라고 말하고 싶을 것이다. 하지만 이런 말을 하지 못할 수도 있고, 설령 말한다고 해도 사람들은 당신을 이상하게 생각할 것이다. 당신은 (임의적인) 사회적 기대에 부합하지 않으므로 **오해받고, 수용되지 못하고, 거부당할** 수 있다.

하지만 잠시, 더 있다! 이러한 불일치가 발생하면 변화와 적응에 대한 압박은 전적으로 소수에 속하는 사람들에게 향한다. 우리 사회에서 자폐인은 소수에 속한다. 자폐인과 비-자폐인이 어색하게 상호작용하면 자폐인만 잘못되었다고 비난받는다.

---

1) 역자 주: 섭씨 약 40도

이 패러다임을 장애인 차별주의ableism라고 한다. 자폐인이 다른 사람으로부터 비난받으면 이를 내면화하여 스스로를 비난하는 경우가 많다.

> "저는 이 상황을 일종의 문화적 차이로 생각하도록 배웠어요. 신경-전형적인 사람과 소통할 때 우리는 문화 간에 소통을 하는 것으로요. 포르투갈이나 브라질, 인도에서 온 사람과 대화하는 일과 다르지 않고, 우리의 차이는 정말 다른 세계관, 성향, 경험을 바탕으로 하지요."
>
> – 패트 G. Pat G.

자폐증에 대한 이해는 계속해서 진화하겠지만, 저자들이 확신하는 네 가지 불변할 점이 있다.

- 자폐증은 사회성뿐만 아니라 감각, 정보처리, 의사소통, 신체 건강, 정서 경험 등 개인적 경험의 모든 측면에 영향을 준다.
- 신경계의 차이는 사람마다 다르게 나타나며, 셀 수 없이 다양한 모습이 있다.
- 자폐인은 강점과 어려움을 모두 가진다.
- 자폐증의 전형적인 특성을 보이지 않지만, 그래도 자폐증인 사람이 있다.

만약 외현적인 표현이 너무 미묘하다면 그것이 왜 문제인가

미치Mitch는 하반신 마비로 팔 사용이 양호하나, 다리를 쓰지 못해 휠체어로 이동해야 한다. 어느 날 중요한 회의에 참석하기 위해 회의 장소에 도착했는데, 계단을 올라가야만 입장할 수 있음을 깨달았다. 건물 안으로 들어갈 수 있는 다른 선택지가 없어서 휠체어에서 내려 팔로 몸을 끌며 천천히 힘겹게 계단을 올라갔다. 미치는 결국 꼭대기에 도착했지만, 매우 지치고 수치스러우며 휠체어 없이는 건물 안으로 더는 나아가지 못했다.
같은 회의에 참석하러 가는 길에 당신은 계단을 쉽게 올라간다. 미치와 마주쳐서 그의 경험에 대해 "그게 무슨 대수예요? 여기까지 왔잖아요? 그러니 문제없어요"라고 미치에게 말할 수 있겠는가?

저자들이 많이 받는 질문 중 하나는 "주변 환경에 섞일 수 있고, 자폐증이 아닌 것처럼 보일 수 있다면 정말 자폐증이 아니지 않습니까?"이다. 이 질문은 자폐증이 단지 다른 사람에게 관찰될 수 있는 행동으로만 구성된다는 관점을 취하며, 그 이면에서 일어나는 엄청난 노력과 피로, 스트레스를 고려하지 않는다. 예를 들어, 어떤 사람은 '눈을 잘 마주친다'고 보일 수 있다. 그러나 이 행동이 힘들거나 억지로 해야만 하거나 집중을 방해하거나 불편하다면 이는 문제이다!

선행 연구는 자폐증에서 불안, 우울, 수면장애, 섭식장애, 자살(사고 및 행동)의 위험성이 훨씬 높다는 점을 분명히 보여 준다. 또한 심혈관 질환, 소화기장애, 천식, 알레르기, 자가면역질환, 갑상선 질환, 당뇨 등 다른 많은 동반 질환을 가질 위험도 크다(본문에 기술하기에는 너무 방대하며, 자세한 내용은 리사 크로엔Lisa Croen 등의 연구를 참고하라). 이 책의 2부에서 전부는 아닐지라도 많은 부분을 다루었다.

지금부터는 자폐인이 주변 환경에 조화롭게 존재할 때조차 혹은 이때 특히나 어려움을 경험할 수밖에 없는 이유를 몇 가지 강조하고자 한다.

- **보상하는 기술이 있다고 해서 사회적 직관이 있다는 의미는 아니다.** 이 전략은 어떤 누군가가 다른 사람과 어울리게끔 도와준다고 판단한 전략이다. 웃는 사람에게 미소 지어 주기와 같은 보상 기술이 효과적이라고 보여서 사용하는 것이지, 다른 사람의 반응을 예상하거나 의도를 이해했기 때문은 아닐 수 있다.
- **보상하는 기술은 일부 상황에서만 효과가 있다.** 자신의 방법이 효과적이지 않은 상황에 직면할 수밖에 없다. 이때 어떤 안내나 도움도 없이 새로운 전략을 개발해야 할 때가 많다(예: 첫 직장을 얻거나 처음 연애할 때).
- **보상하는 기술이 효과적일지라도 상당한 인지적·정서적·감각적 자원이 소모된다.** '플럽나라'의 사고 실험을 떠올려 보자.
- **자폐인들은 만성적으로 오해받는다.** 자폐인에게 필수적인 위장은 오해받는 느낌과 고립감을 줄 수 있다. 자폐적 특성과 행동이 비-자폐인에게 성격적 결함으로 해석되는 경우가 상당히 많다. 더 심각한 문제로 자폐인이 이러한 판단을 내면화하여 우울과 부정적인 자기상을 가지게 되는 경우가 많다.

- **대부분의 시간 동안에 다른 사람인 척하면서 자신이 누구인지 이해할 수 없게 된다.** 따라서 자폐인은 자기감을 높이고, 누구와 연결될 수 있을지 이해하고, 직업을 선택하고, 스스로를 옹호하는 등에서 큰 불이익이 있다.
- **위장으로 정확한 진단이 더욱 어려워진다.** 잘 위장 중인 수많은 자폐인은 자신의 자폐증을 밝혀도 건강관리전문가가 이 자폐증을 '보지' 못했다는 이유로 '자폐증일 리가 없다'는 말을 듣는다. 임상가와의 상호작용은 위장을 사용하는 최선의 시나리오로 간주되어야 한다. 이 1:1 기반의 상호작용은 상호성이 거의 기대되지 않으며, 고도로 구조화되어 있고, 감각이 통제된(즉, 조용하고 편안한) 환경에서 이루어지기 때문이다. 이것은 내담자가 보인 명백한 자폐 행동의 순간 포착에만 의존하여 저자들이 자폐증을 평정하기 조심스러워하는 이유 중 하나이다. 저자들은 내담자의 개인력과 내적 경험 등 여러 출처에서 수집한 정보에 근거해서 진단한다.
- **만성적으로 수용받지 못했다.** 이들은 적절한 자폐증 진단을 받더라도 '자폐증 같아 보이지 않아서' '진짜 자폐증'이 아니라는 내적·외적 인식과 분투한다. 이렇게 오랫동안 수용받지 못한 상태는 자기 의심, 불안, 좌절감 같은 다양한 정서적 반응으로 이어질 수 있다.
- **자폐증은 쉽게 오진될 수 있다.** 자폐증이 인정되지 않으면 다른 진단이 내려지는데, 일부는 실제로 동반되는 문제(예: 불안, ADHD)이지만, 다른 일부는 부적절하고 심지어 해로울 수도 있다. 인지되지 못한 자폐증을 오진해 온 역사가 길다. 2015년에 제시카 라이트Jessica Wright는 "1950~1960년대에 자폐증을 지닌 수천 명의 아동이 완전히 누락되거나 혹은 잘못된 진단명이 붙었다"고 기술했고, 후속 연구들도 이를 뒷받침한다. 테레사 리건Theresa Regan이 성인기 자폐증에 관한 저서에서 언급했듯이, "K. 타카라 등K. Takara et al.(2015)은 오진된 정신과적 질환 혹은 '인식되지 않은unrecognized [자폐증]을 초래한 이유'로 강조된 다섯 개의 정신질환을 보고했고, 이에는 조현병, 정신증적 장애, 양극성장애, 주요우울장애, 성격장애가 포함되었다." 오진이 효과적이지 않은 개입과 약물치료로 이어지면 그나마 다행이고, 최악에는 해로울 수도 있다.

- **어려움을 보상할 수 있다고 해서 어려움이 없다고 하면 안 된다.** 보상 행위는 개인의 정서적 안녕, 인지, 자기감을 높이는 능력, 일반적인 기능 능력의 큰 대가를 치른다. 위장한 자폐인은 불안과 우울을 경험할 위험성이 높다. 그리고 외롭고 괴로우며 완전히 지쳐 있는 경우가 상당히 많고, 진정한 자기 정체감이나 자기 조절, 자기 옹호를 돕는 (사회적으로 허용되는) 도구가 미미하며, 수용, 지원, 편의, 개입의 기회가 거의 없다. 이는 정말로 큰 문제이다.

자폐증 경험에서 본 시선으로: 숨겨 둔 장애를 가진 일

"무언가를 다른 맥락에서 보상한다고 해서 그 무언가가 사라진다는 것을 의미할까요? 발목이 부러진 사람이 계속 걷기 위해 부츠를 신어도 발목은 여전히 부러진 상태예요. 우리의 경험과 삶을 여러분의 관찰과 지각을 통해서 말하는 건 정말 타당하지 않아요. 위장된 모습의 이면에는 번아웃, 두통, 울음, 해리, 고통, 피로감 등의 취약함이 있어요. 제 생각에 우리 대다수에게 취약함은 아주 내밀하고 사적인 문제이고, 그래서 아마 여러분이 보게 될 일은 없을 겁니다. 그렇다고 해서 이것이 비현실적이거나 영향력이 적거나 무효하지는 않습니다."

– 랄프 G. Ralph G.

"제 배우자가 퇴근한 저를 데리러 왔는데 피곤에 지쳐 차에 풀썩 쓰러질 때, 저는 하루 종일 (실제 업무 외에도) 멈추지 않는 테트리스를 했다고 표현합니다. 일주일에 13시간을 일했고, 그 13시간이 제 삶을 집어삼켰어요. 퇴근하면 7시간 동안은 가면 쓰기의 시간에서 회복하면서 보내고, 그 전날에는 또 가면을 써야 한다는 불안감에 시달려요."

– 제스 O. Jess O.

"조현병 환자가 여러분과 상호작용하는 동안에 환각을 언급하지 않고 '정상적으로' 행동한다고 해서 조현병이 아닌가요? 여러분은 우리가 상호작용을 마무리한 다음에, 혹은 번아웃에 빠져서 정신적, 신체적으로 힘들어할 때, 혹은 스스로를 너무 밀어붙이거나 들볶아서 정서적으로 폭발하는 때를 보지 못할 거예요. 우리는 자폐증이에요. 우리는 생존을 위해 자폐증을 숨기고, 더 이상 숨길 수 없을 때까지 숨긴답니다."

– 렉사 G. Lexa G.

"위장의 대가는 대부분 피곤함이에요. 하루 종일 음악이 울려 퍼지고, 어디를 가든 향수 냄새가 나고, 군중 속에서 밀리고 밀려나고, 모든 것이 맑은 환각의 색깔로 칠해진 듯한 삶이에요. 제 감각들이 공격받는 동안에 저는 짜증스럽지 않고 기분 좋은 표정을 지으면서 사회적 단서를 읽고 대화를 따라가려고 노력하지만, 뇌는 다른 모든 일을 처리하느라 바쁘죠. 하루가 끝날 무렵에 저는 종종 정서적 반응이 둔화되어 shutdown 가장 기본적인 질문에도 답하기가 힘들어요. 또 다른 대가는 제게 그나마 있는 인간관계에서도 아주 불만족한다는 점이에요. 그래요! 저는 제 본모습의 상당 부분을 숨겼어요! 제 사회적 자아는 기본적으로 시트콤 캐릭터들, 그리고 사회적 상호작용 중에 해야 하거나 하지 말아야 할 일이 적힌 머릿속 체크리스트의 혼종이에요. 정말 피곤해요!"

– 마리 T. Marie T.

"부모님도 제가 방이나 목욕탕에서 울면서 몸을 때리고 긁는다는 사실을 모르세요. 아주 사소한 상호작용이나 사건에도 머리를 벽에 박아 죽고 싶을 정도예요."

– 케이티 R. Katie R.

핵심

이 책을 읽으면서 다음을 유념하기 바란다.

자폐증은 과거에 비해 훨씬 만연하다. 자폐증에 대한 이해가 발전함에 따라 유병률도 급격히 증가하였다. 자폐증 유병률의 첫 추정치는 1966년에 아동 2,222명당 1명이었다. 그리고 유병률은 지난 40년 동안 꾸준히 증가하여 1979년에 667명 중 1명,

1995년에 150명 중 1명, 2000년에 59명 중 1명, 2018년에 54명 중 1명이었으며, 이 책을 저술하는 지금을 기준으로 불과 몇 년 전에는 36명 중 1명이었다! 그리고 이마저도 과소평가된 수치일 수 있다.

자폐증은 아동만큼이나 많은 성인에게도 영향을 미친다. 지금까지의 유병률 연구는 주로 아동에 초점을 맞춰 왔지만, 이제 우리는 성인 자폐증의 유병률도 이와 비슷하다는 사실을 알고 있다. 이는 일부분 당연한 말인데, 아동이 자라면서 행동 표현이 외견상 눈에 덜 띄게 될 수는 있지만, 사라지는 것이 아니기 때문이다.

멩-추안 라이Meng-Chuan Lai와 사이먼 바론-코헨Simon Baron-Cohen이 언급한 '**자폐증 성인이 상실된 세대**the lost generation of autistic adults'는 자녀가 자폐증 진단을 받은 후에야 자신의 자폐증을 인식하게 된 수많은 성인을 가리킨다. 요한 니레니우스Johan Nyrenius 등이 지적했듯이, 1990년대 중반 이전에 태어난 자폐인은 2000년 이후에 출생한 자폐인에 비해 18세 이전에 진단받을 확률이 훨씬 낮다. 트라올라흐 브루가Traolach Brugha 등에 따르면, 자폐증의 비율은 연령 집단별로 일정하지만 진단 비율은 그렇지 않다. 이 연구에 대해 존 엘더 로비슨John Elder Robison이 관찰했듯이, "연구 참여자의 나이가 많을수록 과거에 자폐증으로 진단되었을 가능성이 낮았다." 로비슨이 데이터를 종합한 결과, 실제로 자폐증으로 진단받은 성인은 3~10%에 불과했다.

이 문제는 적어도 부분적으로 여전히 지속되고 있는데, 성인과 함께 작업하는 많은 건강관리전문가가 자폐증을 인식하는 훈련을 받지 못했기 때문이다. 예를 들어, 오우세니 제르보Ousseney Zerbo 등이 성인을 대상으로 작업하는 건강관리돌봄제공자 약 1,000명에게 실시한 설문 조사 결과, 대부분(86% 이상)이 자폐증 성인을 치료할 지식과 기술이 부족하다고 응답했고, 자폐인이 있다는 사실조차 모르는 경우도 많았다. 성인기가 되면 적절한 진단을 받을 기회가 줄어들고, 성격장애와 같은 오진이 증가할 가능성은 두말할 필요도 없다.

미진단된 자폐증은 임상 모집단에서 훨씬 더 흔하다. 최근 연구에 따르면, 임상 모집단(특히 정신건강 질환이 있는 경우)에서 자폐증 유병률은 약 5명 중 1명 이상으로, 일반 인구보다 더 높았다! 이 글을 쓰는 지금 일반 정신건강의학과 외래 환자뿐만 아니라 섭식장애, 약물남용, 우울, 자살로 사망한 환자에서도 이전에 탐지되지 못했던 자폐증이 높은 비율로 발견되고 있다.

이 연구들은 전반적으로 문제가 되는 모집단에서 상당한 자폐적 특성의 많은 성인이 공식적으로는 자폐증으로 인정되지 않았다는 점을 지적한다. 자폐증은 이전에 우리가 생각하던 것보다 정신건강 장면에서 훨씬 더 분명히 만연하다.

진단은 동기를 부여해 준다! 저자들은 자폐증을 공공연하게 혹은 무의식적으로 나쁘다고 분류하는 사람을 (임상가를 포함해서) 매우 많이 알고 있다. 이러한 사고방식과 이에 뒤따르는 불안감은 임상가가 자폐증을 진단하지도, 심지어는 그 가능성을 고려하지조차 않도록 만들 수 있다. 저자들의 임상 경험에 따르면, 자폐증에 대한 적절한 진단, 특히 신경다양성을 지지하는 방식으로 진단받는 일은 매우 긍정적이고, 심지어 인생을 바꿀 수 있는 경험이 된다. 지원, 편의, 적절한 개입에 접근할 수 있는 등의 구체적인 혜택도 있다. 다른 혜택은 눈에 보이지 않아도 훨씬 더 강력할 수 있다: 부정확하거나 경멸스러운 꼬리표로부터의 보호(예: '까다로운' '지나치게 민감한' 성격장애 진단), 신경 유형을 공유하는 다른 사람들과의 공동체 의식, 가족, 교육자, 건강관리전문가로부터의 더 큰 이해 등.

저자들의 생각에 적절한 자폐증 진단의 가장 큰 혜택은 바로 '**비판단적인 자기 이해**'의 선물이다. 정확하고 신경다양성을 지지하는 자기 이해가 있어야만 평생의 자책과 수치심에서 자유로울 수 있다. 수많은 자폐인이 마침내 자폐증으로 인정받을 때 느꼈던 자유와 수용/타당화validation를 아름답게 표현했다. 많은 사람이 이 렌즈를 통해 자신을 이해하면서 정서적 고통을 덜 경험하고, 더 나은 자기 관리를 시작하고, 공동체의식을 느끼고, 자신의 요구를 더 효과적으로 옹호할 수 있게 되었다. 엘리자베스 펠리카노Elizabeth Pellicano와 재클린 덴 하우팅Jacquiline den Houting이 언급했듯이, "긍정적인 자폐증 정체성은 정신건강의 향상과도 연관된다."

자폐증 경험에서 본 시선으로: 진단받은 일

"자폐증이라는 말을 듣고 안도감에 눈물이 났어요. 제가 자폐증이라고는 생각하지 못했지만, 남들과 어떤 이유로 어떻게 다른지 확신할 수 없었습니다. 저는 많은 것을 알게 되었습니다."

– 디제이 찹스틱 DJ Chopstick

"제가 자폐인임을 알고 나니 제 욕구와 그리고 이를 다루는 방법을 훨씬 더 잘 알게 되었어요. 그리고 통제할 수 없어서 느꼈던 자책감과 수치심은 결함이 아니라 신경다양성의 결과이고, 부끄러워할 일도 아니라는 것을 알게 되니 스스로를 훨씬 더 용서할 수 있게 되었어요. 저는 저 스스로를 훨씬 더 좋아하고 제가 누구인지 더 잘 알게 된 것 같아요. 저는 저 자신과 제가 하는 일에 대해 훨씬 더 편안하게 생각하게 되었어요. 전반적으로 저는 훨씬 더 행복하고, 저의 뇌, 감정, 몸을 훨씬 더 잘 인식하게 되었고, 제 욕구를 훨씬 더 능숙하게 돌볼 수 있게 되었고, 저 자신을 훨씬 더 좋아하게 되었어요."

– 애니 R. Annie R.

'비–자폐적인' 행동이 몇 개 있다는 이유만으로 자폐증을 배제할 수 없으며, 배제해서도 안 된다. 저자들의 경험에 따르면, 양질의 훈련을 받은 임상가라도 자폐증의 덜 분명한 특성을 놓칠 뿐만 아니라, '비–자폐적인' 특성이나 행동을 관찰하면 자폐증을 배제하는 오류를 저지른다. 전형적인 눈 맞춤, 기본적인 사회적 예의, 친구 관계, 사회적 참여, 비꼬는 말을 보인다는 이유로 자폐증의 진단이 부인되었던 자폐인이 무수하다. 저자들은 단순히 행복한 결혼 생활, 부모를 향한 애정, 직업적 성공을 이유로 자폐증을 배제하는 임상가도 보았다. 이는 자폐증을 배제할 이유가 되지 않는다.

우리 모두 '약간 자폐적인 것'은 아니다. 더 정확하게 표현하자면 많은 이가 자폐증에서 흔한 하나 이상의 특성을 보유하고 있다. 예를 들어, ADHD를 가진 많은 사람은 감각적 처리에서 차이를 보이고, 사회불안이 있는 몇몇 사람은 눈 맞춤이 어려우며, 자폐증이 아닌 사람 대다수도 사회불안이 있는 몇몇 사람의 경우에는 변화나 전환을 어려워할 수 있다. 한두 가지의 특성이 곧 '약간 자폐적인 것'인 것은 아니다. 저자의 (자폐인) 친구 앤드류Andrew의 말처럼, "발목이 부어도 임신이 아닐 수 있다!"

우리는 더 잘해야 한다. 미진단된 자폐증은 드문 현상이 아니다. 최신 자료에 따르면, 정신건강 임상 장면에 내원하는 사람의 약 20%가 자폐증일 수 있고, 이것이 현재의 호소 문제에 기여할 수 있다. 이들은 특히 다른 문제를 동반할 위험성이 높고, 종종 오해, 오진되고 소외된다. 자폐증에 대한 인식은 이들의 행복을 위해 필수적이지는 않더라도 핵심 요소이다.

진단을 위해 이러한 내담자 모두를 자폐증 전문가나 클리닉에 보내는 것은 합리적이지 않다. 자폐증 전문가는 비싸기도 하고, 대기 명단도 길어서(몇 달에서 몇 년까지) 확인과 개입에 대한 접근성이 더 떨어진다. 또한 서비스 제공자가 이 소수 집단을 진료의 범주에서 배제하는 것에도 의문이 있다.

지난 10여 년 동안, 저자들은 미진단된 수많은 자폐인을 만났다. 이들은 우리의 사무실과 우리의 일상에 등장했다. 이들의 연령, 젠더, 문화적 배경, 교육 수준, 경력, 생활환경은 서로 다르지만, 인정, 수용, 지지받지 못하고 고통을 견딘 점에서 공통분모를 가진다. 이들을 위해 (그리고 이들과 함께) 이 책을 썼다.

참고문헌 및 읽을거리

Atladottir, H. O., Gyllenberg, D., Langridge, A., Sandin, S., Hansen, S. N., Leonard, H., Gissler, M. Reichenberg, A., Schendel, D. E., Bourke, J., Hultman, C. M., Grice, D. E., Buxbaum, J. D., & Parner, E. T. (2015). The increasing prevalence of reported diagnoses of childhood psychiatric disorders: A descriptive multinational comparison. *European Child & Adolescent Psychiatry, 24*(2), 173-183.

Autism Science Foundation. (2021, December 2). Autism Science Foundation comments on today's CDC data indicating 1 in 44 children diagnosed with autism. Autism Science Foundation. https://autismsciencefoundation.org/about-asf/media-center/press-releases/cdc-autism-prevalence-data-2021/

Bargiela, S., Steward, R., & Mandy, W. (2016). The experiences of late-diagnosed women with autism spectrum conditions: An investigation of the female autism phenotype. *Journal of Autism and Developmental Disorders, 46*(10), 3281-3294.

https://doi.org/10.1007/s10803-016-2872-8

Barnard, J., Harvey, V., Potter, D., & National Autistic Society. (2001). *Ignored or ineligible? The reality for adults with autism spectrum disorders*. National Autistic Society.

Baron-Cohen, S. (2019, April 30). The concept of neurodiversity is dividing the autism community. Scientific American Blog. https://blogs.scientificamerican.com/observations/the-concept-of-neurodiversity-is-dividing-the-autism-community/

Brugha, T. S., Spiers, N., Bankart, J., Cooper, S.-A., McManus, S., Scott, F. J., Smith, J., & Tyrer, F. (2016). Epidemiology of autism in adults across age groups and ability levels. *The British Journal of Psychiatry: The Journal of Mental Science, 209*(6), 498-503. https://doi.org/10.1192/bjp.bp.115.174649

Cassidy, S., Au-Yeung, S., Robertson, A., Cogger-Ward, H., Richards, G., Allison, C., Bradley, L., & Baron-Cohen, S. (2022). Autism and autistic traits in those who died by suicide in England. *The British Journal of Psychiatry, February 15*, 1-9. https://doi.org/10.1192/bjp.2022.21

Croen, L. A., Zerbo, O., Qian, Y., Massolo, M. L., Rich, S., Sidney, S., & Kripke, C. (2015). The health status of adults on the autism spectrum. *Autism, 19*(7), 814-823. https://doi.org/10.1177/1362361315577517

de Leeuw, A., Happé, F., & Hoekstra, R. A. (2020). A conceptual framework for understanding the cultural and contextual factors on autism across the globe. *Autism Research, 13*(7), 1029-1050. https://doi.org/10.1002/aur.2276

den Houting, J. (2019). Neurodiversity: An insider's perspective. *Autism, 23*(2), 271-273. https://doi.org/10.1177/1362361318820762

Hull, L., Petrides, K. V., Allison, C., Smith, P., Baron-Cohen, S., Lai, M.-C., & Mandy, W. (2017). "Putting on my best normal": Social camouflaging in adults with autism spectrum conditions. *Journal of Autism and Developmental Disorders, 47*(8), 2519-2534. https://doi.org/10.1007/s10803-017-3166-5

Huke, V., Turk, J., Saeidi, S., Kent, A., & Morgan, J. F. (2013). Autism spectrum disorders in eating disorder populations: A systematic review. *European Eating Disorders Review: The Journal of the Eating Disorders Association, 21*(5), 345-351.

https://doi.org/10.1002/erv.2244

Kim, Y. S., Leventhal, B. L., Koh, Y.-J., Fombonne, E., Laska, E., Lim, E.-C., Cheon, K.-A., & Grinker, R. R. (2011). Prevalence of autism spectrum disorders in a total population sample. *American Journal of Psychiatry, 168*(9), 904-912. https://doi.org/10.1176/appi.ajp.2011.10101532

Lai, M.-C., & Baron-Cohen, S. (2015). Identifying the lost generation of adults with autism spectrum conditions. *The Lancet Psychiatry, 2*(11), 1013-1027. https://doi.org/10.1016/S2215-0366(15)00277-1

Lipinski, S., Boegl, K., Blanke, E. S., Suenkel, U., & Dziobek, I. (2022). A blind spot in mental healthcare? Psychotherapists lack education and expertise for the support of adults on the autism spectrum. *Autism, 26*(6), 1509-1521. https://doi.org/10.1177/13623613211057973

Livingston, L. A., Shah, P., & Happé, F. (2019). Compensatory strategies below the behavioural surface in autism: A qualitative study. *The Lancet Psychiatry, 6*(9), 766-777. https://doi.org/10.1016/S2215-0366(19)30224-X

McKowen, J., Woodward, D., Yule, A. M., DiSalvo, M., Rao, V., Greenbaum, J., Joshi, G., & Wilens, T. E. (2022). Characterizing autistic traits in treatment-seeking young adults with substance use disorders. *The American Journal on Addictions, 31*(2), 108-114. https://doi.org/10.1111/ajad.13247

Nyrenius, J., Eberhard, J., Ghaziuddin, M., Gillberg, C., & Billstedt, E. (2022). Prevalence of autism spectrum disorders in adult outpatient psychiatry. *Journal of Autism and Developmental Disorders, 52*(9), 3769-3779. https://doi.org/10.1007/s10803-021-05411-z

Pearson, A., & Rose, K. (2021). A conceptual analysis of autistic masking: Understanding the narrative of stigma and the illusion of choice. *Autism in Adulthood, 3*(1), 52-60. https://doi.org/10.1089/aut.2020.0043

Pellicano, E., & den Houting, J. (n.d.). Annual research review: Shifting from "normal science" to neurodiversity in autism science. *Journal of Child Psychology and Psychiatry, n/a*(n/a). https://doi.org/10.1111/jcpp.13534

Regan, T. (2021). *Understanding autism in adults and aging adults: Updated in 2021 with new insights for improving diagnosis and quality of life* (2nd ed.). IndieGo Publishing.

Robison, J. E. (2019). Autism prevalence and outcomes in older adults. *Autism Research, 12*(3), 370–374. https://doi.org/10.1002/aur.2080

Russo, F. (2018, February 21). The costs of camouflaging autism. Spectrum|Autism Research News. www.spectrumnews.org/features/deep-dive/costs-camouflaging-autism/

Takara, K., & Kondo, T. (2014). Autism spectrum disorder among first-visit depressed adult patients: Diagnostic clues from backgrounds and past history. *General Hospital Psychiatry, 36*(6), 737–742. https://doi.org/10.1016/j.genhosppsych.2014.08.004

Wright, J. (2015, December 10). Autism's lost generation. The Atlantic. www.theatlantic.com/health/archive/2015/12/the-lost-adults-with-autism/419511/

Zerbo, O., Massolo, M. L., Qian, Y., & Croen, L. A. (2015). A study of physician knowledge and experience with autism in adults in a large integrated healthcare system. *Journal of Autism and Developmental Disorders, 45*(12), 4002–4014. https://doi.org/10.1007/s10803-015-2579-2

제 1 부

자폐증의 실제 모습

이 장에서는 자폐증의 기준을 하나씩 살펴본다. 각각의 기준에 대해 많은 사람이 **생각하는** 의미를 먼저 설명하고, 이것이 표현될 수 있는 다른 방식들을 제시한다.

여성이 남성과 다르게 표현되는 방식도 다룬다. 지난 10년 동안, 여성 자폐증의 과소 진단과 자폐증의 다양한 표현 양상에 관하여 많은 연구가 이루어졌다. 이제 우리는, (1) 남성도 자폐증이 덜 분명하게 표현되거나 누락되거나 오진될 수 있으며, (2) 젠더는 이분법이 아니고, 남성/여성으로만 구별되지 않는 자폐인(과 비-자폐인)이 많다는 점을 이해하게 되었다. 그러나 자폐증 여성에 관한 연구는 여전히 유용한데, 자폐증의 가능성에 대한 일부 표현, 특히 자폐를 위장한 사람에 관해 통찰을 제공하기 때문이다.

앞으로 다음의 장을 살펴본다.

1. 기본 틀: 현재의 진단 기준
2. 상호성
3. 비언어적 의사소통
4. 대인관계
5. 반복적인 혹은 개인특유적인 행동
6. 융통성
7. 강렬하거나 비전형적인 흥미
8. 감각적 차이

제 1 장

기본 틀: 현재의 진단 기준

본격적인 논의에 들어가기에 앞서, 먼저 정신질환의 진단 및 통계 편람Diagnostic and Statistical Manual of Mental Disorders, 2022(이하 DSM-5-TR) 및 국제질병분류International Classification of Disease, 2019(이하 ICD-11)에 기술된 진단 기준을 살펴보고자 한다.

> 저자들은 이 진단 기준이 다음의 관점을 대변하고 있음을 강조한다. 외부 세상과 비-자폐적인 방식으로 의사소통/반응하는 것이 옳고 적절하며, 자폐적인 의사소통/반응은 틀리고, 손상되었고, 열등하고, 이상하고, 부적절하고, 실패를 나타내는 것이다. 저자들은 이 용어의 사용에 동의하지 않으며, 다음 장부터는 신경다양성을 지지하고 더 적절하다고 생각되는 표현을 사용하기 위해 노력할 것이다.
>
> 하지만 이 장에서만 DSM-5-TR 및 ICD-11에서 기술된 기준을 그대로 제시할 것이다. 이러한 맥락에서 결함 및 증상과 같은 단어가 번역된 출판물에 따라 그대로 사용되었음을 독자들이 이해해 주기를 바란다.

몇 가지 유의 사항이 있다.

- DSM-5-TR 및 ICD-11은 더 이상 자폐증과 아스퍼거를 구분하지 않는다. 대신에 자폐성장애, 아스퍼거장애, 기타 명시되지 않은 전반적 발달장애Pervasive Developmental Disorder, Not Otherwise Specified(이하 PDD-NOS)를 '자폐스펙트럼장애'

의 단일한 진단명으로 통합하였다. 그러나 '아스퍼거'의 정체성을 강하게 주장하는 사람들이 여전히 존재하며, 저자들은 임상가가 각 내담자에게 적합한 언어를 사용하도록 권한다.

- 특성이 반드시 현재일 필요는 없고, 현재 또는 과거를 기준으로 할 수 있다. 이는 일부 기준(예: 감각장애)이 아주 어릴 때 더 분명한 경우가 많기 때문에 중요하다. 부모와 일부 임상가는 자녀가 성장해서 이 특성이 더 이상 진단에 기여하지 않는다고 생각할 수 있지만, 여전히 중요한 요소이다. 반대로 일부 기준은 어릴 때 분명하지 않다가 자녀가 성장하면서 더 명확해질 수 있으며, 특히 자폐증 여성에게서 더욱 그렇다.
- 아동·청소년과 함께 작업할 때, 어린 자폐인은 치료사와 같이 도움을 제공하는 성인과 흔히 꽤 잘 상호작용하며 몇 살 더 많거나 적은 아이들과도 잘 지낼 수 있다는 점을 기억하는 것이 중요하다. 사회기술을 평가할 때 나이가 훨씬 많거나 적은 사람보다는 같은 연령대인 또래와의 상호작용을 더 중요하게 고려해야 한다.

기준은 2개의 주요 범주로 나뉜다. (1) 사회적 및 의사소통의 문제, (2) 제한적이고 반복적인 행동Restricted and Repetitive Behavior(이하 RRB)이 그것이다.

사회적 및 의사소통의 문제

DSM-5-TR을 사용하는 임상가의 경우에 이 범주에는 세 가지 기준이 있으며, 진단을 받기 위해 개인은 현재 또는 과거에 세 영역 모두에서 어려움을 경험해야 한다.

1. 사회적-감정적 상호성
2. 비언어적인 의사소통
3. 대인관계의 관리

ICD-11을 사용하는 임상가의 경우에는 일반적으로 "상호적인 사회적 상호작용과 사회적 의사소통을 시작하고 유지하는 능력에 지속적인 결함이 있어야 한다."

제한적이고 반복적인 행동

DSM-5-TR에서는 제한적이고 반복적인 행동의 목록 4개를 제시하며, 진단을 받기 위해 개인은 현재 또는 과거에 네 가지 중 2개 이상의 기준을 충족해야 한다. ICD-11을 사용하는 임상가는 '제한적이고 반복적이며 융통성 없는 행동 및 흥미의 패턴'이 있음을 증명해야 한다. 반복적인 행동이나 제한된 흥미가 없더라도 자폐증의 가능성이 존재할 수 있다. 제한적이고 반복적인 행동에 대한 DSM-5-TR 기준을 충족하기 위해서는 다음의 네 가지 기준 중 2개만 충족해도 된다.

1. 반복적이거나 개인특유적인 행동
2. 융통성의 곤란
3. 강렬하거나 비전형적으로 제한된 흥미
4. 감각적 차이

다음 장부터는 각각의 기준을 상술하고, 이것이 자폐증이 덜 분명한 사람에게 어떻게 표현될 수 있는지 제시한다. 진단 기준을 충족하지 않는 비-자폐인도 이러한 차이점 중 일부를 경험할 수 있음에 유의해야 한다.

추가 기준

세 가지 기준을 더 고려해야 한다.

첫째, **증상이 아동기로 거슬러 올라가야 한다**. DSM-5-TR에서 명시하듯이 "증상은 반드시 초기 발달 시기부터 나타나야 한다." 그리고 ICD-11에서 명시하듯이 "장애의 발병은 발달기, 전형적으로 초기 아동기에 발생한다." 그러나 두 기준 모두에서 명시하듯이 '사회적 요구가 개인의 제한된 능력을 넘어서기 전까지' 증상이 완전히 나타나지 않을 수 있다. DSM-5-TR에서는 '학습된 전략에 의해서 증상을 감출 수 있어서' 때때로 보이지 않을 수 있다고 덧붙인다. 모든 증상은 자폐증이 청소년기나 성인기에 시작될 수 없다는 점을 강조한다. 생애 초기에 어떤 문제가 있었는데 감당할 만한 정도였는지 확인하는 것이 중요하다. 증상을 다른 사람에게 숨기거나(가면 쓰기나 위장) 주변 환경(부모 등)의 도움으로 보상한 경우라면 증상이 없다고 가정하지 않도록 주의해야 한다.

둘째, 자폐스펙트럼장애 진단을 받으려면 사회적, 직업적 또는 다른 중요한 현재 기능 영역에서 **임상적으로 현저한 손상**이 있다는 근거가 필요하다. 여기에는 불안이나 우울 같은 정서장애, 혹은 억지로 위장하면서 소진되어 혼자만의 회복 시간이 상당히 필요한 경우도 포함될 수 있다. 이 표현은 맥락에 따라 다를 수 있는데, 공공장소에서 잘 버티다가 집에 와서 무너지는 경우도 흔하다. 이 외에 번아웃, 직장이나 학교 회피, 성인기 진입의 어려움 등도 있다. 평가나 치료를 찾는 사람들은 임상적으로 현저한 문제를 분명히 가지고 있다.

마지막으로, DSM-5-TR에서는 이 표현이 "지적발달장애(지적장애) 또는 전반적 발달지연으로 더 잘 설명되지 않는다"고 명시한다.

DSM-5-TR과 ICD-11의 유사점

- 자폐증, 아스퍼거, PDD-NOS가 하나의 단일 진단명으로 통합되었다: 자폐스펙트럼장애
- 두 가지 범주의 기준: 사회적/의사소통 문제와 제한적/반복적 행동
- 두 기준 모두에서 명시하듯이, 자폐증은 초기 발달 시기부터 증상이 나타나지만 나중까지 증상이 완전히 나타나지 않을 수 있다.

- DSM과 ICD 모두에서 명시하듯이, 증상은 임상적으로 현저한 손상을 유발하며 어떤 기능 영역(예: 사회적, 교육적, 직업적, 정서적)에서든 나타날 수 있다.
- 두 기준 모두에서 언어 손상을 포함하지 않는다.
- 두 기준 모두에서 감각 문제를 포함하여 개정되었다.

DSM-5-TR과 ICD-11의 차이점

- DSM은 각 범주에서 최소한으로 충족해야 하는 증상의 수를 명시한다: 사회적/의사소통 기준의 3개 모두 그리고 제한적/반복적 기준의 4개 중 2개 이상. 반면에 ICD는 증상의 특정한 역치를 요구하지 않는다. 대신에 사회적/의사소통 영역, 그리고 제한적/반복적 영역의 '지속적인 결함'을 요구한다.
- DSM은 몇몇 동반되는 장애를 포함한다(예: '지적 손상을 동반하는 경우 또는 동반하지 않는 경우', '언어 손상을 동반하는 경우 또는 동반하지 않는 경우'). 반면에 ICD는 지적발달장애 그리고/또는 기능적 언어의 존재 유무와 같은 요인에 따라 자폐스펙트럼장애의 진단 코드가 다르다.
- DSM은 퇴행을 증상이나 진단의 근거로 포함하지 않는다. 반면에 ICD는 '이전에 습득한 기술의 상실'을 진단의 근거로 사용할 수 있다고 명시한다.

전체 진단 기준은 DSM-5-TR을 참고하기 바란다. 지금부터는 기준이 충족되는 방식을 알아볼 것이다.

참고문헌 및 읽을거리

American Psychiatric Association. (2022). *Diagnostic and statistical manual of mental disorders* (5th ed., text rev.). https://doi.org/10.1176/appi.books.9780890425787

World Health Organization. (2019). *International statistical classification of diseases and related health problems* (11th ed.). https://icd.who.int/

제 2 장

상호성

"저는 때로 제가 저 자신으로 만든 상자 안에 있는 것 같다고 느끼곤 해요. 모든 벽은 저 자신을 비추는 거울이고, 저는 그 벽을 벗어나 다른 사람들이 있는 곳으로 갈 수 없죠. 저는 제가 다른 사람처럼 공감하지 못한다는 걸 알아요. 마치 상자에 문이 없는 것과도 같죠."

—니콜 R. Nicole R.

상호성에서의 어려움의 의미에 대해 흔히 사람들이 하는 생각

많은 임상가는 상호성에서의 어려움이 타인과 완전히 단절되어 있거나 공감 능력이 결여된 사람을 의미한다고 생각한다. 이는 사실이 아니며, 상호호혜적인 상호작용에는 관계와 공감, 그 이상의 것이 포함된다.

상호호혜적인 상호작용은 실제로 무엇을 수반하는가

상호성에서의 문제를 이야기하기 전에 먼저 비-자폐인 간의 상호호혜적인 상호작용이 일반적으로 무엇을 요구하는지 알 필요가 있다. 자폐적이지 않은 사람은 일반적으로 사회적 상호작용을 복잡하게 생각하지 않는데, 이는 대부분 이러한 상호작용이 상당히 직관적이기 때문이다. 예를 들어, 만일 당신이 자폐적이지 않고 누군가 아는 사람을 만난다면 당신은 어떻게 행동해야 할지 직관적으로 알고 있을 것이다. 당신의 마음이 내키지 않을 수도 있고, 또 즐기지 않을 수도 있지만, 일반적으로 상대방에게 인사를 할지 말지, 그리고 어떻게 인사를 할지에 대해 의식적으로 생각할 필요는 없다.

하지만 생각해 보면, 상호작용은 사실 상당히 복잡하다. 예를 들어, 우리는 새로운 동료와의 공식적인 악수부터 오랜 친구를 위한 따뜻한 포옹까지 다양한 유형의 인사법을 가지고 있다. 또한 상호작용의 주고받음과 흐름도 관리해야 한다(내가 너무 많이 말하고 있는가? 내가 끼어들고 있지는 않은가? 내가 상대방이 말하는 것을 잘 이어 가고 있는가? 등). 다시 말하지만 일반적으로 비-자폐인은 이 모든 과정을 거의 의식하지 않고 해낸다.

상호-조절co-regulation**은 상호성의 핵심 요소이다.** 상호-조절이란 부분적으로는 사회적 상호작용을 유지하기 위한 적응 능력을 말한다. 예를 들어, 누군가와 대화를 나누다가 상대방이 갑자기 짜증스러운 표정을 짓는다면 당신은 어떤 말이 상대방을 짜증 나게 했는지 파악하고, 사과를 하거나 오해를 바로잡음으로써 이를 해결하려고 노력할 것이다. 상호-조절의 목표 중 하나는 상호작용을 지속적으로 잘 유지하는 것이다.

상대방이 말한 것에 기반하여 대화를 이어 가는 일은 상호성의 또 다른 핵심 측면이다. 만일 내가 '사회적 의미를 담은 빵 조각을 떨어뜨리면' 비-자폐인은 일반적으로 그 조각을 줍는다. 가령, 내가 "어젯밤에 재미있는 일이 있었어요"라고 말한다면 대화 상대는 "오! 무슨 일이 있었어요?"라고 말할 수 있다. 우리는 이런 방식으로 함께 대화를 만들어 나간다. 만일 대화 상대가 당신이 말한 것에 기반하여 반응을 하지 않는다면 이는 전형적인 상호성이 부족한 것이다.

사람들이 상호성을 구축하는 또 다른 방법은 **경험을 공유하는 일**이다. 가령 당신이 새로운 친구를 사귀었다고 가정해 보자. 당신은 그녀와 몇 달 동안 1~2주에 한 번씩 점심을 함께 먹었다. 어느 순간에 당신은 그녀가 자신의 이야기를 전혀 하지 않는다는 사실을 깨닫게 된다. 당신은 그녀의 가족, 직업, 지난 휴가, 읽은 책에 대해 아무

것도 모른다. 그녀와 당신은 가까운 사이로 느낄까? 아마도 그렇지 않을 것이다. 타인과 연결되기 위해 우리는 자기 자신에 대해 공유해야만 한다.

어느 날, 16세인 에단Ethan은 어머니에게 "오늘 밤에 저 좀 학교까지 태워다 주실 수 있어요?"라고 물었다.

그의 어머니는 "물론이지, 그런데 왜?"라고 물었다.

에단은 "영화제에 가려고요"라고 대답했다.

그의 어머니는 "오, 네가 영화에 관심이 있는 줄 몰랐어. 물론 괜찮지. 그런데 그냥 궁금해서 그런데, 왜 가고 싶은 거야?"라고 말했다.

에단은 "음, 선생님이 가라고 하셨어요"라고 말했다.

"선생님이 왜 가라고 하셨니?"

"글쎄요, 상을 받아서 그런 것 같아요."

에단에게 차가 필요 없었다면, 그는 영화제에 영상을 출품하고 수상했다는 사실을 어머니에게 말할 생각조차 하지 않았을 것이다.

비-자폐적인 상호성의 또 다른 측면은 **다른 사람에 대한 호기심을 표현**하고, 상대방이 어떻게 지내고 있는지 궁금해하는 것이다. 만일 새로운 친구를 사귀고 몇 달간 몇 주에 한 번씩 점심을 같이 먹었는데, 그들이 단 한 번도 내가 공유한 것에 대한 후속 질문(예: "아, 애들이 아팠다고 했는데, 지금은 괜찮아?" 또는 "직장에서 스트레스를 받았다고 했는데, 어떻게 되고 있어?" 또는 "너의 멋진 여행 이야기를 빨리 듣고 싶어!")을 하지 않았다면 그들은 가까워졌다고 느낄 수 있을까? 아마도 그렇지 않을 것이다. 자신의 경험을 공유하고 다른 사람의 경험에 대해 궁금해하는 것은 상호호혜적인 상호작용에서 필수적이다.

상호성에는 **상대방의 관점에서 세상을 바라보는 능력**도 포함된다. 대부분의 사람은 이를 항상 하기 때문에 이 일이 얼마나 직관적인지 깨닫지 못하지만, 이 일은 절대적으로 중요하다. 예를 들어, 도나Donna의 15세 된 딸은 며칠 전에 그녀가 무언가를 하고 있을 때 다가와서 "집중이 안 돼요"라고 말했다. 사실, 딸이 내포한 "나 속상하니까 지금 하는 일을 그만하고 제 말을 들어 주세요"라는 의미를 파악하기 위하여 도나는 딸의 관점을 이해해야만 했다.

> 저자들은 때때로 이해를 돕기 위해 상호호혜적인 대화를 탁구 게임으로 생각해 보도록 한다. 탁구를 치려면 서로 공을 주고받아야 한다. 만약 당신이 상대방에게 공을 계속 보내는데 상대방이 공을 당신에게 다시 보내려고 시도조차 하지 않는다면 우리는 함께 게임을 하고 있는 것이 아니다. 상대방이 공을 당신에게 보내면 당신은 상대방에게 공을 다시 보내려고 최소한 시도는 해야 한다. 또한 상대방이 하나의 공을 치고 있는데 당신이 다른 공을 치고 있다면 우리가 같은 탁구대에 있더라도 우리는 실제로 함께 게임을 하고 있는 것이 아니다. 같은 공을 주고받고 있을 때에야 우리는 함께 게임을 하고 있는 것이다!

그렇다면 자폐증의 표현이 덜 분명한 사람은 어떤 모습일까

자폐인은 다양한 사회적/의사소통 선호도와 양식을 가지고 다양한 방식으로 나타낼 수 있는데, 이로 인해 때로는 바람직하지 않거나 불쾌한 성격 특성으로 오해받을 수 있다. 자폐인은 다음의 예시 중 일부에서 어려움을 겪을 수 있지만, 모든 경우에 반드시 해당하지는 않는 점을 기억해야 한다. 드류 R.Drew R.이 우리에게 상기시켜 주었듯이, "대화를 나누는 데 옳고 그른 방식은 없다."

어려움의 영역은 다음을 포함할 수 있다.

인사하거나 인사에 응답하기가 어려움: 일부 자폐인은 자발적으로 다른 사람에게 인사하지 않거나 인사에 어떻게 반응해야 할지 직관적으로 알지 못한다. 이는 때때로 수줍음으로 오해받을 수 있다. 만일 자신감에 차 있는 것처럼 보인다면 이는 오만함이나 무례함으로 오해될 수 있다.

대인관계를 향한 관심 수준이 낮음: 일부 자폐인은 다른 사람, 그리고 다른 사람의 관점이나 관심사에 대하여 진정한 관심 수준이 낮다(다른 사람과 친해지기 위한 관심인 사회적 동기social motivation와 혼동하지 말 것). 때로는 대화에 관심이 없을 때 '신경을 꺼버리거나' 대화에 참여하지 않으며, 때로는 다른 사람에게 후속 질문(예: 휴가는 어땠나요? 남편은 좀 나아졌어요?)을 하지 않는다. 다른 사람에게 자연스러운 호기심이 없는 사람은 이기적이거나 자기중심적이라는 오해를 받을 수 있다.

낮은 공감 능력에 대한 잘못된 믿음

자폐인의 공감 능력이 낮다는 잘못된 믿음이 많은 이에게 퍼져 있다. 이를 이해하기 위해서는 **인지적 공감**cognitive empathy(다른 사람의 관점을 취하고 마음 상태를 추론하는 능력)과 **정서적 공감**affective empathy(다른 사람의 경험에 대한 감정적 반응)을 구분할 필요가 있다. 또한 일부 연구자는 **자비로운 공감**compassionate empathy(누군가를 돕기 위해 행동하고 싶어 함)을 설명한다. 많은 자폐인은 인지적 공감에는 어려움을 겪지만 정서적 공감은 전형적인(심지어 엄청난) 수준을 보유하고 있다. 즉, 다른 사람(또는 동물)의 고통을 **인지할 때** 이들은 깊이 걱정할 수 있다. 이 느낌은 이들의 행동에 반영될 수도 있고 그렇지 않을 수도 있다.

여기에는 공감 불균형empathic disequilibrium이라는 개념도 관련되어 있다. 이도 샬레프Ido Shalev와 플로리나 우제포프스키Florina Uzefovsky가 제안한 이 개념은 몇몇 자폐인이 **인지적 공감과 정서적 공감 사이에 불균형**을 가지고 있음을 제안한다. 이는 저자들의 임상 경험과도 일치한다.

흥미가 있는 척 가장하거나, 흥미를 가장하도록 기대되는 것을 알거나, 혹은 그 이유를 이해하기 어려움: 자폐인은 흔히 자신이 좋아하는 주제와 관련된 대화에는 쉽게 참여할 수 있다. 사라Sarah는 동료로부터 초반에 잘못 진단했던 아동에 대한 일화를 들었는데, 그 동료가 아동과 강렬한 흥미를 함께 공유했기 때문이다. 그 동료는 그 아동이 상호호혜적이라고 오해했지만, 상호성은 공통의 관심사에 대해 이야기할 때만 분명하게 드러났다. 그러나 주제가 이들에게 흥미 없는 것으로 바뀌면 대화는 끊어질 수 있다. 이는 타인의 경험에 대해 호기심을 보일 것이라는 암묵적인 사회적 기대를 위반하는 것이며, 매우 무례하게 보일 수 있다.

개인적인 정보, 경험, 감정을 공유하지 않으려고 함: 일부 자폐인은 관심 있는 주제, 사실 또는 정보에 대해서는 기꺼이 이야기하지만, 더 많은 개인적인 정보(예: 이번 주말에 무엇을 했는지, 오늘 아침에 있었던 재미있는 일)는 자발적으로 공유하지 않는다. 이러한 경험 공유의 결여는 상대방이 유쾌하긴 하지만 이들과 친밀하지는 않은 것 같은 막연한 느낌을 줄 수 있다.

상호작용을 시작하기 어려움: 때때로 자폐증 아동이나 성인은 다른 사람(교사, 또래, 연인 등)과 상호작용을 시작하고 싶지만 어떻게 해야 할지 잘 모를 때가 있다. 이에 특이한 방식으로 상호작용을 시도하거나, 궁극적으로는 성공적이나 사회적 에너지를 소모하는 방식으로 시도하거나, 아예 포기하고 시도하지 않을 수도 있다. 사회적 욕구가 충족되지 않은 자폐인에게 이는 외로움, 좌절 또는 자기-비난으로 이어질 수 있다.

상호작용의 주고받는 흐름에서의 어려움: 많은 자폐인에게 비-자폐적인 대화 상대와의 상호작용에서 차례를 지키는 것은 직관적이지 않다. 예를 들어, '방송하듯이' 말하느라 시간을 많이 쓰거나, 타인과 함께 말하는 대신에 타인에게 말하는 식이다. 이는 자폐인을 자기중심적으로 보이게 할 수 있다. 그렇지 않으면 몇몇 자폐인은 대화의 주고받는 흐름에 많은 생각과 에너지를 쏟는데, 이는 비-자폐인에게는 더 풍부하고 만족스러운 대화로 이어질 수 있지만, 이러한 위장이 수반되는 경우에 자폐인은 피곤함 또는 스트레스를 경험할 수 있다.

비-자폐적인 상대에게 상호적이라고 느끼는 대화를 구축하기 어려움: 이는 대화의 흐름 자체보다는 대화의 내용과 더 관련이 있다. 많은 자폐인은 대화에서 다른 사람의 말을 직관적으로 이어 가는 데 어려움을 겪는다. 이는 전혀 반응하지 않는 것으로 나타나거나(예: "수학 선생님한테 너무 화가 나!"라는 말에 침묵으로 응답하는 경우), 혹은 앞뒤가 맞지 않는 대화를 시도하는 것으로 나타날 수 있다("수학 선생님한테 너무 화가 나!"라는 말에 "내일은 내 생일이야!"라고 응답하는 경우). 이는 때때로 관심이나 배려의 부족, 또는 주의력 부족으로 오해받을 수 있다(때로는 주의력 부족이 문제의 일부인 경우도 있다).

지나치게 직접적인 의사소통 양식: 많은 자폐인은 매우 직접적인 의사소통 양식을 가지고 있어서 비-자폐인이 보기에 지나치게 직설적이라고 느낄 수 있다. 이로 인해 의도치 않게 불친절하거나 무례하게 보일 수 있다.

청자에게 예상치 못한 분량의 맥락을 제공함: 자폐인은 다른 사람의 관점을 직관적으로 이해하지 못하기 때문에 상대방이 자신이 알고 있는 모든 정보를 가지고 있지 않다는 것을 깨닫지 못할 수 있다. 이로 인해 맥락을 설명하지 않고 이야기를 하다가 다른 사람에게 혼란이나 좌절감을 줄 수 있으며, 자폐인이 엉뚱하거나 멍청하다는 잘못된 인상을 줄 수 있다. 반대로, 자폐인은 청자에게 너무 많은 세부 사항을 포함하여 말하면서 지나치게 많은 맥락을 제공할 수도 있다.

집단적인 상호작용의 어려움: 대다수의 자폐인은 일대일 상호작용은 잘할 수 있으나, 대규모 혹은 심지어 소규모의 그룹에서도 성공적으로 참여하고 상호작용하는 데에서는 상당한 어려움을 경험할 수 있다. 이는 수줍음이 많거나 쌀쌀맞은 사람으로 낙인찍힐 수 있는 또 다른 상황이다.

상대방의 관점에서 발언이나 상황을 보기 어려움: 이는 보통 자폐인의 핵심적인 문제이다. 자신이 하는 말에 대해 다른 사람이 어떻게 느낄 것인지를 이해할 수 없는 사람은 자신의 말이 상대방에게 어떤 영향을 미치는지 인식하지 못한다. 이로 인해 자폐인은 심술궂거나, 무례하거나, 무신경하다는 오해를 받을 수 있다.

크리스티Kristi는 영리한 14세의 소녀로 동갑내기 사촌이 있다. 두 가족은 친밀하고 긍정적인 관계를 유지하고 있다. 사촌은 태어날 때 입양되었지만, 아무도 그것에 대해 생각하거나 이야기한 적이 없다. 어느 날 가족에 관한 이야기를 나누던 중에 크리스티는 "음, 에밀리Emily 넌 입양되었으니까 엄밀히 말하면 가족의 일원이 아니지"라고 말했다. 그녀의 어머니는 (당연히) 이에 큰 충격을 받았다. 그녀는 크리스티를 불러서 "그렇게 말하면 안 돼!"라고 설명했다. 크리스티는 대답했다. "왜 안 된다는 건지 모르겠네요. 사실인데……."
크리스티의 어머니가 에밀리에게 상처가 될 수 있는 이유를 설명했음에도 불구하고, 몇 달 후에 같은 일이 다시 발생했다. 크리스티가 심술궂은 것은 아니었다. 그저 자신의 말이 사촌에게 어떤 영향을 미칠지 전혀 알지 못하고, 그저 사실을 말한 것이라고 믿은 것뿐이다.

다른 사람의 의도를 오해함: 일부 자폐인은 다른 사람의 의도를 이해하기 어려워하는데, 가령 어떤 행동이 우연이고 어떤 행동이 의도적인지 구분하는 데 어려움을 경험한다. 또한 의도적이지 않은 행동을 의도적이라고 믿는 경우에 상대방이 고의로 자신을 속상하게 하려고 한다고 생각할 수 있다. 이로 인해 사소하거나 별일 아닌 사건에 대해 큰 반응을 보일 수 있으며, 지나치게 예민해 보일 수 있다. 예를 들어, 한 아동이 지나가다가 다른 아동의 장난감을 넘어뜨린 경우에 대부분의 아동은 직관적으로 그것이 사고라는 것을 알 수 있다. 자신의 장난감이 넘어간 아동은 여전히 속상할 수 있지만, 비-자폐인 아동은 일반적으로 상대 아동이 고의로 장난감을 넘어뜨렸다고 생각하지 않는다. 또 다른 빈번한 오해는 스포츠 경기 중이나 복도를 지나가다가 우연히 접촉할 때 발생한다. 다음 발언이 그 예시이다: "축구를 할 때 누군가 어깨를 치고 가면 걔는 상대방이 자기랑 싸우려고 한다고 생각해요. 개인적인 감정으로 그런다고 여기는 거죠."

이는 자폐인에게 평생 동안 상당한 어려움을 초래할 수 있다. 예를 들어, 자폐인은 성장하면서 누군가가 자신에게 호감을 보이는 것인지, 도움을 주려는 것인지, 무례하게 구는 것인지, 악의가 있는 것인지 등을 파악하기 어려울 수 있다. 타인의 의도를 직관적으로 이해하는 데 어려움을 겪는 자폐인은 특히 타인의 교묘한 조종manipulation이나 괴롭힘victimization에 취약할 수 있다.

타인과 상호작용하는 하나의 방법을 과도하게 사용함: 자폐인은 간혹 또래와 상호작용하는 방법을 잘 모를 때, 효과가 있는 한 가지 방법을 찾은 다음에 적절한지 여부와 상관없이 그것을 반복하기도 한다. 예를 들어, 어느 날 농담을 했을 때 반응이 좋으면 농담이 다른 사람과 상호작용하는 좋은 방법이라고 결론을 내리고 계속해서 농담을 시도할 수 있다(즉, 반에서 가장 웃기는 학생이 되는 것). 이렇게 다른 사람과 상호작용하는 방법의 레퍼토리가 제한될 경우에는 문제가 발생할 수 있다(예: 교사가 꾸짖을 때에도 농담하기, 다른 사람들이 더는 재미있다고 생각하지 않는 농담을 반복하기).

자폐증 경험에서 본 시선으로: 상호작용을 어렵게 만드는 몇 가지 요소

암묵적인 규칙은 맥락에 따라 변화한다: "어떤 상황 내에서는 사회적 규칙이 대화 중에 끼어드는 것을 허용하고— 심지어 적극적으로 장려하기도 해요. 이런 행동이 활기차고 흥미로운 토론을 만든다고 여기기 때문이죠. 하지만 어떤 경우에는 끼어드는 것이 견딜 수 없이 무례한 행동이 되기도 해요. 그리고 저는 아직도 어떤 규칙이 적용되고 있는지 구별하는 방법을 모르겠어요."

—샬롯 R. Charlotte R.

사회적 규칙이 항상 논리적이지는 않다: "매너를 배우는 것이 특히 어려웠던 이유는 왜 우리가 이런 이상한 일을 해야 하는지 알고 싶었지만 논리적인 답을 얻을 수 없었기 때문이고, 역사적인 이유는 시대에 뒤떨어져서 더 이상 사회와 관련되지 않아 보였기 때문이었어요."

—테일러 M. Taylor M.

느린 처리속도가 걸림돌이 된다: "타이밍, 맙소사! 타이밍이 문제이죠! 저는 대부분의 사람보다 정보를 더 느리게 처리하는 경향이 있기 때문에 많은 사람과 함께 있을 때, 특히 제가 거기서 유일한 신경발달 장애인인 경우에 대화가 다른 주제로 넘어가거나 다른 사람이 제가 하고 싶었던 말을 먼저 하기 전에 빨리 모든 사람의 말을 처리할 수가 없어서 그냥 앉아 다른 사람의 말을 듣고 있는 경우가 많아요."

—자카리 M. Zachary M.

대본을 작성하는 일은 시간이 걸리지만, 이것이 항상 효과적이지는 않다: "저는 예전에는 말하기 전에 할 이야기를 모두 대본으로 작성해야 했어요. 가끔은 효과를 봤지만, 대화가 진행되어서 [대본을 사용할] 기회를 놓치는 경우도 있었죠."

—미미 Mimi

어느 정도가 너무 많은 것인지를 알기가 어렵다: "저는 'TMI' 파예요. 기본적으로 저

> 는 낯선 사람을 만나면 2분 만에 감옥에서 보낸 시간이나 성적 취향, 연애 취향 등의 깊고 어두운 비밀을 털어놓곤 하죠. 그게 적절하지 않다는 걸 알아요. 위험하다는 것도요. 새로운 인맥이나 친구를 사귀는 데에도 도움이 되지 않죠. 그래서 매번 스스로에게 '이번에는 말하는 것보다 듣는 걸 더 많이 해야 해! 그리고 말할 때는 평범한 얘기를 더 많이 하자!'라고 다짐하지만, 결국은 항상 똑같아요."
>
> —엘레나-마리아 G.Elena-María G.

> 인지적 주의력과 노력이 온통 대처를 위해 사용된다: "대화를 할 때 제 뇌는 두 배로 열심히 일하면서 모든 사람이 하는 말을 받아들이고 이해하고 반응하고, 제가 한 말이 무엇이었고 사람들의 반응이 어땠는지, 다음에 할 말은 뭔지, 이것이 제가 했던 다른 대화와 어떻게 같거나 다른지, 만약 이 대화를 다시 하게 된다면 어떻게 될지 생각하느라 바빠요. 대화하는 동안에 제 뇌가 힘들게 일해야 하는 것처럼 느껴요."
>
> —미미Mimi

마찬가지로, 네이트 B.Nate B.는 사회적 상호작용을 분석하고 대응할 때 데이터에 의존한다고 설명하며 다음과 같이 이야기했다: "저는 사회적 상황에서도 체계적으로 생각해요. 마치 과거 경험을 바탕으로 한 내부 데이터베이스를 가지고 있는 것과 같죠." 네이트는 이 과정이 대화에 대한 예측을 하고, 그 데이터를 사용하여 미래의 예측을 개선한다는 점에서 AI 알고리즘에 비유할 수 있다고 말했다.

> 타인의 의도를 오해하는 것은 상호작용을 방해한다: "누군가에게 작업을 걸었던 때가 있었어요. 서로에게 시를 읽어 주는 로맨틱한 데이트를 했죠. 그러던 어느 날 밤, 제 발코니에서 그녀가 저더러 누군가에게 키스하고 싶지 않냐고 물어봤어요. 멍청한 저는 순전히 가정적으로 누구와 어떤 조건에서 키스하고 싶은지에 대해 약간의 장광설을 늘어놓았답니다. 이제 와서 보니 그녀는 제가 그녀 자신에게 키스하고 싶은지를 암묵적으로 물어보면서 그녀도 그렇게 하고 싶다는 의사를 전달한 게 분명해요."
>
> —엘레나-마리아 G.Elena-María G.

관심 있거나 '유용한' 주제가 아닐 때는 대화에 참여하기가 어렵다: "유용한 정보나 아이디어의 실제적인 교환이 일어나지 않으면 저는 다음에 무슨 말을 해야 할지 끊임없이 고민하게 돼요. 무례하거나 무시하는 태도를 보이고 싶지 않거든요. 예의 바르고 친절한 모습을 보이고 싶지만, 흥미가 떨어지는(혹은 따지자면 거의 관심 밖에 있는) 주제에 대해 대화를 이어 가려면 많은 노력이 필요해요."

—제시 P.Jesse P.

잘못 읽은 신호는 대화 참여에 영향을 미친다: "저는 대부분의 얼굴 표정을 놀람이나 혼란으로 인식해요. 이게 제 대화 문제와도 관련이 있다고 생각해요. 저는 이런 표정을 제가 더 많이, 더 자세히 이야기해야 한다는 신호로 받아들이다 보니, 상대방이 제 말에서 놀라거나 혼란스러워하는 문제를 해결하려고 하거든요."

—에릭 O.Eric O.

때때로 인식은 하고 있지만 통제할 수 없을 때도 있다: "저는 체르노빌 사고가 어떻게 일어났는지에 대해 자세히 설명할 때 대화를 주도하게 되었고,—다른 사람의 어떠한 의견도 듣지 않은 채—엑손모빌 사고 등으로 이야기를 이어 갔어요. 이 주제에 대한 열정으로 가득해서 더 잘 설명해야겠다는 생각에 계속 이야기했는데, 결국 모든 사람이 떠나 버렸죠. 지금은 정말 끔찍한 기분이에요. 사람들이 듣고 싶어 하지 않는다는 걸 알고 있었거든요—왜 계속한 걸까요?"

—엘레나-마리아 G.Elena-María G.

그 외에도 수많은 다른 요인이 대화에 참여하는 능력을 방해할 수 있다: "상호작용을 어렵게 만드는 요인 중 하나는 제가 얼굴을 잘 알아보지 못한다는 점이에요. 산책 중에 길 건너편에서 누군가가 저에게 손을 흔들면 그 사람이 그냥 친근감을 표하는 낯선 사람인지, 아니면 제가 잘 아는 사람인지 알아내야 해요. 적절하게 반응하기 위해서는 그걸 먼저 판단해야 하죠. 즉, 가능한 대응 방법, 대응에 소요되는 시간, 잘못 대응했을 때의 비용 등을 빠르게 계산해야 해요. 사무실 안팎에서 이런 어색함으로 인한 위험과 어려움은 훨씬 더 커지죠. 복도에서 지나치는 저 사람—새로 온 사람인가? 지난 6개월 동안 다른 건물에서 정기적으로 같이 일했던 다른 팀원인가? 내 상사의 상사인가?"

—샬롯 R. Charlotte R.

그렇다면 도대체 위장이란 무엇인가

위장을 이해하지 않고서는 뚜렷하게 드러나지 않는 자폐증의 모습을 이해할 수 없다. 위장하기는 기본적으로 주변 환경에 맞추기 위해 자신의 외적인 모습을 바꾸는 것을 의미한다. 이는 간혹 가면 쓰기(몇몇 사람은 가면을 쓴다는 용어를 오직 위장의 한 유형을 표현하기 위해서만 사용하기도 하지만), 비-자폐적인 척 보이기passing as non-autistic, 뉘앙스를 함축한 표현nuanced presentation, 정상인 척하기pretending to be normal라고 불리기도 한다.

위장하는 방법은 무수히 많은데, 다른 사람을 연구하고 따라 하기, 대화할 때 작성해 둔 대본을 따르기, 눈을 마주치도록 스스로에게 상기시키기, 상대방의 눈 대신에 이마를 바라보기, 목소리 억양이나 몸짓을 자연스럽게 느끼는 방식과 다르게 의식적으로 사용하기, 자기-자극stimming 행동을 숨기기, 감각 예민성을 무시하기 등이 있다.

우리 모두는 —자폐적이든 아니든— 때때로 위장을 한다. 예를 들어, 자녀에게 화가 나도 침착함을 유지하면서 대화하려고 노력할 때가 있다. 두통, 배고픔, 개인적인 문제 등으로 주의가 산만해질 때도 있지만 고객과 소통할 때 그 모습을 드러내지 않는다. 그러나 많은 자폐인은 훨씬 더 자주, 더 오랜 시간 동안 위장을 하며, 이를 위해 상당한 노력을 기울인다.

이 동사—위장하기—의 사용은 그 행위가 선택이라는 것을 의미한다. 그러나 자폐증을 가진 사회심리학자 데본 프라이스Devon Price 박사는 이것이 의식적인 결정이라기보다는 주변 사람의 기대에 의해 자폐인에게 강요되는 부담에 가깝다고 지적했다. 의식적이든 무의식적이든, 위장에는 노력과 에너지가 필요하다. 게다가 어떤 사람이 지배적인 문화의 일원으로 보이려고 할 때면 수치심이라는 요소가 개입되기 때문에 그로 인한 스트레스와 피로가 가중된다. 프라이스 박사가 팟캐스트 〈유니클리 휴먼Uniquely Human〉과의 인터뷰에서 지적하기로, "발각되지 않기 위해 항상 과경계해야 하고, 심지어 그 수치심과 비난까지 내면화하게 된다."

위장의 노력은 흔히 상호작용을 시작하기 전에 어떤 사람이 아직 혼자 있을 때 다른 사람에게 인사하는 방법을 계획하고, 얼굴 표정과 몸짓을 연습하고, 대화 주제를 외우는 등 대부분이 신중하게 계획하거나 의식적으로 생각하지 않는 상호작용의 다른 여러 측면을 계획하는 것으로 시작된다. 마찬가지로 위장의 영향은 개인이 상황을 떠난 후에도 오래 지속될 수 있으며, 위장한 자폐인은 정기적으로 극심한 피로와 더불어 긴 회복 기간이 필요하다고 보고한다.

> "저는 다른 사람들이 저를 더 잘 이해할 수 있도록 다양한 감정을 표현하는 방법을 의식적으로 연습했어요. 특히 긴장하고 수줍어하는 모습을 '올바른 방법'으로 표현하는 연습을 했던 기억이 나네요. 항상 긴장하는 것도 아닌데, 이런 상황에서는 긴장해야 한다거나 지금은 조금 수줍어해야 한다거나 하는 식으로 생각해서 다른 사람들이 그 상황에서 어떻게 행동하는지를 보고 제 몸짓 언어를 거기에 맞추려고 노력했어요. 또 누군가와 싸우는 것도 의식적으로 따라 해 본 적이 있어요. 단어뿐만 아니라 목소리 톤, 언제 떠나도 괜찮은지, 자리를 떠나는 방법과 그걸 통해 내가 전하고 싶은 포인트를 전달하는 방법 등을요."
>
> —미코Miko

위장은 절대적으로 좋거나 나쁜 것이 아니다. 위장의 가장 큰 장점은 자신에 대한 부정적이거나 원치 않는 주목을 받지 않고 주변과 자연스럽게 섞이게 한다는 점이다. (하지만 항상 효과적이지는 않다. 예를 들어, 새롭거나 흔치 않은 상황에 대비할 수는 없다.) 그렇다고 해서 만약 누군가가 대부분의 시간 동안에 가까운 친구나 가족과 있을 때마저도 위장해야 한다고 느낀다면 불안, 높은 스트레스 수준, 피로감, 타인에게 진정으로 이해받지 못하는 느낌, 자신의 진정한 정체성에 대한 감각을 키우기 어려움

(즉, 계속해서 다른 사람인 척을 하다 보면 자신이 누구인지 알 수 없다.) 등의 결과가 초래될 수 있다. 따라서 자폐인과의 목표는 그들이 더 많이 위장하거나 덜 위장하도록 가르치는 것이 아니라, 자신의 위장에 대해 인식하고 그들이 삶에서 기능적으로 사용할 수 있는 도구로서 위장을 활용하면서도 '가면을 벗고' 진짜 자신이 될 수 있는 균형을 찾도록 하는 데 있다.

최근 연구에 따르면, 자폐증 여성은 자폐증 남성보다 더 많이, 더 자주, 또는 더 성공적으로 위장할 수 있다. 그러나 젠더에 관계없이 자폐인은 자폐증이 덜 분명하게 드러날 정도로 위장할 수 있으며, 이는 스트레스나 피로와 같은 심각한 결과를 초래할 수 있다. 임상가와 다른 이들은 내담자가 얼마나 위장하고 있는지, 그리고 그것이 어느 정도 고통을 유발하는지 이해해야 한다(또한 임상가는 치료나 검사 중에 내담자가 위장하고 있을 가능성도 고려해야 한다).

❙ 자폐증 경험에서 본 시선으로: 위장

"위장은 제2외국어를 말하는 것과도 같아요. 제법 잘한다고 해도 결코 모국어가 될 수는 없고, 모국어를 말하는 것보다 항상 더 어려울 거예요."

—매튜 G. Matthew G.

"사회적 상황을 분석하는 데 너무 많은 에너지와 주의가 필요하기 때문에 대화 내용이나 제가 하고자 하는 일에 집중할 수 있는 에너지와 주의가 줄어들게 돼요."

—그레이스 O. Grace O.

"'넌 자폐가 아닌 것 같은데'라고 사람들이 말할 때면 마음이 많이 아파요. 가면 쓰기는 사회에 의해 저에게 배어들어 습관이 되어 버렸어요. 이 일은 부담스럽고 제가 누구인지를 숨기게 해요. 그러니 사람들이 저에게 자폐인 것 같지 않다고 말하는 것은 저를 제대로 보지 못하고 있다는 뜻이죠. 그들은 제가 하루의 긴장을 풀기 위해 쓰는 시간을 알지 못해요. 그들은 제가 의사소통을 하기 위해 애쓰는 것도, 제가 무례하거나 눈치 없이 말을 할까 봐 걱정하는 것도 알지 못해요. 사회는 제가 잘못되었다고 말하며 저에게 상처를 주었어요. 저는 혼자가 되기 싫어서 가면을 쓰지요."

—사라 K. Sarah K.

"저는 다른 사람들이 반대하는 일(몸 흔들기rocking 같은)을 하지 않음으로써 평생을 위장해 왔어요. 다른 대안은 주어지지 않았어요—이런 행동이 어떤 필요를 충족시키고 있다는 생각은 아무도 하지 않았거든요. 이 행동은 그저 적절하지 않은 거였고, 저는 이걸 할 수 없었죠."

—샬롯 R. Charlotte R.

여아로부터 배운 점: 상호성

자폐증 여아는 자폐증 남아와는 다른 양상을 보이는 경우가 많다. 이는 부분적으로 자폐증 남아보다 **자폐증 여아가 상호성이라는 암묵적인 비-자폐인의 규범을 따를 가능성이 더 높기 때문**이다. (장애인 차별주의적인 방식으로 표현하면 자폐증 여아가 자폐증 남아보다 더 나은 기능적 대화 기술을 보유하고 있다고 할 수 있다.) 이들은 다른 사람에게 인사하고, 다른 사람에게 자기 자신에 관해 묻고, 사적인 정보를 공유하는 등 기능적 대화 기술을 사용할 가능성이 더 높다. 이들은 비-자폐인의 상호호혜적 의사소통의 기초를 이해하고 있다.

도나Donna는 어느 날 많은 사회기술 집단을 운영해 온 젊은 동료인 에릭Eric을 포함하여 여러 동료와 함께 이 주제에 관해 이야기를 나누었는데, 에릭은 이 아이디어에 관심을 가지고 다음과 같이 말했다: "새로운 집단을 시작할 때마다 첫 번째 회기가 끝날 때쯤이면 남자애들이 왜 여기 왔는지 파악할 수 있어요. 항상 명백하거든요. 가끔 미묘할 때도 있긴 하지만 전 늘 그 애들이 이 집단에 온 이유를 알 수 있었어요. 여자애들의 경우에는 가끔은 파악할 수 있지만, 항상 몇몇 여자애는…… 첫 번째 회기, 두 번째 회기, 세 번째 회기가 지나도…… 여기서 뭘 하고 있는지 모르겠는 거예요. 저는 뭔가 실수가 있었다고, 이 아이는 여기 있으면 안 된다고 생각하기 시작하죠. 이게 무슨 일일까요? 하지만 머잖아 알게 되죠. 여자애들이 왜 여기 왔는지 알게 되는데, 단지 그 애들이 너무 잘 위장을 하다 보니까 시간이 더 걸린 것뿐이에요."

에릭의 관찰은 연구 결과와 완전히 일치한다. 많은 자폐증 여아는 전형적인(즉, 비-자폐적인) 기초적인 사회적 상호작용 기술을 보여 준다. 이들이 이 문제로 어려움을 겪는지 파악하려면 이들의 내적 경험을 이해하는 것이 필수적이다. 대부분의 경우에 사회적 예의를 차리는 것은 즐겁기도 하고, 기분이 좋지 않으면 지루하기도 하며, 때로는 불안을 유발하기도 하지만, 의식적인 노력이 필요한 경우는 거의 없다. 이와는 대조적으로 자폐인 여성은 저자들에게 수년 동안에 그들이 상호호혜적일 수는 있지만 이는 많은 노력을 요하고 매우 지치고 스트레스를 받게 한다고 말해 왔다. 자폐증 여성은 전전두엽 피질을 사용하여 사회적 예의를 차리는 방법을 결정해서 행동하지만, 다른 일반적인 사람이라면 그렇게 할 필요가 없기 때문이다. 마치 하루 종일 머릿속으로 계산을 하는 것과도 같다! 피곤한 것이 당연하다. 그리고 사회적 상호작용을 탐색하기 위해 모든 실행기능 기술을 사용하다 보면 전두엽에는 계획과 조직화, 과업 유지 및 여타 실행기능 기술에 할당할 추가적인 자원이 남지 않게 된다.

파커Parker 부부는 세 자녀와 함께 자주 하이킹을 다녔다. 시간이 지나면서 파커 부인은 둘째와 셋째 아이가 항상 다른 등산객에게 인사를 건넨다는 것을 알아차렸다. 일반적으로 외딴 지역에서 하이킹을 하다가 누군가를 지나쳐서 가게 되면 인사를 하거나 최소한 고개를 끄덕이면서 눈을 마주친다. 그녀는 큰딸 에리카Erica가 그렇게 하지 않는 것을 보고 딸에게 가르쳤다. "등산로에서 누군가를 지나쳐서 갈 때는 인사를 하는 게 규칙이란다."

에리카가 8학년이던 어느 날, 어머니와 함께 슈퍼마켓에 가고 있었는데 같은 나이의 딸을 둔 한 가족을 지나가게 되었다. 두 사람은 이 가족을 꽤 잘 알고 있었지만, 1년 정도 본 적이 없었다. 파커 부인은 잠시 멈춰서 이야기를 나누었지만, 에리카는 슈퍼마켓으로 걸어 들어갔다. 그녀의 어머니는 그녀를 따라잡고는 "왜 애비Abby에게 인사하지 않았니?"라고 물었다. 에리카는 "전 애비를 잘 모르는데요"라고 대답했다. 파커 부인은 물었다. "그 아이의 집 부엌을 상상할 수 있지? 그 애가 우리 강아지랑 놀아 주었잖니? 같은 걸스카우트 대원이기도 하지 않았어?" "네." "음, 이 모든 것은 네가 그 애를 안다는 뜻이란다. 아는 사람이면 오랫동안 보지 못했더라도 일단 멈춰서서 인사를 하는 게 규칙이야. 특히 오랫동안 보지 못했다면 더더욱…….”
이때 어머니와 딸은 슈퍼마켓 안에 있었다. 에리카는 어머니의 말을 생각하며 “그럼 슈퍼마켓에 있는 모든 사람에게 인사를 해야 하나요? 등산로에서처럼요?”라고 물었다. 그러자 파커 부인은 “아니, 그건 이상할 것 같은데!”라고 대답했다. 그러자 전 과목에서 A학점을 받을 정도로 총명한 에리카는 눈물을 흘리며 외쳤다. “비밀 규칙이 너무 많아요! 어떻게 다들 그 비밀 규칙을 배우는 거예요?”

비-자폐인은 일반적으로 사회적 ‘규칙’을 따르기 위해 의식적으로 생각할 필요가 없으며, 누군가에게 인사를 해야 할지 말지의 여부를 직관적으로 안다. 반면에 **위장하는 법을 배운 자폐인은 아무리 간단한 것이어도 모든 상호작용에 대해 숙고해야 한다.** 이는 당연히 피곤한 일이다.

문화 간 연결

의사소통, 상호성, 대화의 순서 지키기, 끼어들기, 유머에 관한 사회적 규칙은 문화에 따라 다르다. 예를 들어, 도나Donna는 대화에서 비꼬는 말이 일상적인 뉴욕과 뉴저지에서 자랐다. 오하이오에서 대학원에 다니게 되었을 때, 그녀는 비꼬는 말이 일상적인 대화에 필수적이지 않다는 것을 금방 깨달았다. 문화적 차이는 무궁무진하며, 임상가가 이를 모두 알 수 있는 방법은 없으므로 저자는 임상가에게 내담자의 문화적 배경과 의사소통 규범에 대해 적극적으로 물어볼 것을 권장한다.

임상가는 흔히 사회인지 평가에서 놀이의 성질과 부모-자녀 간의 상호작용을 살펴본다. 미국에서 ‘허용 가능한’ 또는 ‘바람직한’ 놀이 기술(또한 이에 따른 관련 행동)의 기준은 흔히 서구의 행동 규범을 기반으로 한다. 성인은 종종 탐색적 놀이, 신체 놀이, 가장 놀이pretend play, 원인에 따른 효과를 보는 놀이cause-and-effect play, 장난감 놀이, 목표-지향적이거나 구성 놀이(블록 쌓기, 퍼즐 맞추기, 그림 그리기 등)를 가르치거나 장려한다. 임상가는 부모가 아이와 함께 놀면서 '적절한' 사회적 행동의 모범을 보이도록 권장한다. 이러한 기술은 발달에 도움이 될 수 있지만, 내담자의 개인적·가족적·문화적 배경에서 중요한 규범과 관행에 대해 물어보는 것이 필수적이다. 모든 문화권에서 이러한 개념을 똑같이 정의하거나 똑같이 중요하게 여기는 것은 아니다. 상호성의 구성 요소 중 문화 간 차이가 특히 관련될 수 있는 부분은 대화 주제, 대화의 순서를 지키고 끼어드는 것과 관련된 규칙, 유머의 사용, 놀이 상대의 유형(예: 성인 대 또래, 익숙한 사람 대 낯선 사람) 등이 있다.

같은 인종 집단(예: 백인, 흑인, 아시아인, 중동인, 라틴계) 내에서도 사회적 규범과 경험에 있어서 각기 다른 문화적 하위 그룹이 존재한다. 예를 들어, 저자들은 최근 미국인과 결혼한 네덜란드 출신의 심리학자 바티아 메스키타Batia Mesquita가 팟캐스트 〈히든 브레인Hidden Brain〉에서 이야기한 한 에피소드를 들은 바 있다. 메스키타 박사는 자신의 모국에서는 친한 사람이 자신을 위해 무언가를 해 줄 때—가령, 저녁을 요리해 주었다고 하면—그 친절한 행위는 그 관계의 친밀함의 일부이며, 이에 감사를 표하는 것을 무례한 것으로 여긴다고 설명했다. 반대로 미국에서는 상대방과의 관계와 상관없이 친절한 행동에 대해 감사를 표하지 않는 것을 무례한 행동으로 여긴다. 이러한 유형의 문화적 차이는 더 큰 문화 집단 내에서도 무수히 많다. 개인의 사적이고 문화적(및 하위 문화적) 경험을 진정으로 이해하는 유일한 방법은 당사자에게 직접 물어보는 것이다.

인종, 젠더, 민족적/사회적/문화적 기대는 가면 쓰기 행위와 얽혀 있다. 사람들은 다양한 상황에서 위장하며, 이는 자폐적 특성을 숨기기 위함 만은 아니다. 특정 청중과 어울리기 위해 목소리 톤과 말버릇을 바꾸는 행위인 상황에 따른 말투 변화code switching를 예로 들 수 있다. 흑인 문화에서 상황에 따른 말투 변화는 흔히 '백인처럼 말하기'와 동일시된다. 많은 사람에게 상황에 따른 말투 변화는 필수적이고 흔히 능숙한 능력으로, 어릴 때부터 습득하는 경우가 많다. 하지만 흑인 자폐인의 경우에 상황에 따른 말투 변화는 상당히 복잡할 수 있다. 그들은 다음을 수행해야 한다: (1) 상황에 따른 말투 변화의 필요성을 인식할 수 있을 만큼 환경/청중을 충분히 인지하고, (2) 특정 사람이나 그룹과의 상호작용을 최적화하기 위해 행동/언어/태도를 빠르고 반복적으로 전환해야 한다. 따라서 특정 문화적 배경을 가진 자폐인은 상황에 따라 이중 위장double camouflage을 해야 할 수도 있다.

유색인종People of Color: POC **자폐인의 경우에는 연애에 대한 관심과 데이트 시도는 특히 위험하다.** 예를 들어, POC 자폐인 남성들은 연인 관계를 추구할 때 공격적으로 스토킹한다고 인식될 위험이 있다.

어색함, 서투름, 사회적 신호(특히 상대방의 관심 수준에 대한)를 잘못 읽는 것은 백인 자폐증 남성의 경우보다 훨씬 더 공격적이고 위협적으로 보일 수 있다. 게다가 두 사람이 서로 다른 문화권 출신인 경우에 이성을 추구하는 행동the persuing behavior이 훨씬 더 위협적인 것으로 해석될 수 있다는 연구 결과도 있다.

또한 모든 자폐증 여성은 괴롭힘을 당할 위험이 높은데, 일부 소수 집단에서는 이러한 위험이 더 클 수 있다. 예를 들어, 젊은 흑인 여성은 역사적으로 미국 문화에서 과도하게 성적 특색을 부여받아 왔다(예: 셜리 앤 테이트Shirley Anne Tate와 레베카 엡스타인Rebecca Epstein 등의 연구를 참조하라). 이들은 백인 자폐증 여성 집단에 비해 어린 나이에 난잡하고 성적으로 성숙한 것으로 여겨 왔으며, 이로 인해 그저 성적 파트너의 의도를 오해하고 미묘한 (또는 위협적인) 상황을 다루는 방법을 모를 때 성적 문란함으로 이용당하거나 비난받을 위험에 처할 수 있다.

자주 하는 질문(FAQ)

- **누군가 특이한 행동과 함께 상호작용을 시작한다면 이 범주에 해당할까요, 아니면 다른 범주에 속할까요?** 이는 하나의 행동이 어떻게 다른 기준을 충족하는 것처럼 보일 수 있는지를 알려 주는 좋은 예시이다. 예를 들어, 어떤 아동이 인사하려고 상대방을 혀로 핥는다면 임상가는 핥는 목적이 인사하기 위한 것인지(이와 같은 경우에 이 범주에 속함), 아니면 주로 맛보기/탐색하기/즐거움을 위한 것인지(이 경우에는 감각적 범주에 속함)를 판단해야 한다.

- **저는 잡담을 좋아하지 않아요. 그렇다면 저는 자폐인가요?** 아니다. 많은 사람이 잡담을 즐기지 않으며, 이는 기본적인 대화조차도 엄청나게 힘들고 지치는 상황과는 다르다. 또한 사회기술이 특별히 뛰어나지 않아도 자폐적이지 않은 사람도 있다.

참고문헌 및 읽을거리

Ai, W., Cunningham, W. A., & Lai, M.-C. (2022). Reconsidering autistic 'camouflaging' as transactional impression management. *Trends in Cognitive Sciences, 26*(8), 631-645. https://doi.org/10.1016/j.tics.2022.05.002

Amalia, R. P. (2018, September). Teaching children with autism by implementing Floor Time method at elementary schools in Situbondo. International Seminar on Language and Culture, Universitas Negeri Malang. http://repository.unars.ac.id/id/eprint/208/

American Psychiatric Association. (2022). *Diagnostic and statistical manual of mental disorders* (5th ed., text rev.). https://doi.org/10.1176/appi.books.9780890425787

Baldwin, S., & Costley, D. (2016). The experiences and needs of female adults with high-functioning autism spectrum disorder. *Autism: The International Journal of Research and Practice, 20*(4), 483-495. https://doi.org/10.1177/1362361315590805

Bargiela, S., Steward, R., & Mandy, W. (2016). The experiences of late-diagnosed women with autism spectrum conditions: An investigation of the female autism phenotype. *Journal of Autism and Developmental Disorders, 46*(10), 3281-3294. https://doi.org/10.1007/s10803-016-2872-8

Bell, E. L. (1992). Myths, stereotypes, and realities of Black women: A personal reflection. *The Journal of Applied Behavioral Science, 28*(3), 363-376. https://doi.org/10.1177/0021886392283003

Burkett, C. (2020, January 21). 'Autistic while Black': How autism amplifies stereotypes. *Spectrum|Autism Research News*. www.spectrumnews.org/opinion/viewpoint/

autistic-while-black-how-autismamplifies-stereotypes/

Candido, M. R., & Feres, J. (2019). Representation and stereotypes of Black women in Brazilian film. *Revista Estudos Feministas, 27*(2), e54549. https://doi.org/10.1590/1806-9584-2019v27n254549

Carter, J. A., Lees, J. A., Murira, G. M., Gona, J., Neville, B. G. R., & Newton, C. R. J. C. (2005). Issues in the development of cross-cultural assessments of speech and language for children. *International Journal of Language & Communication Disorders, 40*(4), 385-401. https://doi.org/10.1080/13682820500057301

Colombi, C., Narzisi, A., Ruta, L., Cigala, V., Gagliano, A., Pioggia, G., Siracusano, R., Rogers, S. J., Muratori, F., & Prima Pietra Team. (2018). Implementation of the Early Start Denver Model in an Italian community. *Autism, 22*(2), 126-133. https://doi.org/10.1177/1362361316665792

Dean, M., Harwood, R., & Kasari, C. (2017). The art of camouflage: Gender differences in the social behaviors of girls and boys with autism spectrum disorder. *Autism, 21*(6), 678-689. https://doi.org/10.1177/1362361316671845

Dickens, D. D., & Chavez, E. L. (2018). Navigating the workplace: The costs and benefits of shifting identities at work among early career U. S. Black women. *Sex Roles, 78*(11), 760-774. https://doi.org/10.1007/s11199-017-0844-x

Duvall, S., Armstrong, K., Shahabuddin, A., Grantz, C., Fein, D., & Lord, C. (2021). A road map for identifying autism spectrum disorder: Recognizing and evaluating characteristics that should raise red or "pink" flags to guide accurate differential diagnosis. *The Clinical Neuropsychologist, 36*(5), 1-36. https://doi.org/10.1080/13854046.2021.1921276

Dworzynski, K., Ronald, A., Bolton, P., & Happé, F. (2012). How different are girls and boys above and below the diagnostic threshold for autism spectrum disorders?. *Journal of the American Academy of Child and Adolescent Psychiatry, 51*(8), 788-797. https://doi.org/10.1016/j.jaac.2012.05.018

Epstein, R., Blake, J., & González, T. (2017). *Girlhood interrupted: The erasure of Black girls' childhood* (SSRN Scholarly Paper No. 3000695). Social Science Research Network. https://doi.org/10.2139/ssrn.3000695Reciprocity 51

Farver, J. M., & Howes, C. (1993). Cultural differences in American and Mexican mother-child pretend play. *Merrill-Palmer Quarterly, 39*(3), 344-358.

Fitzgerald, M., & Yip, J. (2017). *Autism: Paradigms, recent research and clinical applications*. InTech Limited.

Geelhand, P., Bernard, P., Klein, O., van Tiel, B., & Kissine, M. (2019). The role of gender in the perception of autism symptom severity and future behavioral development. *Molecular Autism, 10*(1), 16. https://doi.org/10.1186/s13229-019-0266-4

Green, R. M., Travers, A. M., Howe, Y., & McDougle, C. J. (2019). Women and autism spectrum disorder: Diagnosis and implications for treatment of adolescents and adults. *Current Psychiatry Reports, 21*(4), 22. https://doi.org/10.1007/s11920-019-1006-3

Hester, N., & Gray, K. (2018). For Black men, being tall increases threat stereotyping and police stops. *Proceedings of the National Academy of Sciences, 115*(11), 2711-2715. https://doi.org/10.1073/pnas.1714454115

Hiller, R. M., Young, R. L., & Weber, N. (2014). Sex differences in autism spectrum disorder based on DSM-5 criteria: Evidence from clinician and teacher reporting. *Journal of Abnormal Child Psychology, 42*(8), 1381-1393. https://doi.org/10.1007/s10802-014-9881-x

Hull, L., Lai, M.-C., Baron-Cohen, S., Allison, C., Smith, P., Petrides, K. V., & Mandy, W. (2020). Gender differences in self-reported camouflaging in autistic and non-autistic adults. *Autism: The International Journal of Research and Practice, 24*(2), 352-363. https://doi.org/10.1177/1362361319864804

Hull, L., Mandy, W., & Petrides, K. V. (2017). Behavioral and cognitive sex/gender differences in autism spectrum condition and typically developing males and females. *Autism: The International Journal of Research and Practice, 21*(6), 706-727. https://doi.org/10.1177/1362361316669087

Hull, L., Petrides, K. V., & Mandy, W. (2020). The female autism phenotype and camouflaging: A narrative review. *Review Journal of Autism and Developmental Disorders, 7*(4), 306-317. https://doi.org/10.1007/s40489-020-00197-9

Hull, L., Petrides, K. V., Allison, C., Smith, P., Baron-Cohen, S., Lai, M.-C., & Mandy, W. (2017). "Putting on my best normal": Social camouflaging in adults with autism spectrum conditions. *Journal of Autism and Developmental Disorders, 47*(8), 2519-2534. https://doi.org/10.1007/s10803-017-3166-5

Kang-Yi, C. D., Grinker, R. R., & Mandell, D. S. (2013). Korean culture and autism spectrum disorders. *Journal of Autism and Developmental Disorders, 43*(3), 503-520. https://doi.org/10.1007/s10803-012-1570-4

Kirkovski, M., Enticott, P. G., & Fitzgerald, P. B. (2013). A review of the role of female gender in autism spectrum disorders. *Journal of Autism and Developmental Disorders, 43*(11), 2584-2603. https://doi.org/10.1007/s10803-013-1811-1

Kopp, S., & Gillberg, C. (1992). Girls with social deficits and learning problems: Autism, atypical Asperger syndrome or a variant of these conditions. *European Child & Adolescent Psychiatry, 1*(2), 89-99. https://doi.org/10.1007/BF02091791

Lai, M.-C., & Baron-Cohen, S. (2015). Identifying the lost generation of adults with autism spectrum conditions. *The Lancet Psychiatry, 2*(11), 1013-1027. https://doi.org/10.1016/S2215-0366(15)00277-1

Lai, M.-C., & Szatmari, P. (2020). Sex and gender impacts on the behavioural presentation and recognition of autism. *Current Opinion in Psychiatry, 33*(2), 117-123. https://doi.org/10.1097/YCO.0000000000000575

Lai, M.-C., Lin, H.-Y., & Ameis, S. H. (2022). Towards equitable diagnoses for autism and attention-deficit/hyperactivity disorder across sexes and genders. *Current Opinion in Psychiatry, 35*(2), 90-100. https://doi.org/10.1097/YCO.0000000000000770

Lai, M.-C., Lombardo, M. V., Pasco, G., Ruigrok, A. N. V., Wheelwright, S. J., Sadek, S. A., Chakrabarti, B., MRC AIMS Consortium, & BaronCohen, S. (2011). A behavioral comparison of male and female adults with high functioning autism spectrum conditions. *PLoS One, 6*(6), e20835. https://doi.org/10.1371/journal.pone.0020835

Lancy, D. F. (2007). Accounting for variability in mother-child play. *American Anthropologist, 109*(2), 273-284. https://doi.org/10.1525/aa.2007.109.2.273

Leung, C., Tsang, S., Heung, K., & Yiu, I. (2009). Effectiveness of Parent-Child Interaction Therapy (PCIT) among Chinese families. *Research on Social Work Practice, 19*(3), 304-313. https://doi.org/10.1177/1049731508321713

Liao, Y., Dillenburger, K., & Buchanan, I. (2018). Does culture matter in ABA-based autism interventions? Parent and professional experiences in the UK and China. *European Journal of Behavior Analysis, 19*(1), 11-29. https://doi.org/10.1080/15021149.2017.1399657

Mandy, W., Chilvers, R., Chowdhury, U., Salter, G., Seigal, A., & Skuse, D. (2012). Sex differences in autism spectrum disorder: Evidence from a large sample of children and adolescents. *Journal of Autism and Developmental Disorders, 42*(7), 1304-1313. https://doi.org/10.1007/s10803-011-1356-0

McCabe, K. M., Yeh, M., Garland, A. F., Lau, A. S., & Chavez, G. (2005). The GANA Program: A tailoring approach to adapting parent-child interaction therapy for Mexican Americans. *Education and Treatment of Children, 28*(2), 111-129.

McNeil, C. B., & Hembree-Kigin, T. L. (2010). PCIT around the world. In C. B. McNeil & T. L. Hembree-Kigin (Eds.), *Parent-child interaction therapy* (2nd ed., pp. 421-427). Springer US. https://doi.org/10.1007/978-0-387-88639-8_24

Moses, H. (2020, October 20). *Oversexualization of Black girls, women must stop*. Marquette Wire. https://marquettewire.org/4041391/featured/moses-oversexualization-of-black-girls-women-must-stop/

Niec, L. N., Abrahamse, M. E., Egan, R., Coelman, F. J. G., & Heiner, W. D. (2018). Global dissemination of parent-child interaction therapy: The perspectives of Dutch trainees. *Children and Youth Services Review, 94*, 485-492. https://doi.org/10.1016/j.childyouth.2018.08.019

Pearson, A., & Rose, K. (2021). A conceptual analysis of autistic masking: Understanding the narrative of stigma and the illusion of choice. *Autism in Adulthood, 3*(1), 52-60. https://doi.org/10.1089/aut.2020.0043

Pilgrim, D. (2000, November). *The brute caricature-Jim Crow Museum*. Ferris State University. www.ferris.edu/HTMLS/news/jimcrow/brute/homepage.htm

Prizant, B., & Finch, D. (Host). (2022, April 15). Unmasking autism: A discussion with

Dr. Devon Price (No. 49) [Audio podcast episode]. In *Uniquely human: The podcast*. Elevated Studio. https://uniquelyhuman.com/2022/04/15/ep49/

Russo, F. (2018, February 21). *The costs of camouflaging autism.* Spectrum|Autism Research News. www.spectrumnews.org/features/deep-dive/costs-camouflaging-autism/

Sedgewick, F., Hill, V., Yates, R., Pickering, L., & Pellicano, E. (2016). Gender differences in the social motivation and friendship experiences of autistic and non-autistic adolescents. *Journal of Autism and Developmental Disorders, 46*(4), 1297-1306. https://doi.org/10.1007/s10803-015-2669-1

Shalev, I., & Uzefovsky, F. (2020). Empathic disequilibrium in two different measures of empathy predicts autism traits in neurotypical population. *Molecular Autism, 11*(1), 59. https://doi.org/10.1186/s13229-020-00362-1

Shalev, I., Warrier, V., Greenberg, D. M., Smith, P., Allison, C., Baron-Cohen, S., Eran, Al., & Uzefovsky, F. (2022). Reexamining empathy in autism: Empathic disequilibrium as a novel predictor of autism diagnosis and autistic traits. *Autism Research, 15*(10), 1917-1928. http://doi.org/10.21203/rs.3.rs-1064950/v1

Sharpe, P., Mascia-Lees, F. E., & Cohen, C. B. (1990). White women and Black men: Differential responses to reading Black women's texts. *College English, 52*(2), 142-153. https://doi.org/10.2307/377441

Shulman, C., Rice, C. E., Morrier, M. J., & Esler, A. (2020). The role of diagnostic instruments in dual and differential diagnosis in autism spectrum disorder across the lifespan. *Child and Adolescent Psychiatric Clinics of North America, 29*(2), 275-299. https://doi.org/10.1016/j.chc.2020.01.002

Song, A., Cola, M., Plate, S., Petrulla, V., Yankowitz, L., Pandey, J., Schultz, R. T., & Parish-Morris, J. (2021). Natural language markers of social phenotype in girls with autism. *Journal of Child Psychology and Psychiatry, and Allied Disciplines, 62*(8), 949-960. https://doi.org/10.1111/jcpp.13348

Tate, S. A. (2015). *Black women's bodies and the nation*. Palgrave Macmillan. https://doi.org/10.1057/9781137355287

Tubío-Fungueiriño, M., Cruz, S., Sampaio, A., Carracedo, A., & Fernández-Prieto, M.

(2021). Social camouflaging in females with autism spectrum disorder: A systematic review. *Journal of Autism and Developmental Disorders, 51*(7), 2190-2199. https://doi.org/10.1007/s10803-020-04695-x

Vedantam, S. (Host). (2022, September 12). Decoding emotions. [Audio podcast episode]. In *Hidden Brain*. Hidden Brain Media. https://hiddenbrain.org/podcast/decoding-emotions/

Wilson, J. P., Hugenberg, K., & Rule, N. O. (2017). Racial bias in judgments of physical size and formidability: From size to threat. *Journal of Personality and Social Psychology, 113*(1), 59-80. https://doi.org/10.1037/pspi0000092

Wood-Downie, H., Wong, B., Kovshoff, H., Mandy, W., Hull, L., & Hadwin, J. A. (2021). Sex/gender differences in camouflaging in children and adolescents with autism. *Journal of Autism and Developmental Disorders, 51*(4), 1353-1364. https://doi.org/10.1007/s10803-020-04615-z

Wuensch, K. L., Campbell, M. W., Kesler, F. C., & Moore, C. H. (2002). Racial bias in decisions made by mock jurors evaluating a case of sexual harassment. *The Journal of Social Psychology, 142*(5), 587-600. https://doi.org/10.1080/00224540209603920Reciprocity 55

Young, H., Oreve, M.-J., & Speranza, M. (2018). Clinical characteristics and problems diagnosing autism spectrum disorder in girls. *Archives de Pédiatrie, 25*(6), 399-403. https://doi.org/10.1016/j.arcped.2018.06.008

Young, S., Hollingdale, J., Absoud, M., Bolton, P., Branney, P., Colley, W., Craze, E., Dave, M., Deeley, Q., Farrag, E., Gudjonsson, G., Hill, P., Liang, H.-L., Murphy, C., Mackintosh, P., Murin, M., O'Regan, F., Ougrin, D., Rios, P., Stover, N., Taylor, E., & Woodhouse, E. (2020). Guidance for identification and treatment of individuals with attention deficit/hyperactivity disorder and autism spectrum disorder based upon expert consensus. *BMC Medicine, 18*(1), 146. https://doi.org/10.1186/s12916-020-01585-y

제3장

비언어적 의사소통

"저도 해야 한다는 건 아는데. 눈이 저를 소름 끼치게 해요."

—맥스 R.Max R.

비언어적 의사소통에서의 어려움의 의미에 대해 흔히 사람들이 하는 생각

대다수의 사람은, 심지어 많은 임상가조차도 자폐인이 눈 맞춤을 하지 않는다고 생각한다. 사실 어떤 자폐인은 상호작용을 해내기 위해 시선을 사용하지 않는 반면, 다른 몇몇 자폐인은 불편하거나 산만하거나 힘들 수는 있어도 시선을 꽤 잘 사용한다. 더욱이 다음에 설명된 바와 같이, 비언어적 의사소통에는 눈 맞춤보다 훨씬 더 많은 것이 포함된다.

비언어적 의사소통은 실제로 무엇을 수반하며, 자폐인에게 있어서는 어떤 모습일까

우리는 타인을 더 잘 이해하고, 타인의 언어를 해석하고, 타인에게 자신의 메시지를 명확히 하고 보강하기 위해 의사소통의 비언어적인 측면을 이용한다.

그러나 비언어적 의사소통을 자세히 알아보기 전에 이중 공감 문제double empathy problem에 관해 논의할 필요가 있다. 이 용어는 자폐증 연구자이자 강연자인 데미안 밀턴Damian Milton 박사가 만들었다. 밀턴 박사가 제안하기로, 다른 많은 이와 마찬가지로 자폐인과 비-자폐인에 대해 근본적으로 다른 방식으로 세상을 경험하고 반응하는 완전히 다른 문화권의 두 집단으로 생각하는 것이 도움이 된다. 밀턴 박사가 언급하기로, "간단히 말해 이중 공감 문제 이론은 세상을 매우 다르게 경험하는 사람들이 서로 상호작용할 때, 서로 공감하는 데 어려움을 겪게 된다는 것이다."

전혀 다른 문화권에서 온 사람들 사이에 의사소통과 상호이해가 실패한 경우에 이는 보통 어떤 한 집단에 속한 사람에게 본질적으로 문제가 있어서가 아니라, 세상을 경험하고 이해하고 대응하는 방식에 차이가 있기 때문이다.

밀턴 박사의 가설이 정확하다면, (1) 자폐인들은 서로 관계를 형성하고 이해하는 것이 더 쉬울 것이고, (2) 비-자폐인들은 서로 관계를 형성하고 이해하는 것이 더 쉬울 것이며, (3) 각 집단의 사람들은 다른 집단의 사람들과 소통하고 이해하며 공감하기가 더 어려울 것이라고 예상할 수 있다. 연구 결과는 이를 지지한다.

이에 대해 저자들이 가장 좋아하는 예시 중 하나는 캐서린 크롬튼Catherine Crompton 등의 연구로, 세 집단의 사람들을 모아 자폐인으로만 구성된 집단, 자폐가 아닌 사람으로만 구성된 집단, 두 가지 신경 유형을 모두 가진 사람으로 구성했다. 그런 다음에 각 집단의 한 사람이 같은 집단 내의 다른 사람에게 이야기를 전달하고, 그 사람이 다음 사람에게 이야기를 전달하는 식으로 이야기를 반복하도록 요청했다. 연구진은 각 집단에 대해 최종 이야기 버전의 정확도를 점수로 매겼다. 정확성은 동일한 신경 유형(자폐적이거나 혹은 비-자폐적인)의 구성원이 있는 집단보다 혼합된 신경 유형 집단에서 훨씬 낮았다.

따라서 문제는 자폐인에게 본질적으로 '잘못된' 무언가가 있다는 것이 아니다. 그 대신에 자폐인은 소수이기 때문에 대다수(즉, 비-자폐적인) 또래들과 의사소통의 단절이 있을 때 잘못되었거나, 장애가 있거나, 공감 능력이 부족한 것으로 보일 수 있는 것이다. 비-자폐인의 일반적인 인식은 그들의 의사소통 방식이 '옳다'는 것이고, 자폐인이 비-자폐인의 규범을 따르지 않을 경우에 그들은 비난받거나, 수치심을 느끼거나, 또는 '장애가 있는' 것으로 낙인찍힐 수 있다.

밀턴이 설명하기로, "많은 자폐인은 [비-자폐인] 문화 내에서 살아남고 어쩌면 잘 살아내기 위한 필요성 때문에 그 반대의 경우보다 [비-자폐인] 사회와 관습에 대해 더 높은 수준의 통찰력을 실제로 얻었다고 말할 수 있다. 반대로 [비-자폐인] 사람은 어떤 식으로든 사회적으로 밀접한 관련이 없는 한 '자폐인'의 마음을 이해해야 하는 꼭 들어맞는 개인적 필요성이 없다."

비언어적 의사소통에 대해 논의할 때는 특히 이중 공감 문제를 기억하는 것이 중요하다. 결함이나 장애가 있음을 암시하는 언어를 사용하는 것은 실수이다(예: "눈 맞춤에 장애가 있다." "그녀가 부적절한 얼굴 표정을 보였다." "타인의 마음을 읽는 그녀의 능력은 손상되었다."). 오히려 "에이미Amy는 적절한 눈 맞춤을 하지 않는다"가 아니라 "에이미에게 눈 맞춤은 불편하다"와 같이, 이러한 행동과 기술이 자폐인과 비-자폐인 간에 차이가 있으며, 문제를 일으키는 것은 본질적인 '오작동'이 아니라 이러한 차이라는 이해를 반영하는 사고가 필요하다.

이러한 명료화를 바탕으로 이제 우리는 수많은 행동에 대한 동시적인 주의와 통합을 요하는 비언어적 의사소통의 여러 구성 요소에 대해 논의할 수 있게 되었다.

신체 자세

많은 사람은 공간과 시간 속에서 자기 신체의 자세와 움직임을 직관적으로 감지한다. 이를 고유수용감각proprioception이라고 하는데, 상황에 따라 자신의 신체를 다른 사람의 신체와 협응하는 방법에 대한 직관적인 감각을 포함한다. 예를 들어, 우리는 화나거나 지루할 때를 제외하고는 상호작용 중에 머리와 몸의 자세가 타인을 향하도록 할 수 있다. 마찬가지로 상대방의 말에 관심이 있다면 몸을 앞으로 기울일 수도 있다. 이는 몇 가지 예시에 불과하며, 다른 사람과 효과적으로 상호작용하기 위해 직관적이고 무의식적으로 공간에 몸의 자세를 취하는 시나리오는 무수히 많다. 사람들이 함께 이동하면서 의사소통을 할 때는 몸의 자세가 더욱 복잡해진다. 예를 들어, 친구와 함께 걸을 때는 친구의 속도에 맞춰야 하고, 상대방의 말을 듣고 있다는 표시를 하기 위해 친구를 향해 살짝 몸을 돌려야 하지만, 우리가 어디를 걷고 있는지

보기 위해 여전히 정면을 향해야 한다.

자폐인에게는 신체 자세와 움직임이 명백하거나 혹은 모호하게 어색할 수 있다. 개인이 성장하고 문화적 규범을 배워 감에 따라 이러한 현상은 덜 현저해질 수 있다. 저자들은 이 영역의 차이를 나타내는 증거를 흔히 보았는데, 가령 어렸을 때 유치원 생활기록부에서 다음과 같은 메모가 있을 수 있다: "매니Manny는 온몸으로 듣는 연습을 하고 있다." 또는 "조니Johnny는 동아리 시간 동안에 올바르게 보이기 위한 연습을 하고 있다." 이는 어렸을 때 또래와 동일한 방식으로 몸의 자세를 취하지 않았다는 단서이다. 이러한 차이에는 감각/고유수용감각 문제, 부주의, 과잉행동, 낮은 근긴장 등 여러 가지 가능성 있는 이유가 있으며, 비언어적 의사소통 차이로 신체 자세와 움직임을 평가할 때 이러한 다른 요인들을 고려하는 것이 중요하다.

자폐증 경험에서 본 시선으로: 신체 자세

"머릿속에서 어떻게 서야 할지 수백 번을 고민하는 생각을 해요. 이 자세가 맞는 걸까요? 다른 자세를 시도해야 할까요?"

—엘르 J.Elle J.

"일상적인 불편함의 대부분은 제 몸을 지나치게 의식하는 데에서 생겨나요. 저는 모든 것을 수동으로 '올바른 위치에 두어야' 한다고 느껴요. 눈은 집중해야 하고, 손은 가만히 있어야 하고, 몸은 이완된 상태로 있어야 해요. 어느 하나도 자동적으로 이루어지지 않아서 항상 산만하고 불편하죠."

—파비안 B.Fabian B.

사적인 공간personal space

비-자폐인은 일반적으로 우리 몸이 끝나는 지점과 다른 사람의 몸이 시작되는 지점에 대한 기본적인 인식과 상호작용 시에 그 공간을 다루는 방법을 발달시킨다. 예를 들어, 작업을 걸고 싶을 때는 더 가까이 다가가지만, 존경이나 싫은 감정을 전달하고 싶을 때는 어느 정도 거리를 유지할 수 있다. (사실, 서로 다른 이유로 같은 위치를 사용하는 것은 이러한 '규칙'이 얼마나 자의적이고 혼란스러울 수 있는지를 보여 주는 좋은 예이다!) 배우자나 자녀와는 아주 가까이 서 있을 수 있지만 직장 동료와는 그렇지 않은 것처럼, 다양한 관계 유형에 따라 거리에 대한 암묵적인 규칙은 무수히 많다. 상황에 따라 이러한 암묵적 규칙이 바뀔 수 있어 더욱 혼란스러울 수 있다. 예를 들어, 함께 엘리베이터를 타고 있거나 붐비는 식당에서 자리를 기다리는 경우에는 직장 동료와도 매우 가까이 서 있을 수 있다. 또한 문화적인 고려 사항도 있다. 일부 문화권에서는 신체 접촉을 거의 하지 않는 반면, 다른 문화권에서는 신체 접촉을 장려하는 경우도 있다(예를 들어, 친구의 뺨에 키스를 하며 인사하는 것). 이러한 문화의 기대치를 위반하는 일은 심각한 부정적 결과를 초래할 수 있다.

다른 사람과 함께 이동할 때와 같이 몸의 위치와 사적인 공간을 동시에 다루는 것은 훨씬 더 복잡하다. 다른 사람과 나란히 걸을 때는 대화와 더불어 이 두 가지를 한꺼번에 신경 써야 한다. 저자들이 부모에게 자주 묻는 질문 중 하나는 "당신의 자녀가 당신과 함께 걸을 때 어떻게 하나요?"이다. 만약 이것이 어려움을 야기하는 영역이라면 부모는 아마도 "그런 질문을 하시니 너무 재미있네요. 저희는 그걸 언급할 생각을 못했거든요. 제 아이는 항상 우리보다 10피트 앞에 있거나, 10피트 뒤에 있거나, 우리와 부딪히기 일쑤예요!"라고 대답할 것이다. 저자들은 이런 이야기를 여러 번 들었다. 사적인 공간을 이해하거나 관리하는 데 어려움을 겪는다는 것을 암시하는 다른 단서로는 "마리아Maria는 다른 아이들에게 더 많은 공간이 필요하다는 것을 배우고 있다" 같은 유치원 생활기록부를 들 수 있다.

눈 맞춤과 시선

여기에는 눈 맞춤을 하는 것, 눈 맞춤을 이용하는 것, 눈 맞춤에 대한 감정적 반응이 포함된다. 많은 자폐인은 다른 사람의 눈을 직접 바라보거나, 최소한 비-자폐인의 사회적 요구를 충족시킬 수 있을 정도로 눈 근처를 바라보는 법을 배운다. 많은 자폐인은 사람의 눈을 직접 보지 않고 코, 이마 또는 바로 뒤의 무언가를 보는 것과 같이 **근처**를 보면서 보완한다. 이는 사람들과 가까운 거리에서 대화할 때는 눈에 띄지만, 그렇지 않을 때는 잘 드러나지 않을 수 있다.

상호작용을 해내기 위한 시선 사용을 고려하는 것 또한 중요하다. 이것은 훨씬 더 복잡한 기술이다. 예를 들어, 내가 당신과 대화를 나누다가 시계를 몇 번 빠르게 쳐다본다면 당신은 본능적으로 속도를 내서 대화를 빨리 끝내야 한다는 것을 알 수 있을 것이다. 마찬가지로 내가 갑자기 고개를 돌려서 창밖을 본다면 당신도 창밖을 바라보면서 무엇이 나의 시선을 사로잡았는지 확인할 수 있다. 또는 무언가에 대해 확신이 서지 않을 때는 신뢰할 수 있는 사람과 눈을 마주치며 확인할 수도 있다. 이와 같은 예는 무수히 많다.

이에 더하여 많은 자폐인은 눈 맞춤에 대해 비-자폐인과는 다른 감정적 반응을 보인다. 저자들이 아는 바로, 대부분의 비-자폐인은 눈 맞춤에 대해 중립적이거나 긍정적인 반응을 보인다. 부끄러움이나 수치심을 느낄 때와 같은 특정 상황에서는 불편함을 느낄 수 있지만, 대부분의 경우에 의식하지도 않고 그냥 자연스럽게 일어난다. 반면에 자폐인에게는 눈 맞춤이 무의미하거나 쓸모없거나, 심지어는 주의를 산만하게 하거나, 불편하거나, 불안을 유발하거나, 또는 순전히 불쾌하다고 느낄 수 있다.

어떤 상황에서는 눈 맞춤이 다른 상황보다 더 쉽다. 신뢰할 수 있거나 친숙한 사람과 대화할 때, 관심 있는 주제에 대해 논의할 때, 일대일 상황일 때는 눈 맞춤이 더 쉬울 수 있다. 반면에 낯선 사람과 대화할 때, 선호하지 않거나 불안을 유발하는 주제에 대해 이야기할 때, 또는 집단에서 이야기할 때는 더 어려울 수 있다. 이러한 차이는 자폐인과 비-자폐인 모두에게 존재하지만, 자폐인에게서 더 두드러질 수 있다.

자폐증 경험에서 본 시선으로: 눈 맞춤

"저는 눈 맞춤에 대한 감이 전혀 없어요. 그러다 보니 언제 해야 하고, 언제 하지 말아야 하는지 전혀 알 수가 없네요."

—롭 L. Rob L.

"저는 눈 맞춤을 꽤 잘하는 편이지만, 스스로에게 의식적으로 눈 맞춤을 하라고 말하면서 눈 맞춤을 했다가 빠져나왔다가 하죠."

—케이티 앤 Katie Anne

"저는 사람들의 얼굴을 많이 보지 않는 것 같아요. 얼굴에서 별로 볼 게 없다고 생각해서 시간 낭비처럼 느끼거든요."

—미코Miko

"가끔은 눈 맞춤에 신경 쓰느라 더 이상 대화를 따라가지 못할 정도로 바쁠 때도 있어요."

—린 V.Leen V.

"저는 위기 상황에서 상대 경영진의 몸짓 언어에 주력하는 커뮤니케이션 및 홍보 담당 경영진입니다. 일반적으로 알려진 상식 중 하나는 누군가가 고개를 돌리거나 눈을 마주치지 않으면 거짓말을 하고 있는 것으로 가정된다는 겁니다. 제가 진단을 받고 장애 특성과 식별자에 대한 서적을 읽기 시작한 후에 저는 사실 눈을 마주치는 것이 엄청나게 불편했을 뿐인데, 부모님이나 선생님으로부터 거짓말을 한다고 비난받았을 때를 떠올리면서 감정의 롤러코스터를 탔어요. 시간이 지나면서 저는 눈을 맞추도록 위장하는 법을 배웠어요—그 과정이 너무 괴로웠죠! 오랫동안 타인을 직접 대면하고 눈을 맞추는 것은 저에게 정서적 반응의 둔화shutdown를 크게 유발하는 요인이고, 그걸 너무 많이 하면 18시간까지도 잠을 잘 수 있어요."

—캐롤 B.Carol B.

"저는 스스로 눈을 마주치고 있다고 생각할 때조차도 눈을 마주치지 않는다는 말을 반복해서 듣곤 했어요. 그래서 이제는 무엇이 정상인지, 심지어 무엇이 저에게 편한 것인지도 모르겠어요. 그냥 제가 해야 한다고 생각하는 만큼만 눈을 맞추려고 노력하고, 제대로 하고 있지 않은 것 같으면 조정하곤 해요."

—드류 R.Drew R.

음량

대부분의 사람은 관계와 상황에 따라 계속해서 직관적으로 음량을 조절한다. 예를 들어, 우리는 자녀의 주의를 끌기 위해 목소리를 높일 수 있지만, 상사에게는 그렇게 하지 않을 것이다. 또한 중요한 점을 강조하거나 강한 감정을 전달하기 위해서는 더 큰 소리로 말하는 한편, 비밀을 공유하거나 당혹감을 나타내는 등의 다른 메시지를 전달하기 위해서는 더 조용히 말할 수도 있다. 또한 대부분의 사람은 주변 소음 수준에 따라 음량을 조절하기도 한다. 예를 들어, 붐비는 식당에서는 더 큰 소리로 말하고 조용한 방에서는 더 작게 이야기한다. 비-자폐인은 이 모든 것을 의식적으로 인식하거나 노력하지 않고 직관적으로 수행한다.

반면에, 많은 자폐인은 **직관적으로** 음량을 조절하는 데 어려움을 겪는다. 어떤 사람은 지속적으로 너무 크게 말할 수 있고, 어떤 사람은 지속적으로 너무 작게 말할 수 있으며, 어떤 사람은 때로는 너무 크게, 또 때로는 너무 작게 말할 수도 있다. 물론 목소리 크기의 조절이 잘되지 않는 다른 이유도 있을 수 있다. 예를 들어, 어떤 여아가 조용하게 말을 하는 경우에 그 아이는 단지 예민하거나 수줍음을 타는 것일 수 있다. 그러나 그 아이가 부모에게조차 들을 수 없을 정도로 너무 작게 말하고, 그래서 부모가 지속적으로 크게 말하도록 요청해야 한다면 이는 수줍음 때문이 아닐 수도 있다. 생리적 이유에 의한 발성 곤란도 배제해서는 안 된다. 예를 들어, 실행곤란dyspraxia과 같은 운동 문제로 인해 목소리 크기를 조절하기 어려울 수 있으며, 청각 문제가 있는 사람은 적절한 목소리 크기를 결정하는 데 어려움을 겪을 수 있다. 이러한 경우에 이 범주의 기준을 충족하는지 여부를 고려할 때 비언어적 처리의 다른 측면을 살펴보는 것이 더욱 중요하다.

❙ 자폐증 경험에서 본 시선으로: 음량

"저는 제가 얼마나 시끄러운지에 대한 개념이 전혀 없었어요. 대학 시절에 한 팀원이 제가 말을 진짜 열심히 할 때마다 항상 귀를 막곤 했는데, 저는 그녀가 장난치는 줄 알았어요. 하지만 알고 보니 제가 정말 시끄러운 거였더라고요! 제 입에서 나오는 말을 들으면 가끔은 거의 들리지 않는 것처럼 느끼는데, 실제로는 주변 사람들보다 훨씬 더 큰 소리로 말하고 있는 거예요. 이제는 농담으로 하는 얘기가 됐고, 제가 엄청 시끄럽다는 것도 알아요. 하지만 이게 저를 부끄럽게 만들기도 하죠—특히 이런 일이 일어나고 있는 순간에는 전혀 모르니까요."

—로렌 O. Lauren O.

"제 남편은 자주 저에게 '중얼거린다'고 말하지만, 가끔은 소리를 지를 필요는 없다고 말하기도 해요."

—린 V. Leen V.

▎운율

운율prosody이란 '언어의 멜로디와 리듬'을 의미한다. 이는 화자의 감정적 의도를 파악하는 중요한 단서를 제공하며(누군가가 신날 때와 슬플 때 어떤 소리를 내는지 생각해 보라.), 말 뒤에 숨어 있는 의미를 전달하고(예: 비꼬는 말은 보통 다른 운율 패턴으로 전달된다.), 문장의 문법 구조를 이해하는 데 도움을 준다. 예를 들어, "난 그가 그렇게 말했다고 생각하지 않아요"와 "난 그가 그렇게 말했다고 생각하지 않아요"는 다르다. 1960년대 저품질의 공상과학 영화에 나오는 로봇이 멜로디 없이 어떻게 말할지 상상해 보면 운율이 없는 구어가 어떻게 들릴지 짐작할 수 있을 것이다.

자폐인은 다음과 같은 운율의 비전형성을 어떤 조합으로든 가질 수 있다. 이들은 억양을 덜 사용하거나, 더 많이 사용하거나, 전혀 사용하지 않거나, 특이한 억양을 사용하거나, 특이한 멈춤을 사용하거나, 또는 타인이 말한 것을 이해하기 위해 타인의 억양과 멈춤을 활용하는 데 어려움을 겪을 수 있다.

▎자폐증 경험에서 본 시선으로: 목소리 톤

"제 어머니는 자주 제 목소리가 단조롭다고 말씀하시지만, 저는 제가 뭘 하고 있고 어떻게 해야 괜찮은 건지 잘 몰랐기 때문에 제가 임상 전문가임에도 불구하고, 개인 진료실에서 일하면서 내담자들에게 저의 신경발달장애의 특성에 대해 명확하게 설명해야 해요. 그래야 '잘못된' (얼굴) 표정을 지어도 오해가 없거든요."

—엘리너 R. Elinor R.

"특정 감정을 전달하고 싶을 때, 적절한 감정의 수준을 전달하기 위해서는 실제로 느끼는 감정보다 의도적으로 3배는 더 표현해야 하는 것 같아요. 그렇지 않으면 밋

밋하게 들리거든요."

—드류 R. Drew R.

"저는 소매업에 종사하면서 기본적인 인사말에는 적절한 얼굴 표정과 목소리 톤을 구사하지만, 농담을 하거나 진지한 태도를 취하려고 할 때는 어려움을 겪고 있어요. 농담을 하려고 할 때는 너무 진지하게 말하고, 진지하려고 할 때는 비꼬는 듯이 말하는 경우가 많아요. 저는 보통 사람들이 화를 내거나 오해하지 않도록 하기 위해 제 의도를 말로 설명해야 하죠."

—앨리 S. Allie S.

말의 속도

다른 사람과 대화할 때 우리의 목표는 상대방이 우리를 이해하게 하는 것이다. 어떤 사람은 구어를 매우 빠르게 처리하지만, 어떤 사람에게는 말의 속도가 더 느려야 한다. 하지만 너무 느리면 주의가 산만해지고 내용을 처리하기가 더 어려워질 수 있다. 의사소통 상대가 당신의 말을 이해하는 것이 목표라면 당신은 직관적으로 말의 속도를 조절하여 상대방이 이해할 수 있도록 할 것이다. 편안한 말하기 속도에는 문화적 차이도 있다. 예를 들어, 뉴멕시코에서 자란 사라Sarah는 대학원을 다니기 위해 보스턴으로 이사했을 때, 처음에는 몇몇 동료가 말하는 속도를 따라잡기가 매우 어려웠다. 몇몇 자폐인은 듣는 사람이 편안하게 느낄 수 있는 속도로 말하는 반면, 다른 자폐인은 너무 빠르거나 혹은 지나치게 느리게 말하기도 한다. 자폐인은 자신의 (너무 빠르거나 너무 느린) 속도가 듣는 사람에게 어떤 영향을 미치는지 인식할 수 있을 수도 있고, 없을 수도 있다.

자폐증 경험에서 본 시선으로: 말의 속도

"제가 말을 너무 빨리 해서 다른 사람이 저한테 조증 환자라고 얘기한 적이 있어요."

—케이티 A. Katie A.

"사람들은 항상 제 말을 끊거나 제 말을 대신 끝마쳐 주곤 해요. 다른 사람들이 시간을 들여 제 말을 들어주지 않으면 제 자신을 표현하기가 정말 힘들어요."

–나믹 T.Namik T.

얼굴 표정

얼굴은 인간의 감정과 생각에 대해 많은 것을 전달한다. 주름진 이마, 치켜뜬 눈썹, 크게 뜬 눈, 아래로 처진 입꼬리, 옆으로 기울인 고개, 위를 쳐다보는 시선, 오른쪽을 바라보는 시선— 이러한 것(그리고 무수히 많은 다른 세부사항들) 모두가 그 사람의 생각을 알 수 있는 중요한 단서이다. 이를 더욱 어렵게 만드는 것은 얼굴 표정이 끊임없이 변화한다는 점으로, 이는 복잡하고 역동적인 정보를 제공한다. 이러한 정보는 의사소통에 있어서 매우 중요한 부분이다.

비언어적 의사소통의 다른 측면과 마찬가지로, 표정 관리에서도 수용적 또는 표현적인 차이가 있을 수 있다. 즉, 자폐인은 타인의 표정을 알아차리거나 해석하는 데 어려움을 겪을 수 있다. 이와는 별개로 자폐인은 얼굴 표정을 통해 자신의 감정을 표현하지 못할 수도 있다. 얼굴 표정의 범위가 제한적이거나, 대화의 내용이나 맥락에 맞지 않는 얼굴 표정을 짓거나, 때때로 특이한 얼굴 표정을 지을 수 있다. 이는 모두 의사소통의 오류나 마음의 상처 혹은 분노 감정을 초래할 수 있으며, 어느 쪽도 무엇이 잘못되었는지 이해하지 못할 수 있다.

자폐증 경험에서 본 시선으로: 얼굴 표정

"저는 신경-전형적인 사람들이 저를 '읽어 낼' 수 있도록 얼굴을 의식적으로 불편하게 움직여야만 하는 것처럼 느껴요."

–안젤라 P.Angela P.

"제 얼굴에 대해 불평하는 동료와 함께 일한 적이 있는데, 제 얼굴에서 뭐가 문제인지는 이해할 수 없었지만, 그녀를 엄청 화나게 만들었답니다."

–엘리너 R.Elinor R.

"제가 힘들어하는 것 중 하나는 말 그대로 생사의 기로에 서 있는 상황에서도 간호사들이 저에게 아파 보이지 않는다고 말하기 때문에 큰 소란을 피우는 사람들과 비교할 때 무시당하거나 우선순위가 낮아진다는 점이죠."

—제시카 P.Jessica P.

"저는 선물을 주는 사람 앞에서 선물을 열어 봐야 하는 상황이 정말 싫어요. 더 많은 시간을 가지고 주는 사람의 마음씨를 받아들일 수 있도록 나중에 혼자 열어 봐도 되는지 물어보는 경우가 많죠. 하지만 실제로는 선물이 마음에 들지 않을 경우에 얼굴 표정과 몸짓을 어떻게 정리해야 할지 고민하는 것을 참을 수가 없는 거예요. 제가 가짜로 좋아하는 척하는 데에는 최악으로 서투른 것 같고, 들킬까 봐 걱정이 되거든요. 선물을 준 사람이 제가 선물을 싫어한다는 것을 확실하게 알게 될 것 같아서요. 그러면 상대방은 기분이 끔찍할 거예요. 그러면 저도 기분이 끔찍하고, 모든 걸 끝없이 어색하게 느낄 거예요."

—로렌 O.Lauren O.

"예전에는 제가 화가 나거나 진지할 때에도 똑같은 모습과 목소리를 하니까 남편이 알아차리지 못했어요. 제가 진지한 건지 화난 건지, 아니면 그냥 평범한 건지 구분하기가 정말 어렵다고 말하길래 이제는 남편이 알 수 있도록 1~10점 척도로 말해 주고 있어요."

—케이티 A.Katie A.

"저는 상대방을 존중하고, 주의 깊게 보고, 경청하고, 끼어들지 않고, 자기주장적인 사람이 보이는 자세와 고개 기울기를 취할지, 아니면 순종적인 부하 직원의 턱 당김과 고개 끄덕임을 취할지 계산하고, 적절한 경우에 눈을 마주치는 것처럼 보이게 하려고 노력해요(실제로는 주로 입이나 머리카락을 보는 거지만요). 그러다 보니 상대방이 말하는 것을 처리할 수 없어서 메모를 하고, 그 모든 일이 진행되는 동안에 눈썹이 올라갈 대로 높이 올라간 걸 발견하고, 눈썹을 내리라고 스스로에게 계속 상기시키죠……. 마치 눈썹이 무기라도 되는 것처럼요. '눈썹 내려놔!'"

–제시 P. Jesse P.

▎몸짓gesture

손, 팔, 어깨, 머리로 하는 이러한 동작은 우리가 말하는 내용을 강조하는 데 사용된다. 동작의 위치와 질(質) 모두 중요하다. 멩–추안 라이Meng–Chuan Lai 등은 관습적 몸짓(예: 손을 흔들며 작별 인사를 하는 것), 묘사적 몸짓(예: 어떤 것의 크기를 표현하는 것), 강조하는 몸짓(예: 청자를 손가락으로 반복적으로 찔러 대는 것)에 대해 기술한 바 있다. 몸짓의 질은 감정적 의도를 전달한다—무언가에 대해 강렬한 감정을 느끼고 있다면 몸짓이 빠르고 강조될 수 있고, 몽환적이고 사색적인 느낌이라면 몸짓이 느리고 여유로울 수 있다. 몸짓은 발화의 생산을 유도하는 역할을 하기도 한다. 몇몇 연구에 따르면, 말할 때 몸짓을 사용하는 사람은 손을 사용할 수 없게 되면 말을 덜한다. 라이 박사 등은 자폐인이 몸짓을 사용하더라도 비–자폐인과는 다른 방식으로 사용할 수 있다고 언급했다(예: 몸짓이 말과 통합되지 않는 것처럼 보일 수 있음).

▎자폐증 경험에서 본 시선으로: 몸짓

"팔로 뭘 하고 있어야 하는지 도무지 모르겠어요……. 팔이 아무것도 하고 있지 않으면 이상한 느낌이 들어요. 사람들과 이야기할 때는 적어도 음료수나 펜 같은 것을 들고 있어야 하는데. 그냥 아무것도 하지 않고 서 있으면 어색하고, 어떻게 해야 할지 계속 고민하게 돼요."

–신디 B. Cindy B.

"팔에 대해서 저도 그래요! 저는 팔짱을 끼는 걸 좋아하고—그런데 사람들은 제가 무뚝뚝하거나 관심이 없다고 생각하더라고요— 아니면 주머니에 손을 넣는 것도 좋아해요. 사람들은 어떻게 늘 손을 밖에 두고 손으로 뭘 해야 할지를 아는 건지 모르겠어요."

–제시카 P. Jessica P.

비언어적 의사소통의 모든 측면에는 융통성과 적응력이 필요하다: 얼굴 표정은 사람에 따라 완전히 동일하지 않다. 또한 한 사람의 얼굴 표정도 상황에 따라 다르다. 따라서 '놀란 얼굴' '행복한 얼굴' 또는 '내 여자 친구의 화난 얼굴'을 배우는 것은 많은 노력이 필요할 뿐만 아니라, 일부 상황에서만 효과가 있다. 게다가 우리는 각 유형의 비언어적 단서를 개별적으로 받아들이지 않는다. 누군가의 말을 이해하는 것은 시청각적인 비언어 채널이 발화되는 단어 및 맥락과 지속적으로 통합하는 과정을 포함한다. 그 순간은 끊임없이 진화하고 있기 때문에 그 순간에 '파악하는 것'과 같은 것은 있을 수 없다.

비언어적 의사소통이 없는 세상

(이모티콘 없이) 문자메시지를 보내는 것은 상호작용을 돕는 눈 맞춤, 몸짓 언어, 얼굴 표정, 목소리 억양 없이 언어적 의사소통만 있는 세상을 상상할 수 있게 해 준다. 댓글을 어떻게 해석해야 할지 확신이 서지 않았던 순간이나 자신의 댓글이 오해받았을 때를 생각해 보라. 유머를 놓칠 수도 있고, 단순한 짜증이 분노로 해석되기도 하며, 그 외에도 수많은 오해가 발생할 가능성이 있다.

이제 현실 세계가 문자메시지와 같다고 상상해 보라. 몇 년 만에 친구를 만났는데, 그 친구가 가만히 서서 단조로운 목소리로 "만나게 돼서 반갑네"라고 말한다. 혹은 배우자에게 멋진 선물을 주었는데, 눈을 마주치거나 미소를 짓지 않고 "고마워요"라고 대답한다. 또는 의사가 방 맞은편에 서서 큰 소리로 나쁜 소식을 전하면서 그 소식을 받아들이거나 반응할 시간을 전혀 주지 않는다. 그리고 사라Sarah나 도나Donna 모두 비꼬는 말에 필요한 목소리 억양이 없는 세상을 상상할 수 없다! 비언어적 의사소통은 우리의 상호작용에 색채와 맥락, 의미를 부여한다. 이는 해변 사진을 보는 것과 실제로 파도 소리를 듣고, 소금 냄새를 맡고, 발가락 사이로 따뜻한 모래를 느끼는 것의 차이만큼이나 의사소통에 막대한 영향을 미친다.

❙ 자폐증 경험에서 본 시선으로: 맥락

"저는 보통 사람들의 에너지와 말하는 걸 통해 그들이 무엇을 느끼고 있는지 추측하려고 노력해요. 행복, 슬픔, 분노, 충격과 같은 주된 표현은 알고 있지만, 미묘한 차이는 잘 모르겠어요. 저는 대부분 맥락을 보고 추측하고, 그것이 맞기를 바랄 뿐이죠! 추론이 많이 필요해요."

—미코Miko

"사람들이 저와 대화할 때 제가 해 오던 것과 다른 방식으로 행동하거나 얼굴 표정을 짓는다면 그것이 같은 감정인지 아니면 제가 모르는 무언가를 의미하는 것인지 모를 때가 많아요. 예를 들어, 새로운 사람을 만났는데 그들의 몸짓이 다르면 저는 행복하고 관심이 있다는 걸 한 가지 방법으로만 인식하도록 연습했는데 새로운 사람이 이걸 좀 다른 방식으로 표현하니까 혼란스러워요."

—미코Miko

비언어적 의사소통은 수용적이면서도 표현적이다: 자폐인이 비-자폐인의 비언어적 단서를 읽어 내는 데 어려움을 겪을 수도 있고(즉, 수용적 문제), 또는 자폐인의 비언어적 단서가 비-자폐인에게 혼란을 줄 수도 있다(즉, 표현적 차이). 몇몇 자폐인(특히 여성)은 눈 맞춤, 얼굴 표정, 몸짓이 일반인과 다르지 않지만, 다른 사람의 신호를 읽는 데에는 상당한 어려움을 겪을 수 있다. 반대로 다른 자폐인은 다른 사람의 비언어적 신호를 상당히 잘 읽어 낼 수 있지만, 비-자폐인이 이해할 수 있는 방식으로 자신의 신호를 전달하지 않을 수 있다(예: 정동이 '평탄할flat' 수 있다—즉, 지속적으로 중립적인 표정만을 지을 수 있다). 물론 일부는 비언어적 의사소통의 수용적 측면과 표현적 측면 모두에서 차이가 있을 수 있다.

많은 자폐인은 전반적인 정서적 분위기에 매우 민감하기 때문에 다른 사람의 신호를 읽는 자폐인의 능력을 평가하기는 부분적으로 어려운 일이다. 예를 들어, 방 안에 부정적인 기운이 감도는 경우에 자폐인은 이를 가장 먼저 감지하는 경우가 많다. 이러한 예민함은 다른 사람(부모, 배우자, 건강관리 돌봄제공자 등)으로 하여금 자폐인이 미묘한 사회적 신호를 정확하게 읽을 수 있다고 생각하도록 속일 수 있다. 하지만 자폐인은 흔히 그 느낌의 기저에 있는 이유나 구체적인 감정을 직감하지 못한다. 이것이 분노일까 아니면 단순한 짜증일까? 슬픔일까? 실망감일까? 피로감일까? 질투일까? 이러한 부정적인 감정을 구분하지 못한 채, 예를 들면 항상 사람들이 자신에게 화를 낸다고 결론을 내릴 수도 있다. 단순히 전반적인 정서적 분위기에 민감하다고 해서 사회적 신호를 완전히 읽을 수 있는 것은 아니라는 뜻이다. 게다가 정서적 분위기에 지나치게 민감하면 다른 사람의 마음을 적극적으로 오해하거나 또는 예상치 못하게 강한 감정적 반응을 보일 수도 있다.

자폐증 경험에서 본 시선으로: 다른 사람의 마음 읽기

"저는 누군가가 피곤한 건지, 화가 난 건지, 속상한 건지, 아니면 다른 감정인 건지 구분하기 어려워서 이유 없이 살얼음판을 걷게 돼요."

—케이티 A. Katie A.

"얼굴 표정을 볼 수는 있어요! 그런데 무슨 뜻인지 모르겠어요!"

—신디 B. Cindy B.

"저는 제 파트너가 슬픈 건지, 졸린 건지, 스트레스를 받은 건지, 화가 난 건지 전혀 알 수가 없어요. 에너지의 변화를 느끼고 목소리 톤과 몸에서 무언가를 느끼지만, 그것이 무엇을 의미하는지는 전혀 모르겠거든요."

—미코 Miko

"저는 누군가가 저에게 작업을 거는 건지 아닌지를 전혀 알 수가 없어요. 친구가 저랑 함께 있으면서 누군가가 작업을 거는 건지 아닌지를 저에게—은밀하게—알려줘야 하죠."

—그레이스 D. Grace D.

> "저는 사람들의 얼굴 표정이 극도로 과장되거나 명백히 다른 감정이 아닌 이상 '혼란'을 표현하는 것으로 보는 경향이 있어서 상대방이 어떤 생각을 하는지 계속 물어보면서 감정을 놓치지 않았음을 확실히 하려고 하지만, 이게 동시에 꽤 짜증을 유발하기도 하죠!"
>
> —에릭 O.Eric O.

우리는 비언어적 단서를 사용하여 자신을 명확하게 표현하는 방법을 알아내야 한다: 예를 들어, 우리는 목소리 억양, 눈 맞춤, 얼굴 표정, 움직임을 조정하면서 비언어적인 정보가 우리말의 내용을 정확하게 전달하고 보강하도록 하며, 이와 동시에 그 상황에 적응한다. 이는 우리 대부분이 직관적으로 하는 일이지만, 자폐인에게는 힘들거나 혼란스러운 일일 수 있다.

> "저는 올바른 단어를 사용하여 말하긴 했지만, 사람들이 방에 들어오기 전부터 제가 하고 있던 생각에 대응되는 어조 때문에, 혹은 대화의 내용보다는 조명이나 다른 사람의 향수와 더 관련되어 있는 얼굴 표정 때문에 사람들에게 무례를 범한 적이 있어요. 그리고 제가 피곤할수록 제 표현력은 더 떨어지기 때문에 힘겨운 하루가 끝날 무렵이면 사람들은 제가 상대방이나 뭔가에 대해 동의하지 않는다고 생각하지만, 실제로 제 어조는 더 이상 그 안에 어떤 질감을 넣을 에너지가 없기 때문에 단조로워진 것뿐이에요."
>
> —마리 U.Marie U.

몇몇 자폐인은 감정 표현이 거의 없거나, 또는 상황과 말하는 내용에 따라 감정 표현이 변하지 않는다. 이러한 사람들은 때때로 '믿기 힘들 정도로 평온한' 사람으로 묘사된다. 이는 흔히 강점으로 여기기도 하고, 어떤 면에서는 강점이기도 하지만, 겉으로 드러나는 것이 그 사람의 실제 감정을 반영하지 않을 수도 있다는 점을 기억하는 것이 중요하다.

찰리Charlie는 매우 책임감 있는 중학교 2학년 학생이다. 그는 항상 규칙을 잘 지켰고, 특히 모든 수업과 약속 시간을 지키려고 노력했다. 하지만 수업 중에 학교 이쪽 끝에서 저쪽 끝까지 이동해야 했기 때문에[1] 수학 수업에는 계속 지각을 했다. 아무리 노력해도 그는 항상 몇 분 늦게 수학 수업에 들어갔다. 선생님이 이에 대한 불만을 표현할 때마다—언어적으로든, 비언어적으로든—찰리는 아무런 반응을 보이지 않았다. 그는 더 빨리 자리로 이동하지도 않았고, 얼굴 표정을 바꾸지도 않았으며, 자신이 늦었다는 사실을 인지하고 최선을 다하고 있다는 것을 몸짓 언어로 표현하지도 않았다. 그의 수학 교사는 이러한 무덤덤한 태도를 배려심이 부족한 것으로 해석했고, 지각에 대한 벌로 계속해서 찰리를 방과후에 남게 했다. 만일 그가 자신의 감정 표현과 몸의 자세를 바꿀 수 있었다면 수학 교사는 좀 더 이해심 있게 굴었을지도 모른다. 이것이 명확한 진단이 중요한 이유 중 하나이다—자폐인은 수많은 방식으로 고질적으로 오해를 받고 있다.

제한적이거나 평탄 정동의 결과는 상당한 여파로 이어질 수 있다: 가능성 있는 사례는 무궁무진하지만, 저자들이 자주 들었던 세 가지 사례를 소개하고자 한다. 첫째, 많은 자폐인은 저자들에게 선물을 주고받는 것이 스트레스를 유발할 수 있다고 말해 왔다. 그들은 흔히 선물을 개봉할 때면 '신나는 표정'을 지어야 한다는 압박감을 느끼고, '적절한 표정'을 보여 주지 못했을 때 다른 사람의 실망감을 감지한 적이 있다.

둘째, 많은 자폐인은 자신이 멀쩡한데도 다른 사람들이 자신을 슬프거나 화를 내는 것으로 여기는 경우가 많다고 말한다. 최근 한 사람이 도나Donna에게 이렇게 말했다: "저는 사람들에게 '이게 그냥 제 얼굴이에요'라고 끊임없이 말해야 해요." 때때로 이런 사람들은 우울하지 않은데도 우울한 것으로 여기기도 한다(왜냐하면 임상가와 다른 사람들은 흔히 단조로운 정동을 우울과 관련짓기 때문이다).

세 번째는 단조로운 정동의 더 심각하고 잠재적으로 위험한 결과인데, 건강관리전문가가 자폐인을 심각하게 받아들이지 않을 수 있다는 점이다. 자폐인이 예상되는 얼굴 표정, 몸짓 언어, 목소리 억양 없이 말로만 신체적 또는 정서적 고통을 건강관리전

1) 미국에서는 과목이 바뀔 때마다 교실을 옮겨서 담당 선생님께 수업을 들어야 한다.

문가에게 전달한다면 건강관리전문가는 그 어려움을 심각하게 받아들이거나 심지어 믿지 않을 수도 있다. 어떤 사람은 전형적인 신체적 또는 정서적 고통의 징후를 보이지 않으며, 언어적인 보고에만 입각해서 이들을 심각하게 받아들여야 할 필요가 있음을 이해하는 것은 건강관리전문가에게 말 그대로 생사가 걸린 문제이다. 이는 자폐인이 적절한 진단과 교육으로 무장하는 것이 매우 중요한 또 다른 이유이며, 이를 통해 자폐인은 자신의 건강관리전문가에게 효과적으로 자기를 옹호하는 법을 배울 수 있다.

자폐증 경험에서 본 시선으로: 감정을 드러내지 않아 미치는 영향

"사실 저는 선물을 개봉할 때 '제대로 보이지' 않았다는 이유로 엄청 친한 친구들을 잃은 적이 있는데, 걔네들은 저한테 배은망덕하다고 했어요. 그 친구들이 보낸 긴 편지를 받았는데 너무 가슴이 아팠죠……. 걔네는 '제가 어떻게 보이는지'에 대해 엄청나게 화를 냈거든요."

—엘리너 R.Elinor R.

"저는 수년 동안 의료 분야에서 많은 문제를 겪어 왔는데, 예를 들어 제가 엄청 힘들다는 걸 얘기해도 그냥 전달되지 않는 경우가 많았어요. 그냥 무시당했죠. 불과 반 년 전에도 비슷한 일이 있었는데, 제 상담 선생님께 자살 사고가 끊임없이 떠오르고 더 이상 이렇게 살 수 없을 것 같다고 말씀드렸죠. 그 분은 알겠다며 6주 후에 예약을 잡자고 했어요. 저는 제가 말한 내용에 따라오는 감정을 보이지 않아서 이런 일이 일어난다는 것을 이해하게 되었죠. 하지만 요즘은—이 점이 저를 맥 빠지게 하는데— 아침에 일어났는데 기분이 좋지 않고 상담 예약이 잡혀 있으면 저는 일부러 그 감정에 빠져들어 그들 앞에서 울기도 해요. 그러면 갑자기 그들이 귀를 열고 저를 심각하게 받아들이기 때문에— 이건 아까 그 상담 선생님과도 효과가 있었어요. 저는 이게 너무 괴로워요……. 제가 정말 바라는 건 사람들이 자신의 습관적인 직관에만 의존하지 않고 우리가 하는 말에 귀를 기울이는 거예요."

—루시아 K.Lucia K.

"아파 '보이지' 않는다는 이유로 무시를 당한 적이 너무 많아서 저는 이제 불편한 척을 해요. 패혈증으로 아팠는데 제가 혈액검사를 고집하기 전까지 무시당했고, 결국 일주일 동안 입원해서 바로 링거를 맞았죠. 한번은 숨을 제대로 쉴 수 없다고 말했더니 불안해서 그런 것 같다면서 제가 숨을 잘 쉬는 것 같아 보인다고 하더군요. 그러고는 몇 가지 검사를 하더니 "이런, 앉아요. 심박수가 160이고 혈압이 정말 낮아요" 라고 하더군요. 알고 보니 폐에 폐색전증이 있었어요. 또 한번은 기절한 적이 있는데, 제가 서 있을 수 없다고 말해도 아무도 제 말을 듣지 않았어요. 그들은 제가 쓰러지기 전까지 제가 과장한다고 생각했죠. 제가 몸이 안 좋은 것처럼 보이려고 해도 다른 사람들이 기대하는 모습과 달라서 제 말을 믿지 않아요. 담석이 생겼을 때에도 처음에는 제가 아파 보이지 않으니까 가스가 찬 거라고 했어요. 의사는 실제로 제가 진짜 아프다면 몸을 웅크리고 있었을 거라고 했어요. 그래서 하루 뒤에 다시 병원에 가서는 그들이 알아듣게 하기 위해 몸을 웅크리는 척을 했고, 결국 담낭을 제거해야 한다는 게 밝혀졌죠."

—케이티 A. Katie A.

여아로부터 배운 점: 비언어적 의사소통

자폐증 여아는 자폐증 남아보다 더 표현적인 비언어적 의사소통을 하는 경향이 있다. 여성이 남성에 비해 수용적 비언어 능력(즉, 타인의 표현을 이해하는 능력)이 반드시 더 뛰어난 것은 아니지만, 레이첼 힐러Rachel Hiller 등의 최근 연구에 따르면, 자폐증 여성은 언어적·비언어적 의사소통을 통합하는 데 자폐증 남성보다 더 뛰어난 경향이 있다.

아푸르바 만다빌리Apoorva Mandavilli는 『스펙트럼 뉴스Spectrum News』의 기사 〈잃어버린 소녀들〉에서 킹스 칼리지 런던의 MRC 센터 소장 프란체스카 하페Francesca Happé의 다음의 말을 인용한 바 있다: "겉모습을 유지하는 것이 얼마나 스트레스가 되는지에 대한 자기 보고가 없다면 당신은 정말 알 수 없을 거예요. 그들은 모방 능력, 언어의 억양, 몸짓 언어가 뛰어나기 때문에—적어도 자폐스펙트럼에 있는 몇몇 여성에게는 표면적인 행동이 진단에 그다지 유용하지 않아요."

『사이언티픽 아메리칸Scientific American』의 기사 〈자폐증: 여아는 다르다〉에서 이 분야의 선구적인 연구자인 사이먼 바론-코헨Simon Baron-Cohen은 다음과 같이 말했다. "겉으로 보이는 행동만을 기준으로 판단한다면 [일부] 여아에게서는 다른 점을 발견하지 못할 수도 있습니다. 그들이 세상에 자신을 드러내는 방식만을 보는 것이 아니라 그들의 표면 아래를 들여다보고 그들이 겪고 있는 경험에 귀를 기울이는 것이 훨씬 더 중요합니다." 저자들은 앞서 이를 언급했지만, 반복해서 말하고 싶다. 이 설명에 부합하는 자폐인은 모든 젠더에게서 존재한다.

이 점에 주목한 것은 연구자들뿐만이 아니다. 수년 동안 자폐증 여성들은 자폐증과 관련된 어려움이 외적인 행동보다 내적인 경험에 더 가깝다고 이야기해 왔다. 많은 자폐증 여성이 전형적인 비언어적 표현을 보여 줄 수 있지만, 이는 그들에게 엄청난 노력을 요할 수 있다. 전형적인 눈 맞춤, 얼굴 표정, 목소리 억양, 신체 움직임을 사용하기 위해서는 인지적인 주의력과 에너지가 필요하며, 이는 상당한 불안을 유발할 수 있다. 위장의 모든 측면과 마찬가지로, 자신의 진짜 모습을 숨기는 데에는 실질적인 대가가 따른다.

이 때문에 저자들은 임상가들이 오로지 주변 사람의 행동 관찰에만 집중하기보다는 **자폐증 환자의 주관적인 경험을 진지하게 고려하고, 심지어 우선시해야 한다**고 강력히 생각한다.

문화 간 연결

소속된 문화의 맥락은 비언어적 의사소통의 중요성에 영향을 미친다. 예를 들어, 고-맥락 문화권high-context cultures에서는 얼굴 표정, 몸짓과 몸짓 언어, 목소리 톤과 억양, 음량, 말의 속도에 더 큰 비중을 둔다. 메시지의 어조는 단어 자체만큼이나 중요하다. 반면에 저-맥락 문화권low-context cultures에서는 단어 및 단어가 사용되는 방식에 더 중점을 둔다.

문화는 또한 눈 맞춤, 만지기/신체적 접촉, 물리적 거리, 외모 등 비언어적 의사소통의 다른 측면에도 영향을 미칠 수 있다. 예를 들어, 아시아계 미국인은 더 조용히 말하고, 간접적인 표현 방식을 사용하며, 눈 맞춤을 유지하지 않을 수 있는데, 이는 그들의 문화적 배경에서는 지나친 눈 맞춤을 무례한 것으로 여기기 때문이다. 디제이 찹스틱DJ Chopstick은 다음과 같이 말한 바 있다: "부모님은 저를 꾸짖을 때 항상 '내가 말할 때 날 똑바로 보지 마라'라고 말씀하셨어요. 2세대 아시아계의 아이들은 눈 맞춤이 괜찮지만, 최근에 여기로 이주했거나 주변 환경에 동화되지 않은 부모를 둔 아이들에게는 더 큰 문제가 되죠."

디제이 찹스틱의 경험은 임상가가 더 깊은 이해를 추구하지 않는다면 문화 간 오해가 진단 절차를 얼마나 복잡하게 만들 수 있는지를 알려 준다. 임상가는 내담자의 저조한 눈 맞춤이 어느 정도까지 문화 혹은 가능성 있는 자폐증과 관련되어 있는지를 구분해야 한다. 고-맥락 문화권 출신의 평가자가 볼 때, 눈 맞춤 부족은 '문제(낮은 자신감, 무례함, 관심 부족 등)'로 해석될 수 있다.

기억하라. 문화의 영향을 고려할 때는 추측해서는 안 된다. 질문하라!

자주 하는 질문(FAQ)

- **비언어 능력에서 수용 혹은 표현 능력 둘 다가 아니라 하나에서만 차이가 있는 사람도 있을까요?** 그렇다. 사실 자폐증 여성에게는 특히나 비언어적으로 자신을 표현하는 방식이 눈에 띄게 비전형적이지 않아도 비-자폐인의 비언어적 의사소통을 정확하게 해석하기 어려워하는 경우가 흔하다. 그 반대의 경우도 마찬가지이다. 자폐인이 비언어적 의사소통을 효과적으로 사용하기는 어려워하면서 다른 사람에게서 비언어적 의사소통을 읽어 내는 데에는 꽤 능숙할 수도 있다.
- **눈 맞춤을 잘한다고 해서 자폐증을 배제할 수 있을까요?** 전혀 그렇지 않다. 특히 여성, 그리고 여성에 국한되지 않더라도, 훌륭하게 눈을 맞추는 자폐인이 많다.

- **유머는 여기서 어떤 관련이 있나요?** 저자들이 이 부분을 이미 언급했지만, 다시 한 번 이야기할 필요가 있겠다. 자폐인이 유머 감각이 없다는 것은 잘못된 상식이다. 이들은 때때로 농담임을 나타내는 목소리 톤 또는 얼굴 표정을 인식하지 못해 농담을 놓칠 수 있다. 더욱이 몇몇 자폐인은 유머를 시도할 때 농담을 정확하게 전달할 수 있는 억양 또는 얼굴 표정을 더하지 않아서 농담이 '도착하지' 않을 수도 있다. 일부 자폐인에게 유머가 문제가 될 수 있는 다른 이유는 관련 장에서 언급하였다(예: 제6장 융통성).
- **비전형적 정동에 대한 다른 해석은 무엇인가요?** 자폐인은 평탄하거나 비전형적인 정동을 보일 수 있다. 비전형적인 정동은 상황에 맞지 않는 정동(예: 항상 웃는 얼굴) 등 다양한 방식으로 나타날 수 있다. 저자들의 개인적인 경험에 비추어 보면 남성이 일반적이지 않은 정동을 보일 때 임상가는 자폐증의 가능성을 떠올린다는 점을 발견할 수 있었다. 그러나 여성이 일반적이지 않은 정동을 보이는 경우에 임상가는 그녀가 지나치게 연극적이거나 경계선 성격장애를 가지고 있을 가능성을 더 많이 고려하는 경향이 있다.
- **특이한 비언어적 표현에 다른 가능성 있는 이유가 있을까요?** 물론이다. 예를 들어, 우울이나 조현병이 있는 사람은 평탄 정동을 보일 수 있고, 조증 상태인 사람은 말이 빠를 수 있으므로(항상 그런 것은 아니고 조증 시기에만 발생하지만) 이러한 가능성도 중요하게 고려해야 한다.

참고문헌 및 읽을거리

American Psychiatric Association. (2022). *Diagnostic and statistical manual of mental disorders* (5th ed., text rev.). https://doi.org/10.1176/appi.books.9780890425787

Bargiela, S., Steward, R., & Mandy, W. (2016). The experiences of late-diagnosed women with autism spectrum conditions: An investigation of the female autism phenotype. *Journal of Autism and Developmental Disorders, 46*(10), 3281-3294.

https://doi.org/10.1007/s10803-016-2872-8

Compton, C. J., Ropar, D., Evans-Williams, C. V. M., Flynn, E. G., & Fletcher-Watson, S. (2020). Autistic peer-to-peer information transfer is highly effective. *Autism, 24*(7), 1704-1712.

Davis, R., & Crompton, C. J. (2021). What do new findings about social interaction in autistic adults mean for neurodevelopmental research?. *Perspectives on Psychological Science, 16*(3), 649-653. https://doi.org/10.1177/1745691620958010

de Leeuw, A., Happé, F., & Hoekstra, R. A. (2020). A conceptual framework for understanding the cultural and contextual factors on autism across the globe. *Autism Research, 13*(7), 1029-1050. https://doi.org/10.1002/aur.2276

Duvall, S., Armstrong, K., Shahabuddin, A., Grantz, C., Fein, D., & Lord, C. (2021). A road map for identifying autism spectrum disorder: Recognizing and evaluating characteristics that should raise red or "pink" flags to guide accurate differential diagnosis. *The Clinical Neuropsychologist, 36*(5), 1-36. https://doi.org/10.1080/13854046.2021.1921276

Dworzynski, K., Ronald, A., Bolton, P., & Happé, F. (2012). How different are girls and boys above and below the diagnostic threshold for autism spectrum disorders?. *Journal of the American Academy of Child and Adolescent Psychiatry, 51*(8), 788-797. https://doi.org/10.1016/j.jaac.2012.05.018

Golson, M. E., Ficklin, E., Haverkamp, C. R., McClain, M. B., & Harris, B. (2022). Cultural differences in social communication and interaction: A gap in autism research. *Autism Research, 15*(2), 208-214. https://doi.org/10.1002/aur.2657

Hall, E. T. (1989). *Beyond culture*. Anchor Books.

Harrop, C., Jones, D., Zheng, S., Nowell, S., Schultz, R., & ParishMorris, J. (2019). Visual attention to faces in children with autism spectrum disorder. Are there sex differences?. *Molecular Autism, 10*, 28. https://doi.org/10.1186/s13229-019-0276-2

Hiller, R. M., Young, R. L., & Weber, N. (2014). Sex differences in autism spectrum disorder based on DSM-5 criteria: Evidence from clinician and teacher reporting. *Journal of Abnormal Child Psychology, 42*(8), 1381-1393. https://doi.org/10.1007/s10802-014-9881-x

Hull, L., Mandy, W., & Petrides, K. V. (2017). Behavioural and cognitive sex/gender differences in autism spectrum condition and typically developing males and females. *Autism: The International Journal of Research and Practice, 21*(6), 706-727. https://doi.org/10.1177/1362361316669087

Hull, L., Petrides, K. V., Allison, C., Smith, P., Baron-Cohen, S., Lai, M.-C., & Mandy, W. (2017). "Putting on my best normal": Social camouflaging in adults with autism spectrum conditions. *Journal of Autism and Developmental Disorders, 47*(8), 2519-2534. https://doi.org/10.1007/s10803-017-3166-5

Kang-Yi, C. D., Grinker, R. R., & Mandell, D. S. (2013). Korean culture and autism spectrum disorders. *Journal of Autism and Developmental Disorders, 43*(3), 503-520. https://doi.org/10.1007/s10803-012-1570-4

Kim, D., Pan, Y., & Park, H. S. (1998). High-versus low-context culture: A comparison of Chinese, Korean, and American cultures. *Psychology & Marketing, 15*(6), 507-521. https://doi.org/10.1002/(SICI)1520-6793(199809)15:6<507::AID-MAR2>3.0.CO;2-A

Kirkovski, M., Enticott, P. G., & Fitzgerald, P. B. (2013). A review of the role of female gender in autism spectrum disorders. *Journal of Autism and Developmental Disorders, 43*(11), 2584-2603. https://doi.org/10.1007/s10803-013-1811-1

Kopp, S., & Gillberg, C. (1992). Girls with social deficits and learning problems: Autism, atypical Asperger syndrome or a variant of these conditions. *European Child & Adolescent Psychiatry, 1*(2), 89-99. https://doi.org/10.1007/BF02091791

Lai, M.-C., & Szatmari, P. (2020). Sex and gender impacts on the behavioural presentation and recognition of autism. *Current Opinion in Psychiatry, 33*(2), 117-123. https://doi.org/10.1097/YCO.0000000000000575

Lai, M.-C., Lin, H.-Y., & Ameis, S. H. (2022). Towards equitable diagnoses for autism and attention-deficit/hyperactivity disorder across sexes and genders. *Current Opinion in Psychiatry, 35*(2), 90-100. https://doi.org/10.1097/YCO.0000000000000770

Mandavilli, A. (2015, October 19). *The lost girls*. Spectrum|Autism Research News. www.spectrumnews.org/features/deep-dive/the-lostgirls/

Mandy, W., Chilvers, R., Chowdhury, U., Salter, G., Seigal, A., & Skuse, D. (2012). Sex differences in autism spectrum disorder: Evidence from a large sample of children and adolescents. *Journal of Autism and Developmental Disorders, 42*(7), 1304-1313. https://doi.org/10.1007/s10803-011-1356-0

Milton, D. E. M. (2012). On the ontological status of autism: The 'double empathy problem'. *Disability & Society, 27*(6), 883-887. https://doi.org/10.1080/09687599.2012.710008

Neuliep, J. W. (2020). *Intercultural communication* (8th ed.). SAGE.

Rynkiewicz, A., Schuller, B., Marchi, E., Piana, S., Camurri, A., Lassalle, A., & Baron-Cohen, S. (2016). An investigation of the "female camouflage effect" in autism using a computerized ADOS-2 and a test of sex/gender differences. *Molecular Autism, 7*, 10. https://doi.org/10.1186/s13229-016-0073-0

Shulman, C., Rice, C. E., Morrier, M. J., & Esler, A. (2020). The role of diagnostic instruments in dual and differential diagnosis in autism spectrum disorder across the lifespan. *Child and Adolescent Psychiatric Clinics of North America, 29*(2), 275-299. https://doi.org/10.1016/j.chc.2020.01.002

Szalavitz, M. (2016, March 1). *Autism: It's different in girls*. Scientific American. www.scientificamerican.com/article/autism-it-s-different-ingirls/

Young, H., Oreve, M.-J., & Speranza, M. (2018). Clinical characteristics and problems diagnosing autism spectrum disorder in girls. *Archives de Pédiatrie, 25*(6), 399-403. https://doi.org/10.1016/j.arcped. 2018.06.008

Young, S., Hollingdale, J., Absoud, M., Bolton, P., Branney, P., Colley, W., Craze, E., Dave, M., Deeley, Q., Farrag, E., Gudjonsson, G., Hill, P., Liang, H.-L., Murphy, C., Mackintosh, P., Murin, M., O'Regan, F., Ougrin, D., Rios, P., Stover, N., Taylor, E., & Woodhouse, E. (2020). Guidance for identification and treatment of individuals with attention deficit/hyperactivity disorder and autism spectrum disorder based upon expert consensus. *BMC Medicine, 18*(1), 146. https://doi.org/10.1186/s12916-020-01585-y

제4장 대인관계

"제 영혼은 연결을 열망하지만, 제 몸은 고립을 열망해요. 저는 공동체와의 연결을 갈구하지만, 제 몸은 이를 잘 견디지 못하죠. 이게 많은 자폐인에게 자폐증 경험의 핵심적인 부분이에요. 그 안에는 많은 슬픔이 있는데, 저는 많은 사람, 심지어 자폐인조차도 이 부분을 오해하고 있다는 생각이 들어요."

–자폐증 심리학자, 메간 안나 네프Megan Anna Neff

대인관계 관리가 어렵다는 의미에 대해 흔히 사람들이 하는 생각

많은 임상가(및 다른 사람들)는 이 기준이 자폐인은 친구가 없거나 친구를 원하지 않는다는 것을 의미한다고 가정한다. 이는 거의 사실이 아닐 뿐만 아니라, 대인관계 관리에는 단순히 친구를 원하고 갖는 것 이상의 것이 포함되어 있다.

대인관계 관리란 실제로 무엇을 수반하는가

대인관계 관리는 관계를 이해하고, 구축하고, 유지하는 모든 측면과 관련이 있다. 상호호혜적인 상호작용과 마찬가지로, 대인관계 관리는 대부분이 생각하는 것보다 훨씬 더 복잡하다. 따라서 이를 세분화해 보려고 한다.

가족 외에도 우정 및 기타 여러 관계는 인생의 기복이 있을 때 우리를 지탱해 준다. 아이들은 관계에 대해 배우면서 친구를 돌보고 배려하는 여러 가지 측면을 배워야 한다. 또한 우정은 생겼다가 사라지기도 하므로 우정이라는 풍경의 자연스러운 일부인 변화를 헤쳐 나가는 방법도 배워야 한다.

새로운 도시로 이사하거나, 새로운 학교에 입학하거나, 직장을 옮기거나, 혹은 단순히 낯선 사람을 만나는 파티에 갈 때에도 친구를 사귀는 것은 삶을 풍요롭게 하고 새로운 관점을 접할 수 있는 중요한 기술이다. 많은 이가 모르는 사람과 관계를 맺을 때 어색함을 느낄 수 있지만, 우리 대부분은 우리 간에 공통의 관심사나 경험이 있는지, 혹은 우리가 새로운 것을 알아 가는 것을 즐기는지를 판단하는 방법을 알고 있다. 우리가 새로운 사람들과 우리의 경험을 공유하고 그들 역시 자신의 경험을 공유하면서 우리는 그들과 친해지고 함께 있음을 즐길지 말지, 그리고 우리가 그들에 대해 더 많은 것을 알아 가고 싶은지 아닌지 여부를 결정하게 된다. 그리고 우리가 공통의 관심 주제를 탐구하는 가운데 이 새로운 사람들 역시 우리에 대해 비슷한 판단을 내리고 있다. 만일 감정이 서로 통한다면 새로운 우정이 쌓일 가능성이 있다.

하지만 새로운 사람과 친구로 남고 싶다는 생각이 들었다고 해서 그 우정이 깊고 지속적인 관계로 발전할 수 있다는 의미는 아니다—이는 소속감의 기초가 된다. 대부분의 정신건강 전문가들은 소속감이 정신건강의 중요한 예측 변수라고 믿기 때문에 이것은 중요한 지점이다. 연구자 데미안 밀턴Damian Milton과 타라 심스Tara Sims가 지적한 바에 따르면, 이는 자폐인 대부분과 비-자폐인 모두에게 해당한다.

친구 관계를 유지하려면 시간과 노력이 필요하다. 당신은 경험을 공유하기 위해 친구와 함께 시간을 보내고, 친구가 중요하게 여기는 것에 관심을 보임으로써 친구에게 어느 정도 관심을 갖고 있다는 것을 보여 줄 수 있다. 서로의 공통 관심사를 반영하는 재미있는 활동을 계획하거나, 새로운 것을 함께 탐험하기로 결정할 수도 있다. 그리고 무엇보다도 친구가 필요할 때 도움을 줄 수도 있다. 아플 때 음식을 가져다주는 것부터 힘든 시기를 이겨 낼 수 있도록 도와주는 것까지 당신은 친구에게 필요한 것이 무엇인지 알아채고 도움을 주기 위해 노력한다.

아이들의 우정은 발달 단계에 따라 다르게 작용한다. 유아는 보통 서로 다른 놀이를 하면서 가까이에 있는 것만으로도 만족한다(이를 평행 놀이parallel play라고 한다). 하지만 나이가 들면서 아이들은 친구와 함께 그들의 우정에만 고유한 활동을 하고 싶어 한다. 초등학교 고학년이 되면 대부분은 한 명의 절친한 친구를 갖거나 혹은 가까운 친구들로 이루어진 작은 무리를 갖게 된다. 이들은 친구들과 일대일 또는 그룹으로 시간을 보내는 것을 즐긴다. 중학생이나 고등학생이 되면 서너 명의 다른 아이들과 교류하는 복잡한 과정을 수행할 수 있으며, 나이가 들면서 대부분은 로맨스, 작업 걸기, 데이트에 대해 생각하기 시작한다. 많은 아이가 고등학교에서 데이트를 하지는 않지만, 10대 대부분은 이에 대해 생각하고 있다. 그들은 작업을 걸려고 시도한다. 짝사랑도 한다. 자신이 누구에게 끌리는지 알아차리고 그들과 대화하는 방법도 배운다. 그리고 나이가 들어감에 따라 많은 성인은 수년 간 지속되는 장기적인 관계를 형성한다. 피할 수 없는 기복도 있고 관계의 강도가 달라질 수도 있지만, 평생토록 당신의 삶의 일부로 남는 사람들이 보통 있다. 마찬가지로 새로운 사회적 상황—직업, 취미, 영적 수행 등—을 탐색하면서 생기는 새로운 관계도 있다.

관계에 따라 서로 다른 종류의 상호작용이 필요함을 이해하는 일은 또 다른 중요한 대인관계 기술이다. 예를 들어, 우리는 지인, 가벼운 친구, 가까운 친구를 다르게 대한다. 이러한 차이를 이해하면 다른 사람에게 어떻게 인사할지, 얼마나 친밀하게 대화할지, 누구에게 비밀을 털어놓을지, 누구에게 충성할지, 다른 사람에게 무엇을 기대할지 등을 파악할 수 있게 된다. 또한 우리는 **사회적 위계 내에서 자신의 위치를 이해할** 필요가 있다. 예를 들어, 아이들은 어린아이에게 말하는 방식과 또래에게 말하는 방식이 다르며, 부모, 선생님, 교장선생님, 의사와 같은 다양한 유형의 성인과 대화할 때의 의사소통 양식도 다르다. 이러한 차이를 이해하는 것은 이러한 모든 관계에서 우리의 행동과 기대에 대한 지침이 된다.

사회적 동기는 사회적 에너지와는 다르다. 사회적 에너지를 신체적 에너지와 같은 방식으로 생각하면 도움이 된다. 어떤 사람은 신체적 에너지가 많은 반면, 어떤 사람은 그렇지 않다. 사회적 에너지도 마찬가지이다. 사회적 에너지가 낮은 사람은 사회적 에너지가 높은 사람보다 사용할 수 있는 에너지가 적다. 이는 현명하게 에너지를 배분하는 방법을 결정해야만 사회적 활동 도중에 갑자기 소진되어서 자리를 뜨는 상황을 피해 갈 수 있다는 뜻이다.

어떤 이들은 타인과 함께 있을 때 활력을 얻는 반면(외향인), 어떤 사람들은 혼자 있을 때 활력을 얻는다(내향인). 때때로 외향적인 사람들은 내향성을 사회적 동기의 부족과 혼동하기도 한다. 하지만 내향적인 사람들도 친구들과 어울리고 사교 활동을 하는 것을 즐긴다. 다만 그것에 에너지가 소모되기 때문에 혼자 있는 시간을 통해 이를 회복해야 하는 것뿐이다. 이는 사회적 동기가 부족해서가 아니다.

사회적 에너지와 대조적으로 사회적 동기는 다른 사람들과 친해지고자 하는 욕구를 말한다. 사람은 사회적 에너지와 사회적 동기의 여러 조합을 지닐 수 있다. 예를 들어, 사회적 에너지와 동기가 모두 높은 사람, 사회적 에너지와 동기가 모두 낮은 사람, 동기는 높으나 에너지는 낮은 사람 등이 있을 수 있다. 저자들은 많은 자폐인이 다른 사람과 친해지고자 하는 욕구는 강하지만 이를 실행할 에너지가 부족하다는 점을 발견했다(그래서 저자들은 이 장의 상단에 제시한 네프 박사의 인용문을 좋아한다).

또한 사회적 에너지나 동기가 낮은 것과 실제로 친구를 사귀고 유지하는 데 어려움을 겪는 것을 구분하는 것도 중요하다. 앞의 설명에서 알 수 있듯이, 친구를 사귀고 관계를 유지하는 것은 실제적인 작업이다. 우리는 삶을 함께 나눌 친구를 갖고자 하는 동기가 있기 때문에 어린 시절부터 이러한 기술을 배운다. 하지만 사회적인 실수를 저지르고, 무엇이 잘못되었는지 파악하고, 다음번에는 같은 실수를 하지 않도록 피하는 것은 평생에 걸친 과정의 일부이다. 그리고 실수를 저지르고 그 결과로 고통을 받은 후에 재시도를 하기 위해서는 많은 사회적 동기와 에너지가 필요하다.

다른 사람들과 성공적으로 상호작용하기 위해서는 사회적 융통성도 필요하다. 이는 다양한 사회적 상황에 맞추어 자신의 행동을 직관적이고 융통성 있게 조정하는 것을 의미한다. 예를 들어, 자녀 중 한 명이 등교 시간에 많이 늦는 경우에 당신은 훈련소 교관처럼 행동할 수 있다(큰 소리로 말하고 발을 구르는 등). 하지만 연설 행사에 참석 중인데 회의를 주최하는 사람들이 많이 늦는다면 이 같은 방식으로 행동하지 않을 것이다.

마찬가지로 건강하고 행복한 관계를 유지하기 위해서는 자신의 행동을 조정해야 할 필요성을 인식하는 것이 중요하다. 예를 들어, 어떤 학생이 선생님이 자신에게 화가 났다는 것을 알아차렸다면 그 학생은 학급 앞에서 꾸중을 듣거나 교장실로 불려 가지 않기 위해 행동을 조정해야 할 것이다.

또 다른 유형의 사회적 융통성은 친구들과 상호작용하는 방식과 관련이 있다. 예를 들어, 대부분의 사람은 모임에 새로 온 사람을 환영하거나 누군가가 다른 친구와 이야기하러 자리를 뜰 때 매우 강한 반응을 보이는 등 변화하는 사회적 구성에 쉽게 적응할 수 있다. 마찬가지로 대부분의 사람은 친구와 서로 다른 관심사와 다양한 상황을 탐색할 수 있다—그들은 친구가 자신과 매일 완전히 똑같은 활동을 할 것이라고는 결코 기대하지 않을 것이다. 비-자폐인들은 자신의 행동을 조정해야 할 필요성을 이해하고, 의식적인 생각이나 노력 없이도 꽤 자동적으로 이를 조정할 수 있다.

이는 친구, 가족, 동료, 심지어 지인과의 관계에서도 매우 중요한 기술인 **갈등 다루기**의 이슈로 이어진다. 결혼을 한 사람이라면 누구나 이를 증명할 수 있다! 타인과 갈등이 생기면 우리는 상대방이 나를 화나게 한 것에 대해 이야기하고, 상대방의 입장을 이해할 수 있도록 상대방의 말을 경청하며, 서로 배우고 관계를 더욱 돈독히 하기 위해 해결책을 찾는 노력을 해야 한다.

자폐인에게 있어서 대인관계 관리는 어떤 모습일까

대인관계 관리의 차이는 다양한 방식으로 나타날 수 있다. 상호성 및 비언어적 의사소통과 마찬가지로, 자폐인은 이러한 문제 중 일부에서는 어려움을 겪을 수 있지만 전부는 아닐 수 있다. 어려움을 겪을 수 있는 영역에는 다음이 포함될 수 있다.

친구 사귀기: 자폐인은 때때로 새로운 친구를 사귀는 데 어려움을 겪는다. 예를 들어, 도나Donna는 고등학교 1학년 학생을 평가하던 중 학생의 부모와 다음의 이야기를 했다. "그에게 친구가 있나요?" "네." "좋은 친구들인가요?" "네." "부모님께서 좋아하시고, 오래 사귄, 실제 생활에서의 친구이죠?" "네, 네, 네. 제 아이는 정말 좋은 오래된 친구 그룹을 가지고 있어요." 하지만 도나가 더 깊이 파고 들어가 보니 이 친

구들은 부모가 유치원 때 만들어 준 것이었다. 가족들은 친했고, 같은 유대교 회당에 다녔으며, 아이들은 모두 같은 학교에 다녔다. 이제 그들은 고등학교에 다니고 있고, 가끔씩 함께 모인다. 그러나 그룹에 속한 다른 소년들은 모두 다른 친구들을 사귄 반면, 이 소년은 그러하지 못했다. 사실 그는 유치원 이후로 새로운 친구를 사귀어 본 적이 없고, 그마저도 스스로 형성한 우정이 아닌 셈이다.

친구 유지하기: 자폐인은 우정을 유지하는 데에도 어려움을 겪을 수 있다. 예를 들어, 케이트Kate의 부모는 딸에게 늘 정말 좋은 다양한 친구가 많다고 말했다. 하지만 도나가 이에 대해 자세히 물어본 결과, 케이트의 핵심적인 친구 무리는 6개월마다 바뀌었고, 따라서 케이트에게는 오래 만나는 친구가 없다는 것이 드러났다. 케이트는 밖에 나가서 새로운 사람들을 만나는 데에는 매우 능숙했지만, 케이트에게 우정을 유지하는 것은 보다 어려운 일이었다. 실제로 케이트는 1년 이상 친구를 사귄 적이 없었다. 이러한 관계 패턴은 깊고 상호적인 장기적 친구 관계나 지속적인 연애 관계로 이어지지 않을 가능성이 높다.

일반적인 발달 수준에 맞지 않는 관계: 관계는 연령에 따라 다르게 나타난다. 예를 들어, 대다수의 아이는 같은 반 친구를 포함한 모든 지인을 친구로 여긴다. 하지만 초등학교 중반 즈음이 되면 아이들은 어떤 또래는 친구이고, 어떤 또래는 단순히 같은 학급생이나 이웃이라는 것을 이해하게 된다. 또 다른 예로, 대부분의 아이는 어린 시절과 청소년기를 거치면서 여러 명은 아니더라도 적어도 한 명의 절친한 친구를 갖게 된다. 만약 어떤 이가 항상 친구는 있지만 진정으로 깊고 오래 지속되는 절친한 친구가 없다면 이는 주목할 필요가 있는 일이다. 또 다른 예로, 고등학교나 대학교 시절에 연애 상대에 전혀 관심이 없거나, 관심이 있어도 연애 관계의 시작을 한 번도 성공하지 못하는 경우가 있다. 로맨틱한 감정이 없거나aromantic 성적 욕구가 없는asexual 사람이 있기는 하지만, 현재로서는 자폐인 대 비-자폐인에서 로맨틱한 감정이 없는, 혹은 성적 욕구가 없는 사람의 비율에 관한 자료는 아직 없다.

관계의 본질을 이해하고 인식하기: 자폐인은 다양한 유형의 관계의 차이를 직관적으로 이해하는 데 어려움을 겪을 수 있다. 예를 들어, 잘 알지 못하는 사람에게 매우 개인적인 정보를 공개하거나 가까운 가족을 매우 형식적으로 대하는 등 모든 사람과 대개 동일한 방식으로 상호작용할 수 있다. 마찬가지로 일부 자폐증 아동은 누가 실제로 자신의 친구인지를 잘못 해석할 수 있으며, 이에 선생님 혹은 자신을 괴롭히거나 조종하려는 아이들과 친구가 되려고 노력할 수도 있다.

이러한 아동 중 몇몇은 낯선 사람을 껴안으려 들기도 한다. 또 일부 아동은 또래 친구와 이야기하듯이 어른에게 말을 걸거나, 수업 중에 선생님의 말을 자주 정정하려고 들기도 한다. (때때로 이러한 아동의 부모는 "걔는 마치 자기가 애라는 사실을 모르는 것 같아요"라고 보고한다.) 이러한 문제가 있는 아동과 청소년은 권위에 대한 일반적인 두려움을 보이지 않을 수 있으며, 의도치 않게 무례하거나 불손하게 보일 수 있다.

매디Maddie는 명석한 중학교 2학년 학생으로, 대기실에 있는 친구에 대해 수다를 떨며 도나Donna의 사무실에 들어왔다. 매디가 너무 열정적으로 이야기했기 때문에 도나는 예약 시간을 기다리는 5분 사이에 그녀가 실제로 오래 알던 친구를 우연히 만났다고 생각했다. 도나는 이 친구를 어떻게 알게 되었는지 물었는데, 그녀는 "대기실에서 만났어요!"라고 대답했다. 당황한 도나는 "이 친구를 처음에 어떻게 만났니?"라고 물었다. 매디는 다시 "방금 전에 대기실에서 만났다니까요"라고 대답했다. 그 후 매디와 도나는 지인과 친구의 차이에 대해 긴 대화를 나누었는데, 매디는 지인과 친구에 대해 훌륭한 정의를 내릴 수 있었으며, 인지적 수준에서는 그 차이를 완전히 이해하고 있었다. 그러나 매디는 여전히 그 다른 소녀가 친구라고 주장했다(도나는 나중에 이 '친구'가 겨우 10세라는 사실을 알게 되었다). 매디는 인지적으로 그 차이를 알고 있었지만, 이 지식을 실생활에 적용할 수 없었던 것이다.

사회적 동기: 앞에서 언급했듯이 많은 자폐인은 사회적 동기가 높고, 친구를 정말로 원한다. 하지만 친구를 사귀는 것에 그다지 신경 쓰지 않는 자폐인도 있다. 이들은 다른 아이들이 먼저 말을 걸 때는 기뻐하지만, 스스로 상호작용을 시작하지는 않을 수 있다. 이러한 아이들은 친구들과 함께 있는 것을 즐길 수는 있지만, 굳이 모임

을 열 필요성은 느끼지 못한다. 이러한 사회적 동기, 혹은 그것의 결여는 사회적 에너지와는 다르므로 개인이 많은 휴식 시간이 필요하더라도 친구를 원하는지, 아니면 가족 구성원과의 관계만으로 이미 충분해서 진정으로 더 많은 친구가 없이도 행복할 수 있는지를 판단하는 것이 중요하다.

일부 자폐인이 혼자 있기를 진정 선호하는 것이 사실이지만, 모든 자폐인은 아니더라도 대다수의 자폐인은 비-자폐인과 마찬가지로 친구와 연인 관계를 원한다. 안타깝게도, 많은 자폐인은 거듭된 실패 끝에 이 목표를 포기한다. 이러한 사회적 철수는 관심 부족에서 비롯된 것이 아니라, 친구를 사귀고 유지하는 데 필요한 작업이 고된데다가 보통 성공적이지 못하기 때문이다. 여러 번 실패한 후에 자폐인은 시도와 실패의 고통이 그만한 가치가 없다고 판단할 수 있다. 혼자 있는 것을 선호하는 사람과 관계를 맺기보다 혼자 있는 것이 더 쉽기에 혼자 있는 사람을 구분하는 것이 중요한데, 이 두 가지 유형의 사람에게 적절한 지원과 개입이 다를 수 있기 때문이다.

사회적 융통성: 몇몇 자폐인은 다양한 상황에 맞추어 자신의 사회적 표현을 직관적이고 융통성 있게 조정하지 못할 수 있다. 이러한 아동들은 성인을 또래 친구들과 동일하게 대할 수 있으며, 이는 의도치 않게 무례하거나, 존중이 부족하거나, 경계가 없는 것처럼 보이게 만들 수 있다. 이러한 아동들은 자신을 세상에 융통성 있게 표현하는 다양한 방법을 갖추고 있기보다는 항상 동일한 방식으로 행동하는 경향이 있다. 이는 (앞서 설명한 것처럼) 다양한 유형의 관계를 직관적으로 이해하는 능력이 부족한 데에서 비롯되는 경우가 많다.

> 벤Ben은 다양한 상호작용이나 상황에 맞게 자신의 행동을 조정하는 방법을 이해하지 못하는 것처럼 보인다. 예를 들어, 그의 부모는 "제 아이는 어른을 무서워한 적이 없어요"라고 말한다. 마찬가지로 가족의 친구 중 한 사람은 벤이 "어른 두 사람 사이의 대화에 끼어들면서도 자신이 방해하고 있다는 사실을 깨닫지 못한다"라고 언급한다. 한 교사는 다음과 같이 덧붙인다. "그 아이는 자기가 어른이라고 생각해요."

다른 유형의 사회적 융통성: 아이가 변화하는 사회적 구성에 쉽게 적응하지 못하는 경우에 이들의 행동은 배타적이거나 무례한 것으로 해석될 수 있는데, 사실 그들은 단순히 집단의 역학 관계를 탐색하는 데 어려움을 겪는 것일 뿐이다. 예를 들어, 내가 주디Judy와 놀고 있는데 주디의 친구 캐런Caron이 같이 놀고 싶다고 하면 나에게 선택권이 있다. 나는 캐런의 합류를 허용할 수도 있다. 반면에 나는 캐런이 가기를 바랄 수도 있고, 의도적으로 대화에서 캐런을 배제하려고 할 수도 있다. 이때 특히 캐런이 주디의 친구라면 주디는 화가 날 수 있고, 나의 행동으로 인해 주디와의 우정이 깨질 수도 있다. 주디는 내가 자신에게 '달라붙고' '숨막히게 한다'고 생각할 수 있다.

갈등 관리: 자폐인은 갈등에 대처하는 여러 다른 방법을 갖추고 있을 수 있는데, 여기에는 (1) '독불장군식으로 내 방식대로 함', (2) '잘 지내기 위해 순응하면서' 관계에서 자기를 옹호하는 데 실패함, (3) 갈등이 발생하면 단순히 상황이나 관계를 떠남 등이 있다.

- 일부 자폐인은 친구가 모든 면에서 타협해 주기를 기대한다. 이들은 융통성이 부족하여 상호작용이나 놀이를 지시/통제하려고 할 수 있다("내 방식대로 할 거 아니면 관둬!"). 이는 다른 사람을 지루하고 실망스럽게 할 수 있으며, 우정에 부정적인 영향을 미칠 수 있다.
- 다른 몇몇 자폐인은 때때로 자신의 정신건강을 희생하면서까지 '잘 지내기 위해 순응하기도' 한다. 이들은 자신의 감정을 이해하거나 친구에게 자신의 감정을 표현하는 데 어려움을 겪기 때문에 불편한 상황에 처할 수 있다. 이런 사람들은 매우 융통성이 있거나 심지어 수동적인 것처럼 보일 수도 있다. 그러나 한계에 도달하면 감정폭발meltdown이나 정서적 반응의 둔화를 겪을 수 있는데, 이는 친구들이 보기에는 갑작스러워 보일지라도 사실 더 이상 불편함을 견딜 수 없기 때문에 나타나는 것이다.
- 마지막으로, 갈등을 아예 회피하고 타인과 어울리지도, 자기-옹호를 하지도 않음으로써 자기 자신을 보호하는 유형이 있다. 이들은 기본적으로 갈등이 발생하면 "나는

가 볼게"라고 말한다. 친구가 마음에 들지 않는 말을 하면 이들은 물러나거나, 정서적 반응이 둔화되거나, 그 상황에서 벗어나거나, 혹은 관계를 완전히 끝내는 방식으로 반응할 가능성이 높다.

자폐증 경험에서 본 시선으로: 관계를 어렵게 만드는 몇 가지 요소

설명을 듣지 못하고 관계가 단절됨: "저는 사람들을 정말 좋아하고 친구를 원하지만, 제가 뭘 잘못했는지 모르는 사이에 잠수를 타거나, 관계에서 잘리거나, 혼나는 상황에 처하게 돼요. 보통 친구를 사귀고 잘 지내고 있다고 생각했는데, 갑자기 그게 아니게 돼요. 사람들이 갑자기 화를 내면 저는 두렵고 지친 기분이 들죠. 저를 아끼고 잘 대해 주는 오랜 친구들이 있지만, 그들은 저보다 나이가 몇 살 정도 많거나 적어요."

–오드리안 F. Audrian F.

친구들과 함께 있을 때 가면을 써야—자신의 진짜 모습을 숨겨야—함: "저는 친구를 사귀는 데에는 문제가 없지만, 친구들 앞에서 제 자신을 드러내고 가면을 조금만 벗으면 모든 종류의 관계가 경색되는 경향이 있답니다. 가끔은 중요한 일을 완전히 잊어버리거나 깜빡해서, 혹은 신경-전형적인 친구들과의 우정을 유지할 만큼 충분히 배려심이 있지 않아서 제가 나쁜 친구인 것처럼 느낄 때가 있어요. 만약 제가 계속 가면 쓰기를 안 했더라면 친구를 사귀는 게 훨씬 더 힘들었을 것 같아요."

–엠리스 J. Emrys J.

새로운 관계의 시작을 방해하는 얼굴맹face blindness: "제 인생의 대부분 동안에 저는 사람들이 저를 알지만 저는 그들이 누구인지 모르기 때문에 제가 끔찍한 사람이라고 생각했어요. 그 이유가 다른 사람들이 저에게 관심을 가지는 것만큼 제가 다른 사람들을 신경 쓰지 않기 때문이라고 생각했거든요. 제가 당연히 알아야 할 사람을 말 한마디 없이 그냥 지나치기도 했는데, 그 사람 입장에서는 제가 냉담하거나 불친절하거나 거만하다고 생각했을 거예요. 저는 40대 후반이 되어서야 제가 중등도 얼굴맹이라는 사실을 알게 되었어요. 저는 소수의 사람들만을 거의 항상 알아볼 수 있고, 다른 맥락과 함께 볼 때는 더 많은 사람을 알아볼 수 있지만—여전히 대부분의 사람들의 수준은 아니지만요—맥락에서 벗어나거나 외모에 큰 변화를 준 경우에는 못 알아보게 되죠."

—샬롯 R.Charlotte R.

지나치게 신뢰함: "저에게 있어 인간관계에서 문제가 되는 또 다른 부분은 타인에 대한 제 기본 설정값이 신뢰라는 데 있어요. 저는 당신이 저에게 말하는 것, 특히 당신 자신이나 당신의 감정 등에 대해 말하는 걸 믿어요. 제 말은 거기에 의문을 제기하는 건 무례하고 주제넘는 일인 것 같거든요. 이게 대부분의 사람에게는 좋은 일이지만, 정직하지 못하거나 반사회적이거나 자기애적인 사람들에게는 정말 큰 문제가 되죠. 이게 제가 결국 15년 동안 학대적인 결혼 생활을 하게 된 경위랍니다."

—샬롯 R.Charlotte R.

신뢰를 형성할 수 없음: "제가 친구를 사귀는 데 어려움을 겪는 이유는 다른 사람, 특히 신경-전형적인 사람을 신뢰하기까지 시간이 오래 걸리기 때문이에요. 다른 자폐인을 신뢰하는 데에는 그리 오랜 시간이 걸리지 않아요. 우리는 처음 만난 사람에게, 특히 같은 자폐인임을 아는 사람에게 자신의 진정한 성격을 보여 줄 가능성이 훨씬 더 높기 때문이죠."

—자카리 M.Zachary M.

다른 자폐인과 더 친밀한 경향성: "저는 다른 신경발달장애를 가진 사람들과 정말 잘 지내는 경향이 있어요. 저는 초집중하고 몰입적이고 직접적인 대화를 좋아하는 사람에게 아주 쉽게 공감할 수 있죠. 반면에 잡담을 더 좋아하고, 어떤 주제에 대해 깊이 파고들지 않는 사람들—이들과는 곁에 있는 건 괜찮지만 많이 소통하지는 않는 편인데요. 그게 우리 문화의 주류이긴 하죠."

—데비 F.Debby F.

정서 조절 곤란이 방해가 됨: "제가 어리고 감각이 훨씬 더 예민했을 때, 저의 투쟁 또는 도피 반응은 보통 '투쟁' 모드로 활성화되곤 했는데, 이는 흔히 저에게 스트레스/과잉 자극을 유발하는 모든 것을 신체적 또는 언어적으로 공격하는 것으로 나타났죠—그래서 다른 아이들과 부모님들이 저랑 아무 관계도 맺고 싶지 않게 만들었고요."

—자카리 M. Zachary M.

관계를 이해하기 어려움: "저는 항상 우정의 유형과 깊이를 조정하는 데 어려움을 겪었어요. 저는 우정에 여러 단계가 있고, 각 단계마다 다른 규칙이 적용된다는 것을 알고 있어요. 우정이 친밀해질수록 자기 노출하기, 사적인 질문하기, 더 자주 만나기, 사전 약속 없이 전화하기 등에 대한 허용이 더 많아지죠. 하지만 적어도 제 경험에 비추어 볼 때, 이에 대해 묻거나 이야기하는 것은 금기시되고 있어요. 만일 제가 우정에 대한 신호를 읽어 내지 못하고 있다는 의심이 들면 제가 선택할 수 있는 것은 세 가지뿐이고, 그중 어느 것도 좋은 방법은 아니더라고요.

- 신호에 대한 의심을 무시하고 계속해서 진행할 수 있겠죠. 이건 실제로 선택할 수 있는 사항은 아니에요, 왜냐하면 규칙이 뭔지 잘 모른다고 해도 규칙을 어기는 건 저에게 큰 잘못처럼 느끼거든요.
- 상대방에게 무슨 일이 일어나고 있는지 파악할 수 없다고 말하고, 분명하게 설명해 달라고 요청하면서 명확한 대화를 시도해 볼 수도 있죠. 하지만 이게 잘 되는 경우는 거의 없어요.
- 스스로 우정을 발전시키기 위한 노력을 전혀 하지 않고, 단지 상대방에게 즉각적으로 반응만 할 수도 있을 거예요. 우정은 상호성에 기반한 것이어서 한 사람이 항상 주도할 수는 없기 때문에 우정은 결코 발전할 수 없게 되죠."

—드류 R. Drew R.

사회적 융통성: "저는 겉보기엔 매우 '미묘한' 자폐인이지만, [제 삶의] 다른 부분에 있는 사람들이 섞여 버린다고 생각하면 굉장히 겁이 나요. 저는 장소에 따라 일관된 페르소나를 가지려고 노력하고, 그 맥락이 어떻게 다른지에 대한 실제적으로 사

용할 수 있는 목록은 없지만, 대학원에서 아는 사람과 직장에서 아는 사람, 집에서의 파트너나 가족을 절대로 서로 어울리게 하고 싶지 않아요. 각각의 페르소나가 어떻게 다른지는 잘 모르겠지만, 그걸 한 번에 융합하려고 하면 제 뇌에 과부하가 걸려요—그럼 무섭고, 울고 싶고, 도망쳐서 숨고 싶거든요……. 하지만 직장의 사교 행사 중간에 그렇게 할 수는 없잖아요."

–제시 P.Jesse P.

사회적 규범에 대처하기: "저는 신경-규범적인 기준에 부합하는 방식을 따라 우정에 상호호혜적으로 보답하는 방법을 전혀 모르겠어요—합리적인 계획을 세워 활동을 하고, 연락을 유지하고, 경험을 공유하고—그리고 완전히 지쳐 버리거나 도를 넘지 않는 방법을요. 저는 오랜 지인인 이들과 함께 즉흥적으로 유럽 여행을 다녀온 적이 있고, 대학교와 고등학교 시절에는 거의 랜덤으로 만난 두 명 이상의 여자 지인들에게 장황하고 아마도 심각하게 혼란스러웠을 편지로 영원한 사랑을 고백한 적도 있고, 대학 때 처음으로 데이트했던 여자와 결혼하기도 하고—몇 년 후엔 그녀가 바람을 피웠다고 밝혀서 이혼도 했죠."

–에릭 O.Eric O.

"또 다른 문제는 친구를 '관리'하는 거예요. 얼마나 자주 연락해야 하는 거죠? 전화해야 하나요, 아니면 문자를 보내야 하나요? 연락이 안 되면 어떻게 생각해야 할까요?"

–린 V.Leen V.

잡담에 대한 어려움: "저는 잡담보다는 구체적인 질문에 관해 토론하는 '의미 있는' 대화를 더 좋아해요. 하지만 신경-전형적인 사람들은 친해지기 전에 잡담에 의존하는 경향이 있어서 저는 잡담 단계를 건너뛰고 싶다 보니 친구가 많지 않아요."

–노엘 B.Noelle B.

낮은 사회적 에너지: "저는 친구들과 어울리는 것을 좋아하지만, 상대방이 누구이

냐에 따라서 쓸 수 있는 사회적 에너지가 달라져요—오랫동안 알고 지낸 사람과 함께라면 제 행동 방식을 바꿀 필요가 없어서 몇 시간이고 대화할 수 있지만, 새로운 사람과 함께라면 아마 몇 분에서 한 시간 정도일 거예요."

—노엘 B.Noelle B.

자폐인 가족 구성원의 필요(혹은 너그러이 허용적이지 않은intolerance 다른 사람)에 따라 조정하기: "제 사회생활은 가족의 필요에 큰 영향을 받았어요. 저는 아이들이 불편해할 만한 곳, 즉 발달장애를 가진 사람만 있는 곳에는 가지 않아요. 또는 우리가 판단받는다고 느끼는 곳에도 가지 않지요."

—엘리자베스 B.Elizabeth B.

여아로부터 배운 점: 다양한 스펙트럼의 관계

자폐증 여아는 가장 놀이pretend play에 더 많이 참여하는 경향이 있다. 레이첼 힐러 Rachel Hiller 등뿐 아니라 니콜 크리서Nicole Kresier, 수잔 화이트Susan White와 같은 연구자들에 따르면, 자폐증 여아는 자폐증 남아보다 놀이에서 더 상상력이 풍부한 경우가 많다. 그러나 캐릭터가 '되는' 것보다는 설정에 더 중점을 두거나 같은 시나리오를 반복하는 등 그 놀이의 성격은 비-자폐인 또래들과 다를 수 있다.

이들은 외톨이가 될 가능성이 적다. 미셸 딘Michelle Dean 등에 따르면, 자폐증 여아는 자폐증 남아보다 또래와 물리적으로 가까운 곳에 있을 가능성이 높지만, 완전히 융합되지는 않는다. 여아는 어른에게 자신의 사회적 어려움에 대해 가면 쓰기를 하고 함께 어울리는 듯 보이는 경향이 있다. 부모나 교사가 놀이터 가에서 지켜볼 뿐 실제 상호작용을 자세히 듣지는 않을 경우에 아이가 멀리서 보면 상호호혜적인 놀이를 하는 것처럼 보이지만 실제로는 다른 아이들과 물리적으로 가까이 있을 뿐이라는 것을 알아차리지 못할 가능성이 높다.

이와 같은 맥락에서 자폐증 남아는 또래 친구에게 노골적으로 거부당할 가능성이 높은 반면, 자폐증 여아는 단순히 무시당할 가능성이 높다. 연구에 따르면, 자폐증 여아는 자폐증 남아보다 한두 명의 친한 친구를 가질 가능성이 더 높다. 그러나 자폐증 여아는 일반적으로 자폐증 남아보다 타인과 더 친밀한 반면, 그들의 또래 관계는 흔히 비전형적인 패턴을 보인다. 대인관계 이력을 파악할 때는 아이의 친구 관계의 성격에 대해 알아보는 것이 중요하다. 예를 들어, 친구들이 항상 두 살씩 어렸는가? 아니면 친구들이 특이하거나, 명령적이거나, 온순했는가? 일부 자폐증 여아는 명백한 신체장애를 가진 아동과 같이 도움이 필요한 아이들과의 우정에 끌리기도 한다. 이는 반드시 상호호혜적인 관계일 필요는 없으며, 이들은 도움을 주는 역할을 하는 경우가 많다.

자폐증 여아는 자폐증 남아보다 사회적 동기가 더 높은 경향이 있다. 리사 트래비스Lisa Travis, 멩-추안 라이, 수잔 두발Susanne Duvall, 펠리시티 세지윅Felicity Sedgewick, 레이첼 힐러, 알렉산드라 헤드Alexandra Head 등과 같은 수많은 연구자에 따르면, 자폐증 여성은 자폐증 남성보다 타인과 상호작용하고 관계를 형성하려는 욕구가 더 큰 경향이 있다. 일반적으로 자폐증 여아는 자폐증 남아에 비해 우정을 어렵지만 더 가치 있고 보람 있는 것으로 여기는 것으로 보인다.

자폐증 여아는 자폐증 남아보다 더 양질의 우정을 보고한다. 펠리시티 세지윅 등은 자폐증 여아가 자폐증 남아에 비해 우정의 질이 높다고 보고했으며, 자폐증 여아가 자폐증 남아보다 더 친밀한 우정을 유지하는 것을 밝혔다. 그러나 저자들은 자폐증 여아가 "[비-자폐증] 여아에 비해 이처럼 친밀한 우정이 적으며, 우정을 유지하는 것이 더 힘들다는 것을 알기 때문에 한두 명의 강렬한 친구 관계만을 가지는 경향이 있다"고 지적했다. 멩-추안 라이와 피터 사트마리Peter Szatmari뿐 아니라 레이첼 힐러 등도 지적했듯이, 자폐증 여아는 관계를 시작할 수는 있지만 관계를 유지하는 데에는 상당한 어려움을 겪는 경우가 많다.

자폐증 여아는 남아보다 대인관계 갈등을 더 많이, 그리고 더 상이한 방식으로 경험할 수 있다. 예를 들어, 펠리시티 세지윅 등은 자폐증 여아가 자폐증 남아보다 대인관계 갈등을 식별하고 대처하는 데 더 어려움을 겪을 수 있다고 보고했다. 자폐증 여아는 관계적 갈등을 경험할 가능성이 더 높았고, 흔히 갈등이 자신의 잘못이며 이를 해결할 수 없다고 생각했다. 반면에 자폐증 남아는 감정적 반응이나 갈등이 관계에 미치는 영향의 측면에서 또래와의 갈등에 덜 영향을 받는 것으로 나타났다.

시기는 다를 수 있다. 윌리엄 맨디William Mandy 등이나 마리온 루더포드Marion Rutherford 등과 같은 수많은 저자가 지적했듯이, 여성에게서 보이는 자폐적 특성은 청소년기에 증가할 수 있으며, 이러한 관찰을 통해 멩-추안 라이와 피터 사트마리는 특히 여성에게서 가능성 있는 '청소년기 발병' 유형을 제안했다. 특히 몇몇 자폐증 여아는 초등학교 대부분에서 잘 지내지만(그러나 자세히 살펴보면 일반적으로 어려움의 징후가 있다), 초등학교 후반과 중학교에 접어들면서 어려움을 겪기 시작하거나 혹은 보다 현저하게 어려움을 겪는다. 여기에는 다음과 같은 여러 가지 이유가 있다.

- **소녀들의 세계는 변한다.** 어린아이일 때는 놀이와 우정이 주로 근접한 거리, 예를 들면 학교에서 같은 반이거나, 같은 동네에 살거나, 같은 축구팀에 소속되어 있는 사람들에 주로 기반을 둔다. 그러나 초등학교 후반이나 중학교 초반이 되면 상호작용과 관계는 근접성보다는 공통의 관심사를 기반으로 이루어진다. 또한 신체적 놀이보다는 언어적 교류에 더 기반을 두며, 개인사의 공유, 관계에 대한 이야기, 가십 등에 중점을 두는 경우가 많다.
- **부모의 개입이 감소한다.** 자녀가 어릴 때는 부모가 놀이 약속에서 주도권을 잡고 시작하고 발판을 마련해 주지만, 나이가 들수록 부모는 덜 관여하게 되고 아이들은 보통 스스로 놀이를 시작하게 된다.
- **다른 변화도 일어나고 있다.** 초등학교에서 중학교로 넘어가는 중대한 변화(보통 하루에 한두 개의 교실을 옮겨 다니면서 과목마다 다른 선생님 및 다른 아이들과 함께 수업을 듣는 것을 포함해서) 외에도 사춘기가 시작되면서 큰 변화들이 일어나기 시작한다. 이러한 변화는 통제할 수 없고 다소 예측 불가능하게 느낄 수 있으며, 특히 자폐인에게는 스트레스가 될 수 있다. 또한 새로운 감각 경험(예: 브래지어, 생리대 또는 탐폰 착용, 생리통 및 성적 충동의 경험)이 동반된다. 이 모든 것이 더 많은 스트레스를 유발하여 새로운 사회적 또는 정서적 어려움을 초래할 수 있다.

이러한 모든 이유로 사춘기가 시작될 무렵에 많은 여아가 문제를 겪기 시작한다. 이러한 문제는 명백하게 사회적인 문제일 수 있다(예: 친구들이 자신을 멀리하거나 노골적으로 거부하는 경우). 그러나 가장 두드러지는 문제는 불안·우울·섭식장애 또는 학교 회피와 같은 정서적 문제일 수 있다. 이는 부모, 교육자, 임상가들을 속일 수 있는데, 이들은 흔히 "이게 자폐증일 리 없어. 초등학교 때까지는 괜찮았잖아. 중학교 때부터 문제가 시작됐으니 단순한 불안일 거야"라고 생각한다. 하지만 때때로 불안이 실제로 문제인 경우도 있다. 보통 불안은 사춘기의 신체적 변화에 더하여 자폐증으로 인해 복잡한 사회적 상황(그리고 세상 전반)을 탐색하는 능력의 한계에 부딪혔기 때문에 발생한다.

이 점은 아무리 강조해도 지나치지 않다. 많은 자폐증 여아가 초등학교 말이나 중학교 초에 처음으로 임상적으로 중요한 문제를 드러낸다. 이것이 자폐증을 배제하는 것은 아니다! DSM은 "증상이 반드시 초기 발달 시기부터 나타나야 한다"고 명시하고 있지만, "사회적 요구가 개인의 제한된 능력을 넘어서기 전까지는 완전히 나타나지 않을 수 있다"라고도 언급한다.

물론 남아나 젠더에 순응적이지 않은 아동도 청소년기에 큰 변화에 직면하며, 자폐증은 이들에게도 보다 명백해질 수 있다. 자폐증의 다른 측면과 마찬가지로, 여아에 대한 연구는 자폐증의 덜 분명한 표현에 대해 알려 주며 모든 젠더의 사람들에게도 적용될 수 있다.

문화 간 연결

로맨틱하든, 플라토닉이든 관계의 성격, 단계, 행동을 해석하는 방식에는 문화적 차이가 있으며, 이러한 관계적 관행에는 젠더, 인종, 종교, 민족성이 교차한다. 몇 가지만 예를 들자면, 결혼 여부나 시기, 인종/종교/민족적 배경 외의 사람과의 데이트 여부, 결혼 전후의 신체적 친밀감의 수준, 캐주얼한 데이트나 여러 파트너에 대한 개방성, 남성과 여성에 대해 허용되는 행동, 인생의 동반자를 선택하는 방법(예: 중매결혼), 동거 등 데이트에 관한 명시적 및 암묵적 규칙과 규범은 문화마다 다를 수 있다.

25세의 1세대 캄보디아계 미국인 여성인 신디Cindy는 현재 백인 미국인 남성인 잭Jack과 사귀고 있다고 밝혔다. 그녀는 아직 부모에게는 사귀고 있다는 사실을 말하지 않았는데, 부모가 그녀의 '미국인 남자 친구'를 인정하지 않을 수 있기 때문이다. 또한 신디는 잭을 정말 좋아하지만, 공개적인 장소에서의 애정 표현에 익숙하지 않고, 그녀의 여성 친구들에게 데이트를 함께 가자고 자주 요구하기 때문에 다툼이 잦았다. 잭은 신디가 '표현을 하지 않기' 때문에 자신에게 그다지 관심이 없다고 생각한다. 신디는 두 세계의 기대 사이에 갇힌 기분이라고 이야기한다.

신디는 행동의 의미에 대해 명확하게 설명하지 않을 때 문화적 규범이 어떻게 오해받을 수 있는지를 보여 주는 완벽한 예시이다. 이러한 환경을 탐색하는 것은 누구에게나 어려운 일이지만, 특히 자폐인에게는 더욱 어려울 수 있다.

기억하라. 추측하지 마라. **질문하라!**

자주 하는 질문(FAQ)

- **자폐인이 친구를 원하나요?** 자폐인은 말 그대로 개개인이다. 대다수의(저자들의 경험에 따르면 대부분의) 자폐인은 친구를 원하지만, 친구 없이 충분히 만족하는 경우도 있다. 물론 여기서는 **친구**의 정의가 중요하다. 일부 자폐인은 구조화된 활동 외에는 거의 혹은 전혀 접촉하지 않는 친구 관계를 즐기거나 온라인으로 연결되는 것을 선호할 수 있다.
- **온라인 친구도 친구로 간주하나요?** 이는 복잡한 문제인데, 코로나19 이후 많은 아동(자폐인 및 비-자폐인)이 친구들과의 소통을 온라인으로 전환한 현 맥락에서 더욱 그러하다. 온라인 커뮤니티는 사람들이 서로를 돌보고 지지하는 엄청난 연결의 원천이 될 수 있다. 저자들은 아동이 속한 지역사회의 문화적 규범 내에서 우정의 성질로 고려할 것을 권장한다.

참고문헌 및 읽을거리

American Psychiatric Association. (2022). *Diagnostic and statistical manual of mental disorders* (5th ed., text rev.). https://doi.org/10.1176/appi.books.9780890425787

Argyle, M., Henderson, M., Bond, M., Iizuka, Y., & Contarello, A. (1986). Cross-cultural variations in relationship rules. *International Journal of Psychology, 21*(1-4), 287-315. https://doi.org/10.1080/00207598608247591

Bargiela, S., Steward, R., & Mandy, W. (2016). The experiences of late-diagnosed women with autism spectrum conditions: An investigation of the female autism phenotype. *Journal of Autism and Developmental Disorders, 46*(10), 3281-3294. https://doi.org/10.1007/s10803-016-2872-8

Bottema-Beutel, K., Mullins, T. S., Harvey, M. N., Gustafson, J. R., & Carter, E. W. (2016). Avoiding the "brick wall of awkward": Perspectives of youth with autism spectrum disorder on social-focused intervention practices. *Autism, 20*(2), 196-206. https://doi.org/10.1177/1362361315574888

Dean, M., Harwood, R., & Kasari, C. (2017). The art of camouflage: Gender differences in the social behaviors of girls and boys with autism spectrum disorder. *Autism, 21*(6), 678-689. https://doi.org/10.1177/1362361316671845

Duvall, S., Armstrong, K., Shahabuddin, A., Grantz, C., Fein, D., & Lord, C. (2021). A road map for identifying autism spectrum disorder: Recognizing and evaluating characteristics that should raise red or "pink" flags to guide accurate differential diagnosis. *The Clinical Neuropsychologist, 36*(5), 1-36. https://doi.org/10.1080/13854046.2021.1921276

Dworzynski, K., Ronald, A., Bolton, P., & Happé, F. (2012). How different are girls and boys above and below the diagnostic threshold for autism spectrum disorders?. *Journal of the American Academy of Child and Adolescent Psychiatry, 51*(8), 788-797. https://doi.org/10.1016/j.jaac.2012.05.018

Goffman, E. (2021). *The presentation of self in everyday life*. Knopf Doubleday.

Hall, M., Williams, R. D., Ford, M. A., Cromeans, E. M., & Bergman, R. J. (2020).

Hooking-up, religiosity, and sexting among college students. *Journal of Religion and Health, 59*(1), 484-496. https://doi.org/10.1007/s10943-016-0291-y

Head, A. M., McGillivray, J. A., & Stokes, M. A. (2014). Gender differences in emotionality and sociability in children with autism spectrum disorders. *Molecular Autism, 5*(1), 19. https://doi.org/10.1186/2040-2392-5-19

Hiller, R. M., Young, R. L., & Weber, N. (2014). Sex differences in autism spectrum disorder based on DSM-5 criteria: Evidence from clinician and teacher reporting. *Journal of Abnormal Child Psychology, 42*(8), 1381-1393. https://doi.org/10.1007/s10802-014-9881-x

Hull, L., Mandy, W., & Petrides, K. V. (2017). Behavioral and cognitive sex/gender differences in autism spectrum condition and typically developing males and females. *Autism: The International Journal of Research and Practice, 21*(6), 706-727. https://doi.org/10.1177/1362361316669087

Hull, L., Petrides, K. V., Allison, C., Smith, P., Baron-Cohen, S., Lai, M.-C., & Mandy, W. (2017). "Putting on my best normal": Social camouflaging in adults with autism spectrum conditions. *Journal of Autism and Developmental Disorders, 47*(8), 2519-2534. https://doi.org/10.1007/s10803-017-3166-5

Jackson, P. B., Kleiner, S., Geist, C., & Cebulko, K. (2011). Conventions of courtship: Gender and race differences in the significance of dating rituals. *Journal of Family Issues, 32*(5), 629-652. https://doi.org/10.1177/0192513X10395113

Kirkovski, M., Enticott, P. G., & Fitzgerald, P. B. (2013). A review of the role of female gender in autism spectrum disorders. *Journal of Autism and Developmental Disorders, 43*(11), 2584-2603. https://doi.org/10.1007/s10803-013-1811-1

Kline, S. L., Horton, B., & Zhang, S. (2008). Communicating love: Comparisons between American and East Asian university students. *International Journal of Intercultural Relations, 32*(3), 200-214. https://doi.org/10.1016/j.ijintrel.2008.01.006

Kopp, S., & Gillberg, C. (1992). Girls with social deficits and learning problems: Autism, atypical Asperger syndrome or a variant of these conditions. *European Child & Adolescent Psychiatry, 1*(2), 89-99. https://doi.org/10.1007/BF02091791

Kreiser, N. L., & White, S. W. (2014). ASD in females: Are we overstating the gender difference in diagnosis?. *Clinical Child and Family Psychology Review, 17*(1), 67-84. https://doi.org/10.1007/s10567-013-0148-9

Lai, M.-C., & Baron-Cohen, S. (2015). Identifying the lost generation of adults with autism spectrum conditions. *The Lancet Psychiatry, 2*(11), 1013-1027. https://doi.org/10.1016/S2215-0366(15)00277-1

Lai, M.-C., & Szatmari, P. (2020). Sex and gender impacts on the behavioural presentation and recognition of autism. *Current Opinion in Psychiatry, 33*(2), 117-123. https://doi.org/10.1097/YCO.0000000000000575

Lai, M.-C., Lin, H.-Y., & Ameis, S. H. (2022). Towards equitable diagnoses for autism and attention-deficit/hyperactivity disorder across sexes and genders. *Current Opinion in Psychiatry, 35*(2), 90-100. https://doi.org/10.1097/YCO.0000000000000770

Mandy, W., Chilvers, R., Chowdhury, U., Salter, G., Seigal, A., & Skuse, D. (2012). Sex differences in autism spectrum disorder: Evidence from a large sample of children and adolescents. *Journal of Autism and Developmental Disorders, 42*(7), 1304-1313. https://doi.org/10.1007/s10803-011-1356-0

Mandy, W., Pellicano, L., St Pourcain, B., Skuse, D., & Heron, J. (2018). The development of autistic social traits across childhood and adolescence in males and females. *Journal of Child Psychology and Psychiatry, and Allied Disciplines, 59*(11), 1143-1151. https://doi.org/10.1111/jcpp.12913

Milton, D., & Sims, T. (2016). How is a sense of well-being and belonging constructed in the accounts of autistic adults?. *Disability & Society, 31*(4), 520-534. https://doi.org/10.1080/09687599.2016.1186529

Rutherford, M., McKenzie, K., Johnson, T., Catchpole, C., O'Hare, A., McClure, I., Forsyth, K., McCartney, D. & Murray, A. (2016). Gender ratio in a clinical population sample, age of diagnosis and duration of assessment in children and adults with autism spectrum disorder. *Autism: The International Journal of Research and Practice, 20*(5), 628-634. https://doi.org/10.1177/1362361315617879

Sedgewick, F., Hill, V., & Pellicano, E. (2019). 'It's different for girls': Gender differences in the friendships and conflict of autistic and neurotypical adolescents. *Autism,*

23(5), 1119-1132. https://doi.org/10.1177/1362361318794930

Sedgewick, F., Hill, V., Yates, R., Pickering, L., & Pellicano, E. (2016). Gender differences in the social motivation and friendship experiences of autistic and non-autistic adolescents. *Journal of Autism and Developmental Disorders, 46*, 1297-1306. https://doi.org/10.1007/s10803-015-2669-1

Shenhav, S., Campos, B., & Goldberg, W. A. (2017). Dating out is intercultural: Experience and perceived parent disapproval by ethnicity and immigrant generation. *Journal of Social and Personal Relationships, 34*(3), 397-422. https://doi.org/10.1177/0265407516640387

Shulman, C., Rice, C. E., Morrier, M. J., & Esler, A. (2020). The role of diagnostic instruments in dual and differential diagnosis in autism spectrum disorder across the lifespan. *Child and Adolescent Psychiatric Clinics of North America, 29*(2), 275-299. https://doi.org/10.1016/j.chc.2020.01.002

Stefanescu, A. (2019, June 19). *Dating manners across different cultures*. The School of Manners. www.theschoolofmanners.com/blog/datingmannersacrossdifferentcultures

Travis, L., Sigman, M., & Ruskin, E. (2001). Links between social understanding and social behavior in verbally able children with autism. *Journal of Autism and Developmental Disorders, 31*(2), 119-130. https://doi.org/10.1023/a:1010705912731

Young, H., Oreve, M.-J., & Speranza, M. (2018). Clinical characteristics and problems diagnosing autism spectrum disorder in girls. *Archives de Pédiatrie, 25*(6), 399-403. https://doi.org/10.1016/j.arcped.2018.06.008

Young, S., Hollingdale, J., Absoud, M., Bolton, P., Branney, P., Colley, W., Craze, E., Dave, M., Deeley, Q., Farrag, E., Gudjonsson, G., Hill, P., Liang, H.-L., Murphy, C., Mackintosh, P., Murin, M., O'Regan, F., Ougrin, D., Rios, P., Stover, N., Taylor, E., & Woodhouse, E. (2020). Guidance for identification and treatment of individuals with attention deficit/hyperactivity disorder and autism spectrum disorder based upon expert consensus. *BMC Medicine, 18*(1), 146. https://doi.org/10.1186/s12916-020-01585-y

제 5 장

반복적인 혹은 개인특유적인 행동

"저에게 이걸 허락하지 않는 것은 누군가에게 비-스테로이드성 소염제NSAID 계열의 진통제를 사용할 수 없다고 말하는 것과 같아요. 이게 저에게 즉각적인 문제는 아니기도 하고 가끔 다른 해결 방법도 있긴 하지만, 제 삶을 더 고통스럽게 만들 거예요."

–에스메랄다 B.Esmeralda B.

반복적인 혹은 개인특유적인 행동의 의미에 대해 흔히 사람들이 하는 생각

많은 사람이 자폐증의 반복적인 행동을 몸 흔들기, 팔 펄럭이기, 손 튕기기, 단어나 어구 반복하기와 연관 짓는다. 이는 대중 영화나 TV 프로그램에서의 자폐인 묘사 방식에서 비롯된 것일 수 있다. 예를 들어, 영화 〈레인맨Rain Man〉에서 더스틴 호프먼Dustin Hoffman이 연기한 레이먼드 배빗Raymond Babbitt은 대화 주제와 상관없이 "나는 훌륭한 운전사야"라는 말을 자주 반복한다. 톰 크루즈Tom Cruise가 연기한 인물이 레이먼드에게 "지금 저녁 먹으러 갈까?"라고 말하면 레이먼드는 "지금 저녁, 지금 저녁, 지금 저녁"이라는 말을 반복한다. 또한 레이먼드는 화가 나면 팔을 펄럭거리며 반복적으로 자신을 때리기도 한다.

마찬가지로 영화 〈길버트 그레이프What's Eating Gilbert Grape〉에서 레오나르도 디카프리오Leonardo DiCaprio가 연기한 아니 그레이프Arnie Grape는 손가락 튕기기, 특이한 자세, 반향어echolalia(방금 들은 단어나 구절을 반복하는 것)를 보여 주었다. 자폐증에 대한 더 최근의 묘사로는 드라마 〈**별나도 괜찮아**Atypical〉의 샘 가드너Sam Gardner가 있다. 샘은 화가 나면 몸을 앞뒤로 흔들면서 여러 펭귄의 종류를 반복적으로 말한다.

대중매체에서 이러한 행동들은 일반적으로 명백히 정상에서 벗어난 것으로 묘사되며, 흔히 개인의 통제를 완전히 벗어나 있고, 대부분 괴로울 때 발생한다고 그린다. 그러나 이 범주에 속하는 행동은 훨씬 더 다양하다.

반복적인 행동에는 실제로 무엇이 포함되는가

이 범주는 반복적이거나 개인특유적인 행동 모두를 의미한다. 여기에는 운동성의 움직임과 언어, 물건의 사용 등이 포함될 수 있다.

이 범주에 속하는 **움직임**에는 펄럭이기flapping, 손과 손가락 튕기기, 몸 흔들기, 앞뒤로 움직이기, 보폭 맞춰 걷기, 회전하기 등이 있다. 발끝으로 걷는 것은 약 3세 정도까지는 드물지 않지만 그 이후에는 일반적이지 않다. 반복적인 피부 뜯기는 많은 이가 자폐증과 연관 짓지 않지만 꽤 흔히 보이는 반복적인 행동이다. 예를 들어, 도나Donna는 최근 15세 청소년을 만났는데, 그의 팔은 지속적인 피부 뜯기로 인해 완전히 흉터가 남아 있었다. 대부분의 부모와 임상가는 지속적인 피부 뜯기가 불안과 관련되어 있다고 간주할 수 있으며, 실제로 그럴 수도 있다. 그러나 사회성의 문제라는 맥락에서 이는 반복적인 운동성 동작으로도 간주할 수 있다.

패턴화되고, 협응되며, 반사적이지 않고, 반복될 때마다 똑같은 방식으로 수행되는 다른 개인특유적인 행동도 있다. 예를 들어, 절대 변하지 않는 아주 특정한 방식으로 머리카락을 만지기가 있다. 반복적으로 머리를 박기 같은 리드미컬한 자해도 있다.

자폐증 경험에서 본 시선으로: 일반적이고 고유한 반복적인 동작

저자들은 자폐증 성인에게 그들의 반복적인 운동성 동작에 관해 질문했다. 일부는 다음과 같이 임상가에게 비교적 흔하고 놀랍지 않은 동작들이었다.

> 흔들기(많은 자폐인은 이 동작을 다른 사람이 없는 곳에서 사적으로 하므로 직접 물어야 한다). "저는 콧노래를 흥얼거리며 몸을 흔들고 팔을 펄럭거려요."
>
> —제시 P.Jesse P.

> 팔 펄럭이기(흔히 다른 사람이 없는 곳에서 사적으로) 혹은 기타 팔/손동작
> 피부 뜯기(때로는 통증이나 감염을 유발할 정도로)
> 지속적인 긁기(주로 두피를, 때로는 장시간 동안)
> 발가락이나 손가락을 서로 문지르기; 특정한 방식으로 손가락을 튕기거나 흔들기
> '쇄골 두드리기' '머리카락 꼬기' '귓불 문지르기' 등 다른 사람이 사진을 찍을 정도로 반복적인 신체 기반의 행동들
>
> —엘리너 R.Elinor R.

저자들은 최근에 자폐증 성인들에게 '자기-자극 행동'에 대해 이야기해 달라고 요청했다. 파비안 B.Fabian B.는 "치아 두드리기는 타격음과 촉각적 진동을 동시에 느낄 수 있게 해 주고, 머릿속에서는 느낄 수 있지만 다른 사람에게는 들리지 않는 소리라는 점에서 굉장한 자기-자극이에요"라고 적었다. C.P.는 다음과 같이 덧붙였다. "만들어 낸 리듬에 맞춰 턱 안쪽을 두드리는 건 제가 제일 좋아하는 동작 중 하나예요. 손을 긁거나 펄럭이는 것만큼 눈에 띄지 않기 때문에 공공장소에서도 자주 하죠." 그러자 오브리언 B.Aubrian B.는 맞장구를 쳤다. "맞아요!!! 어렸을 때부터 제가 끊임없이 했던 행동이에요—머릿속에 맴도는 노래의 리듬에 맞춰 치아를 두드리는 거죠."

이는 반복적인 행동에 대해 내담자 본인에게 직접 물어야 하는 이유를 다시 한 번 상기시켜 주는데, 이러한 행동이 미묘하고 다른 사람들의 눈에 띄지 않을 수 있기 때문이다. 또한 많은 내담자는 저자들에게 타인의 평가가 두려워서 반복적인 행동을 의도적으로 숨긴다는 이야기를 한 바 있다.

또한 개인에게 고유한 '자기-자극stims'(자기를 자극하는 행동) 역시 무수히 많다. 다음은 몇 가지 실제 사례이다.

> "저는 방 안을 일정한 패턴으로 둘러봐요. 눈을 세게 깜빡이기도 하고요."
>
> —제이드 L.-T. Jade L.-T.

> "저는 누워서 머리를 좌우로 힘차게 흔들어요."
>
> —에스메랄다 B. Esmeralda B.

> "저는 손뼉을 치고, 낄낄거리고, 심지어 점프도 하는데, '웃음이 많은 소녀'라는 고정관념 덕분에 문제가 되지 않았다고 확신해요."
>
> —분타리카 S. Boontarika S.

> "저는 건반을 누르거나 피아노를 치는 것처럼, 손가락을 일정한 패턴으로 움직이는 경향이 있어요. 엄지와 나머지 손가락을 1–5로 표시했을 때 1 2 3 4 5 | 5 4 3 2 1을 그때그때 편안한 박자로 치는 편이지만, 가끔은 1 | 1 2 1 | 1 2 3 2 1 식으로 치기도 하죠……."
>
> —알리야 B. Aaliyah B.

물건 사용은 반복적이거나 비전형적일 수 있다. 여기에는 장난감, 사탕 또는 기타 물체를 늘어놓거나 정리하는 행동, 반복적으로 문을 여닫거나 조명을 켜고 끄는 행동, 물건을 분해하는 행동(물건의 작동 원리를 이해하려는 욕구 없이), 특이한 방식으로 물건을 사용하는 행동 등이 포함될 수 있다. 또한 같은 책을 읽거나 같은 프로그램을 반복해서 시청하는 것도 포함될 수 있다. 분명히 말하지만 우리 중 많은 사람이 좋아하는 책을 여러 차례 읽은 적이 있다! 따라서 아이가 책이나 프로그램을 두세 번 읽거나 본다면 크게 문제 삼지 않을 것이나, 이를 계속해서 반복적으로 한다면 이는 반복적인 행동에 해당할 수 있다. 저자들은 또한 많은 자폐인으로부터 그들이 반복적으로 목록을 작성한다는 이야기를 들은 바 있다. 이는 단지 몇 가지 예시에 불과하며, 물체의 반복적인 사용은 무수히 많은 형태로 나타날 수 있다.

마티Marty는 '내가 좋아하는 것과 내가 생각하는 것'에 대한 방대한 목록을 작성한다고 보고했다. 그는 매일 저녁 목록을 작성하는 것에 대해 열정적으로 설명하며, 자신의 많은 목록에 대해 이야기하고 이를 보여 줄 때 매우 신이 났다. 마찬가지로 마리아Maria도 영화에 대한 많은 목록을 작성한다—좋아하는 영화, 싫어하는 영화, 캐릭터, 특정 줄거리 등.

퀸Quinn은 1학년 내내 매일 점심시간마다 학교 상담실에 가서 '수백 개의 포스트잇에 글자나 단어, 산수 등을 하나씩 써서 화이트보드에 붙이곤 했다. 그 메모들을 일정한 패턴으로 배열하고 혼잣말을 하면서 마음을 진정시켰다'.

반복적인/개인특유적인 목록 작성은 스프레드시트의 형태로도 나타날 수 있다. 예를 들어, 저자들이 아는 한 젊은 여성은 중세 군주에 관한 연극의 특정 측면에 대해 매우 상세한 스프레드시트를 작성하면서 스트레스를 해소한다.

말이나 언어는 개인특유적이거나 반복적일 수 있다. 개인특유적인 언어에는 대명사 반전(그/그녀/그것 또는 너/나를 혼동하는 것), 단어의 특이한 사용, 독특하거나 상상력이 풍부한 표현 방식 등의 특징이 포함될 수 있다. 또한 매우 형식적인 언어(예: '엄마' 대신 '모친'이라고 말하거나 '꼬마 교수님'처럼 말하기)로 나타날 수도 있다. 이러한 언어적 특징을 주의 깊게 살펴보는 것이 중요한데, 특히 평균 이상의 언어 능력, 놀라운 어휘력, 매우 정교한 언어 사용 능력을 가진 사람들에게는 이러한 특징이 영리하거나 재치 있는 것처럼 보일 수 있다. 누군가가 오다가다 귀여운 말장난을 하는 것은 전혀 이상한 일이 아니다. 더 주목해야 하는 것은 개인특유적인 단어를 **반복적으로** 만들어 내거나 혹은 사용하는 아동이다. 재미있고 유쾌하다고 해도 이는 여전히 중요한 요소이다.

조지George는 때때로 적절한 단어를 떠올리는 데 어려움을 겪는다. 그의 가족은 그의 창의성을 좋아했는데, '호텔'을 '방을 빌려 주는 가게'라고 부르는 등 그의 어휘를 자신들의 것으로 받아들이곤 했다.

노아Noah는 대부분의 성인보다 훨씬 뛰어난 어휘력을 가진 매우 영리한 중학교 1학년 학생이다. 노아는 시험 절차를 즐겼지만, 시간 제한이 있는 것을 좋아하지는 않았다. 제한 시간이 있는 시험을 마친 후에 다음 시험은 제한 시간이 없다는 말을 들은 노아는 안도하면서 "시한대회가 아니라서 정말 다행이에요!"라고 대답했다.

체이스Chase는 개에 관심이 많은 사랑스러운 4학년 학생이다. 플라스틱 공룡과 함께 놀면서 체이스는 아기 공룡을 '강아지사우루스'라고 부르기를 고집했다.

반복적인 말하기에는 반향어echolalia(방금 들은 단어나 구를 반복함) 또는 동어반복증palilalia(자신의 말을 반복하는 것)이 포함되지만, 더 미묘하게는 대화에서 좋아하는 단어나 구를 반복적으로 포함시키는 형태로 나타날 수 있다. 말더듬stuttering과 구별하는 것이 중요한데, 말더듬은 비유창성이 나타난 후에 이를 올바르게 발화하기 위해 거듭해서 말하는 것을 포함한다. 내담자나 부모가 말더듬의 병력을 보고하는 경우에 많은 사람이 반향어 또는 동어반복증을 말더듬과 혼동하기 때문에 실제 말더듬인지 확인하는 것이 중요하다.

언어가 아닌 반복적인 발성(즉, 단어가 포함되지 않은 발성)도 이 범주에 속한다. 예를 들어, 저자들은 수업 시간에 콧노래를 흥얼거리거나 다른 소리를 내는 학생에 대한 이야기를 흔히 듣게 된다. 교사와 임상가는 이러한 현상이 ADHD와 관련된 충동조절 능력의 부족(일종의 '입으로 하는 과잉행동')으로 인해 발생한다고 생각하는 경향이 있으며, 때로는 실제로 그러한 경우도 있다. ADHD 진단을 새로이 받은 학생이 수업 시간에 소란스럽다면 이는 올바른 결론일 수 있다. 그러나 ADHD가 원활히 치료되고 있고, 아이가 이제는 중학교 3학년이 되었는데도 여전히 수업 시간에 소란스럽게 군다면 이는 반복적이거나 특이한 언어의 경우일 가능성이 더 높다.

반복적인 말과 언어의 예

- 콧노래를 흥얼거리거나 혹은 다른 소음을 내는 경우, 가령 '설명하기 어려운 조용한 목구멍 소리' '목구멍 뒤쪽에서 빨아들이는 듯 들리지만 실은 온전히 입 뒤에서 내는 소리' '동물 소리' '때때로 비명을 지르는 소리'.
- 단어, 노래, 혹은 노래의 일부를 반복한다.
- 수십 년 동안 똑같은 노래 세 곡을 부른다.
- 오디오북을 들으면서 내레이터와 함께 특정 단어나 문구를 따라 읊조린다.
- 같은 질문을 하거나 같은 문구를 반복해서 말한다.
- 영화에 나오는 대사나 대화를 따라한다.
- 특정 질문에 대한 답변으로 책이나 기사의 한 구절을 그대로 암송한다. 이는 흔히 아이에게 사회적 상황을 다루기 위한 대본을 가르쳤을 때 발생한다.
- 처음에는 즉흥적으로 했던 말이나 질문을 그대로 반복한다. 이는 자폐인이 처음 질문을 했을 때 대화 상대와 강한 유대감을 느꼈고, 그 유대감을 다시 경험하고 싶어서 대화를 반복할 때 발생하기도 한다. 이 경우에 가족 구성원은 이전에 질문한 것에 대해 완전히, 완벽하게 답변해 주었음에도 불구하고 똑같은 질문을 반복해서 한다고 보고할 수 있다.

자폐증 경험에서 본 시선으로: 반복적인 행동의 다양한 목적

반복적인 행동은 때때로 바람직하지 않은 것으로 간주되며, 이러한 행동이 당사자를 괴롭히기 때문이 아니라 주변의 비-자폐인을 괴롭히기 때문에 이러한 행동을 줄이는 것을 치료의 목표로 삼는 경우가 너무나 많다. 위장Camouflaging과 마찬가지로, 반복적인 행동은 상황에 따라 도움이 될 수도, 문제가 될 수도, 중립적일 수도 있다. 상기 인용문에서 볼 수 있듯이, **자폐인은 반복을 위안이 되거나, 진정되거나 혹은 즐거운 것으로 경험하는 경우가 매우 많다.** 하지만 때때로 이들은 그 '올가미'에 고착되어 행동을 멈추기 어려워할 수 있다. 이처럼 '고착되는' 경향은 자폐증의 또 다른 일반적인 특성으로, 6장에서 논의된다.

우선은 반복적인 행동의 몇 가지 이점을 강조하고자 한다. 저자들의 조사에 참여한 자폐증 성인들은 이러한 행동의 다양한 목적과 이점에 대해 매우 명확하게 설명했으며, 대부분은 일반적으로 생각 또는 감정을 스스로 조절하고 압도된 느낌에 대처하는 데 도움이 되는 것으로 이해된다. 예를 들어, 다음과 같다.

스트레스 해소: "이건 스트레스를 해소하고 불안한 생각에 집중하지 않도록 도와줘요."

—레이첼 W.Rachel W.

진정: "이건 강렬하지만 깊은 진정 효과가 있어요. 저는 이걸 진통제처럼 취급해요. 약간의 위험이 따르기 때문에 필요시에도 많이 사용하지는 않지만, 사용하면 정말 도움이 되죠."

—에스메랄다 B.Esmeralda B.

집중력 향상: "이건 집중력과 자기조절을 돕고, 내 몸의 존재감을 느끼고, 사람들과 함께 앉아 있을 수 있도록 도와주죠."

—분타리카 S.Boontarika S.

압도감 완화: "제가 자기-자극을 주는 유일한 순간은 '너무 과잉 상태'일 때예요."

—홀리 G.Holly G.

감정 해소: "진정되고, 과도한 에너지를 방출하고, 감정을 표현할 수 있어요—많은 사람이 '행복할 때의 자기-자극'과 '스트레스나 슬플 때의 자기-자극'이 다른 경우가 많다고 언급해요."

—미코Miko

그냥: 마지막으로, 어떤 사람들은 '아무 이유 없이' 그렇게 한다고 보고한다. 엘르 J.Elle J.가 저자들에게 말한 것처럼, "그냥 하니까 하는 거예요."

❙ 자폐증 경험에서 본 시선으로: 자폐인이 멈추도록 것을 강요받았을 때의 여파

자폐인은 반복적이거나 개인특유적인 행동을 하지 못하게 되면(사회적 기대에 부응하기 위해 스스로 행동을 억제하는 경우를 포함하여) 막연한 불편함부터 불안/스트레스/과민함, 그리고 완전한 감정폭발에 이르기까지 다양한 부정적인 감정을 경험한다고 보고한다. 다음은 자폐증 성인들의 말을 인용한 것이다.

> "뭔가가 피부 위를 기어가는 것 같아요."
>
> —레이첼 W. Rachel W.

> "마치 움직이지 못하도록 제지당하거나 누군가 내 가슴에 앉아 숨을 제대로 쉬지 못하게 하는 것과 같아요. 정말 미칠 것 같죠."
>
> —제이드 L.-T. Jade L.-T.

> "무시당한 것 같고, 슬프고, 부끄럽고, 나쁜 의미로 다르다는 느낌이나 오해를 받는 것 같은 느낌이 들죠."
>
> —아시아투 라오인 Asiatu Lawoyin

> "절대 안 돼요! 감정폭발이 일어날 정도로 스트레스를 받을 거예요. 20분 이상 지속되는 심각한 감정폭발이 일어나고, 그 후에는 정서적 반응이 둔화되는 순환이 시작될 거예요."
>
> —홀리 G. Holly G.

> "마치 제 몸에 갇혀 있는 것처럼 얼어붙은 느낌이 와요. 온몸이 긴장되거나 멀리 있는 것처럼 느끼고, 더 이상 제가 제 몸에 속해 있지 않은 것 같아지죠. 그리고 모든 생각이 사라지고, 공허한 느낌이 들고요."
>
> —미코 Miko

"환경에 갇혀서 대 놓고 자기-자극을 하지 못하게 되면 와해될 위험이 있어요. 탈출은 필수이죠."

—제시 P.Jesse P.

"저에게는 참기 힘든 욕구예요. 초등학교 때 모든 사람이 자기-자극을 하는 것은 아니라는 걸 깨달았고, 저도 하지 않으려고 노력해야겠다고 생각했어요. 그 결과 시간이 지나면서 저는 목에서 나는 소리—아주 미묘한 소리—나 머릿속으로 노래를 부르는 것처럼 다른 사람이 알아차리지 못하는 자기-자극을 개발하게 됐죠."

—엘렌 J.Ellen J.

저자들은 반복적인 행동을 피하는 것이 어떤 영향을 미치는지 각 개인에게 물어볼 것을 강력히 권장한다. 또한 많은 자폐인이 부정적인 피드백으로 인해 선호하는 행동을 멈추는 방법을 배우기 때문에 어릴 때의 반복적인 행동에 대해 구체적으로 물어보기를 추천한다. 저스턴 J.Juston J.은 다음과 같이 말했다: "시간이 지나면서 저는 제 행동을 사회적으로 수용될 수 있도록 조정했어요. 예전에는 팔을 흔들면서 셔츠를 씹곤 했는데, 이제는 옆구리에서 주먹을 빠르게 쥐었다가 폈다가 하거나 눈썹 털을 뽑는 식으로요."

여아로부터 배운 점: 반복적인 행동

연구 결과는 명확하다. 여아는 보다 미묘한 방식으로 이 기준을 충족한다. 저자들의 경험에 따르면, 여아와 그 부모들은 이처럼 미묘한 반복적인 행동에 대해 자발적으로 언급하는 경우가 드물며, 여아는 일반적으로 수업, 치료 또는 평가 회기와 같이 구조화되고 시간이 제한된 상호작용 중에는 이러한 행동을 거의 하지 않는다. 따라서 단순히 주변 사람들에게 묻거나 반복적인 행동을 관찰하려고 하기보다는 당사자에게 이러한 가능성에 대해 물어보는 것이 매우 중요하다.

여아에게서 흔히 보이는 반복적인 움직임의 일반적인 예로는 앞뒤로 걷기, 놀이터나 마당 경계를 따라 걷기, 부엌의 식탁이나 소파 주위를 반복적으로 걷기, 춤추는 것처럼 보이는 반복적인 신체 동작이 있다. 이러한 행동은 펄럭이기와 같이 부모가 면담 중에 떠올릴 수 있는 종류의 행동이 아니다. 왜냐하면 이러한 행동은 똑같은 방식으로 눈에 띄지 않기 때문이다. 하지만 이 역시 반복적인 행동일 수 있다. 조세피나 E.Josefina E.는 다음과 같이 말하기도 했다: "저는 걷는 걸 좋아하는 사람이에요. 저는 그냥 3시간 동안 주방을 계속 걸어요. 몇 시간 동안 [식탁 주위를] 걷고, 걷고, 또 걷는 거예요."

자주 하는 질문(FAQ)

- **반복적인 행동이 나쁜가요?** 일반적으로는 그렇지 않다. 앞서 언급했듯이, 반복적인 행동은 상황에 따라 도움이 될 수도, 문제가 될 수도, 중립적일 수도 있다. 앞의 인용문에서 볼 수 있듯이, 자폐인에게 반복은 종종 위안, 진정, 즐거움을 제공한다. 하지만 때로는 '순환 고리loop'에 고착되어 행동을 멈추기가 어려울 수도 있다. 이 장의 앞부분에서 언급했듯이, 이처럼 '고착되는get stuck' 경향은 자폐증과 관련된 일부 증상 표현의 특징이 된다. 이 특징은 6장에서 더 자세히 다룬다. 즉, 반복적인 행동은 나쁜 것이 아님에도 사회적인 여파를 초래할 수 있으며, 특히 다른 사람이 보기에 예상치 못하는 방식으로 반복하거나 행동하는 이유를 이해받지 못할 경우에 더욱 그렇다. 많은 자폐인은 자신의 반복적인 행동이 이상하거나 부적절하다는 말을 들었고, 공공장소에서 이러한 행동을 하면 놀림을 받았다고 보고한다. 반복적인 행동의 소거는 개인의 정신건강에 미치는 영향과 무관하게 흔히 개입의 초점이 되곤 한다.
- **반복적인 행동이 상동증stereotypies이나 상동행동stereotyped behaviors과 동일한가요?** 그렇다. 그러나 스펙트럼 유무와 관계없이 많은 사람에게 상동적이라는 단어는 '사회적으로 바람직하지 않은' 혹은 '목적이 결여된' 행동을 의미한다. 저자들은

이 용어가 경멸을 담고 있으며, 시대에 뒤떨어지고, 부정확한 표현이라고 제안하며, 간단하게 반복적인 행동으로 표현하기를 선호한다.

- **반복적인 행동이 '자기-자극'과 동일한가요?** 자기-자극은 사람들이 다양한 방식으로 사용하는 비공식적인 용어이지만, 일반적으로 자폐증의 자기조절 방법을 의미한다. 저자들이 들어 본 자기-자극의 예시 대부분은 반복적인 행동 또는 감각적 갈망의 범주에 속하며, 이는 8장에서 논의할 것이다. 또한 명상, 심호흡, 자기-대화와 같이 자기-자극이 아닌 자기-조절법도 있다.
- **반복적이거나 개인특유적인 행동이 단지 특이한 것인지, 혹은 진단을 충족할 정도인지에 대한 기준이 무엇인가요?** 이는 여러 요인에 따라 달라진다. 얼마나 자주 발생하는지, 그 행동이 발달에 전형적인지(예: 유아는 흔히 몸 흔들기 행동을 보인다), 그 행동에 목적(들)이 있는지(예: 진정하기), 행동을 멈췄을 때 부정적인 결과가 있는지의 여부 등이다.
- **대본화된 언어가 의사소통 혹은 접촉을 위한 시도인 경우가 있는데, 어떤 이유로 상호호혜적인 상호작용과 관련된 장에 있지 않고 여기에 포함되었나요?** 대본화된 언어는 개인특유적인 반복 언어의 한 예이기 때문에 저자들이 이 장에 포함하게 되었다. 이는 또한 자폐인의 상호성을 나타내는 예시가 될 수 있는데, 다만 대화 상대가 무슨 일이 일어나고 있는지 이해하지 못해 상호적인 느낌이 제한된다는 측면에서 그렇다. 만약 어떤 사람이 특정한 대본을 반복적으로 사용한다면 저자들은 이를 여기에 포함할 것이다. 만약 어떤 사람이 다양한 대본을 자연스러운 대화로 활용하는 보다 큰 패턴을 가진 경우라면 저자들은 이를 상호성 영역에 포함할 것이다.
- **자폐적인 반복적인 행동, 틱, 강박행동의 차이점이 무엇인가요?** 때때로 구별이 어려울 때도 있지만, 일반적인 지침은 다음과 같다.

틱은 갑작스러운 움직임이나 발성을 일컫는다. 일반적으로 반복적이지만 리듬이 없다. 단순 운동 틱의 일반적인 예로는 눈 깜박임, 어깨 으쓱거림, 목 움직이기 등이 있으며, 음성 틱의 예로는 반복적인 목청 가다듬기, 코 킁킁거리기, 끙끙거리기, 기침하기 등이 있다.

복합 틱은 조금 더 복잡하다. 일반적으로 두 개 이상의 근육 집단이 협응하여 움직이는 동작이다. 복합 틱의 예로는 얼굴 찡그리기, 문맥에서 벗어난 단어나 구절 반복하기, 다른 사람의 말 따라 하기, 혀 움직이기, 목 펴기, 박수 치기 등이 있다.

강박행동은 항상 불안에 의해 촉발된다. 이 행동의 유일한 목적은 불안이나 긴장을 줄이는 것이다. 강박행동은 일례로 세균에 대한 불안에 따른 과도한 손 씻기와 같이 원치 않는 침투적 사고(어린아이는 강박사고를 말로 표현하지 못하는 경우가 많지만)와 관련된다면 강박장애OCD의 일환이 된다.

그렇다면 틱, 강박행동, 자폐적인 반복 행동은 어떻게 비슷한가? 이것들은 모두 반복적인 행동이며, 움직임, 말, 소리를 포함할 수 있다. 이것들은 모두 스트레스를 받을 때 더 빈번히 발생하며, 노력하면 어느 정도 조절될 수 있다.

이것들은 어떻게 다른가? 흔히 틱은 신체의 한쪽에서 일어나는 작은 움직임인 반면, 자폐적인 반복 행동은 더 크고 양쪽에서 나타나는 움직임인 경우가 많다. 틱을 경험하기 전에 불쾌한 예감이나 감각을 느끼고, 이것이 틱이 일어난 후에는 사라지는 경우가 많다고 보고된다(마치 당신에게 눈을 깜빡이지 말라고 했을 때 느낄 수 있는 감각과 유사하다). 틱은 일반적으로 리듬이나 패턴이 없지만, 반복적인 행동은 리드미컬할 수 있다. 틱은 결코 편안하거나 즐거운 것으로 묘사되지 않지만, 자폐적인 반복 행동은 이 두 가지 모두에 해당할 수 있다.

일반적으로 당사자에게 해당 행동의 의미와 목적을 물어보아 해당 행동의 기능을 고려하는 것이 도움이 된다. 해당 행동을 즐기는가, 아니면 하지 않으면 무언가 잘못된 느낌이 들어서 하는가? 그 행동을 하지 않아도 된다면 삶이 더 나아질 것인가? 혹은 할 수 없다면 더 나빠질 것인가? 자폐인은 일반적으로 반복적인 행동을 즐긴다고 보고하며, 그 행동을 하지 않으면 삶이 더 나빠지리라고 느낀다.

강박장애의 맥락에서 강박행동이란 불안을 해소하는 단일한 기능을 가진 원치 않는 행동이다. 반복적인 행동으로 확실히 불안을 해소할 수도 있지만, 긴장을 풀거나 즐거움을 경험할 수도 있다. 틱은 사실 어떤 목적이 있지 않고 반사작용에 가깝다. 물론 한 사람이 틱, 강박행동, 자폐적 행동을 동시에 가질 수 있으며, 이것들은 서로 배타적이지 않다.

- **반복적인 행동과 감각적 갈망 행동의 차이를 어떻게 구분할 수 있을까요?** 감각적 갈망 행동과 반복적인/개인특유적인 행동을 구별하기란 거의 불가능할 수도 있다. 이상적으로는 해당 행동이 어떤 기능을 수행하는지 당사자에게 물어보는 것이다. 만약 그 행동이 감각적 욕구를 충족시킨다고 보고된다면 감각적 차이로 분류할 수 있다. 대신에 만약 그 행동을 옳다고 느껴서 행동을 반복하고 싶은 욕구/필요성에 초점이 맞춰져 있거나, 혹은 당사자가 감각적인 측면을 발견하지 않는다면 이는 반복적인 행동으로 분류할 수 있다.

참고문헌 및 읽을거리

American Psychiatric Association. (2022). *Diagnostic and statistical manual of mental disorders* (5th ed., text rev.). https://doi.org/10.1176/appi.books.9780890425787

Duvall, S., Armstrong, K., Shahabuddin, A., Grantz, C., Fein, D., & Lord, C. (2021). A road map for identifying autism spectrum disorder: Recognizing and evaluating characteristics that should raise red or "pink" flags to guide accurate differential diagnosis. *The Clinical Neuropsychologist, 36*(5), 1-36. https://doi.org/10.1080/13854046.2021.1921276

Duvekot, J., van der Ende, J., Verhulst, F. C., Slappendel, G., van Daalen, E., Maras, A., & Greaves-Lord, K. (2017). Factors influencing the probability of a diagnosis of autism spectrum disorder in girls versus boys. *Autism: The International Journal of Research and Practice, 21*(6), 646-658. https://doi.org/10.1177/1362361316672178

Dworzynski, K., Ronald, A., Bolton, P., & Happé, F. (2012). How different are girls and boys above and below the diagnostic threshold for autism spectrum disorders. *Journal of the American Academy of Child and Adolescent Psychiatry, 51*(8), 788-797. https://doi.org/10.1016/j.jaac.2012.05.018

Hallström, L. (Dir.), & Blomquist, A. C. (Prod.). (1993). *What's eating Gilbert Grape*

[Film]. USA: Paramount Pictures.

Hull, L., Mandy, W., & Petrides, K. V. (2017). Behavioral and cognitive sex/gender differences in autism spectrum condition and typically developing males and females. *Autism: The International Journal of Research and Practice, 21*(6), 706-727. https://doi.org/10.1177/1362361316669087

Hull, L., Petrides, K. V., Allison, C., Smith, P., Baron-Cohen, S., Lai, M.-C., & Mandy, W. (2017). "Putting on my best normal": Social camouflaging in adults with autism spectrum conditions. *Journal of Autism and Developmental Disorders, 47*(8), 2519-2534. https://doi.org/10.1007/s10803-017-3166-5

Kaat, A. J., Shui, A. M., Ghods, S. S., Farmer, C. A., Esler, A. N., Thurm, A., Georgiades, S., Kanne, S. M., Lord, C., Kim, Y. S., & Bishop, S. L. (2021). Sex differences in scores on standardized measures of autism symptoms: A multisite integrative data analysis. *Journal of Child Psychology and Psychiatry, 62*(1), 97-106. https://doi.org/10.1111/jcpp.13242

Kirkovski, M., Enticott, P. G., & Fitzgerald, P. B. (2013). A review of the role of female gender in autism spectrum disorders. *Journal of Autism and Developmental Disorders, 43*(11), 2584-2603. https://doi.org/10.1007/s10803-013-1811-1

Kopp, S., & Gillberg, C. (1992). Girls with social deficits and learning problems: Autism, atypical Asperger syndrome or a variant of these conditions. *European Child & Adolescent Psychiatry, 1*(2), 89-99. https://doi.org/10.1007/BF02091791

Kreiser, N. L., & White, S. W. (2014). ASD in females: Are we overstating the gender difference in diagnosis?. *Clinical Child and Family Psychology Review, 17*(1), 67-84. https://doi.org/10.1007/s10567-013-0148-9

Lai, M.-C., Lin, H.-Y., & Ameis, S.H. (2022). Towards equitable diagnoses for autism and attention-deficit/hyperactivity disorder across sexes and genders. *Current Opinion in Psychiatry, 35*(2), 90-100. https://doi.org/10.1097/YCO.0000000000000770

Lai, M.-C., & Szatmari, P. (2020). Sex and gender impacts on the behavioural presentation and recognition of autism. *Current Opinion in Psychiatry, 33*(2), 117-123. https://doi.org/10.1097/YCO.0000000000000575

Levinson, B. (Dir.), Guber, P., Peters, C., & Peters, J. (Prods.). (1988). *Rain man* [Film]. United Artists.

Mandy, W., Chilvers, R., Chowdhury, U., Salter, G., Seigal, A., & Skuse, D. (2012). Sex differences in autism spectrum disorder: Evidence from a large sample of children and adolescents. *Journal of Autism and Developmental Disorders, 42*(7), 1304-1313. https://doi.org/10.1007/s10803-011-1356-0

McFayden, T. C., Antezana, L., Albright, J., Muskett, A., & Scarpa, A. (2020). Sex differences in an autism spectrum disorder diagnosis: Are restricted repetitive behaviors and interests the key?. *Review Journal of Autism and Developmental Disorders, 7*(2), 119-126. https://doi.org/10.1007/s40489-019-00183-w

Saville, J., & King, T. (Prods.). (2017-2021). *Atypical* [Television series]. Netflix.

Singer, H. S. (2013). Motor control, habits, complex motor stereotypies, and Tourette syndrome. *Annals of the New York Academy of Sciences, 1304*(1), 22-31. https://doi.org/10.1111/nyas.12281

Stephenson, K. G., Norris, M., & Butter, E. M. (2021). Sex-based differences in autism symptoms in a large, clinically referred sample of preschoolaged children with ASD. *Journal of Autism and Developmental Disorders. 53*(2), 624-632. https://doi.org/10.1007/s10803-020-04836-2

Tager-Flusberg, H., Rogers, S., Cooper, J., Landa, R., Lord, C., Paul, R., Rice, M., Stoel-Gammon, C., Wetherby, A., & Yoder, P. (2009). Defining spoken language benchmarks and selecting measures of expressive language development for young children with autism spectrum disorders. *Journal of Speech, Language, and Hearing Research, 52*(3), 643-652. https://doi.org/10.1044/1092-4388(2009/08-0136)

Tsirgiotis, J., Young, R., & Weber, N. (2021). Sex/gender differences in CARS2 and GARS-3 item scores: Evidence of phenotypic differences between males and females with ASD. *Journal of Autism and Developmental Disorders. 52*(9), 3958-3976. https://doi.org/10.1007/s10803-021-05286-0

Uljarević, M., Frazier, T. W., Jo, B., Billingham, W. D., Cooper, M. N., Youngstrom, E. A., Scahill, L., & Hardan, A. Y. (2022). Big data approach to characterize restricted and repetitive behaviors in autism. *Journal of the American Academy of Child & Adolescent Psychiatry, 61*(3), 446-457. https://doi.org/10.1016/j.jaac.2021.08.006

Young, H., Oreve, M.-J., & Speranza, M. (2018). Clinical characteristics and problems diagnosing autism spectrum disorder in girls. *Archives de Pédiatrie, 25*(6), 399-403. https://doi.org/10.1016/j.arcped.2018.06.008

Young, S., Hollingdale, J., Absoud, M., Bolton, P., Branney, P., Colley, W., Craze, E., Dave, M., Deeley, Q., Farrag, E., Gudjonsson, G., Hill, P., Liang, H.-L., Murphy, C., Mackintosh, P., Murin, M., O'Regan, F., Ougrin, D., Rios, P., Stover, N., Taylor, E., & Woodhouse, E. (2020). Guidance for identification and treatment of individuals with attention deficit/hyperactivity disorder and autism spectrum disorder based upon expert consensus. *BMC Medicine, 18*(1), 146. https://doi.org/10.1186/s12916-020-01585-y

제 6 장

융통성

"저는 루틴(규칙적인 일과)이 안전하고 효과적이라는 걸 알아서 루틴에 집착해요. 즉흥적인 일들은 마치 주사위를 굴리는 것과 같아서 솔직히 말하면 거의 항상 감정폭발로 이어져서 고통스러울 뿐만 아니라 인간관계에도 손해를 끼치죠. 루틴에서 벗어나는 것도 가능하고, 그것이 중요하거나 위험이 완화될 수 있다면 그렇게 하겠지만, 그러려면 실행기능과 감각적인 회복탄력성 자원이 많이 필요하기 때문에 그럴 만한 가치가 있어야 해요."

–피터 B. Peter B.

융통성 결여의 의미에 대해 흔히 사람들이 하는 생각

많은 임상가는 모든 자폐인이 엄격한 규칙적인 일과routine나 의례적 행동ritual을 가지고 있으며, 규칙적인 일과를 따르지 못하면 감정폭발을 겪는다고 생각한다. 마찬가지로 많은 임상가는 자폐인이 모든 상호작용과 삶의 영역에서 경직되어 있다고 생각한다. 저자들은 자주 "그가 자폐일 리가 없어요. 고정된 규칙적인 일과가 없는걸요." "그녀가 자폐일 리가 없어요. 그녀는 타인과의 관계에서 아주 융통성이 있거든요." "그가 자폐일 리가 없어요. 그는 이론적이거나 지적인 문제에 있어서 아주 유연한 사고를 할 수 있는데요"라는 말을 듣는다. 그러나 보다시피, 실제로 자폐증에는 다양한 유형의 융통성 결여가 동반될 수 있다.

이 장에서 설명하는 많은 행동과 특성은 비-자폐인의 불안 또는 강박장애를 나타내는 지표가 될 수 있다. 물론 자폐인에게도 불안이나 강박장애가 동반 진단될 수 있다.

융통성 결여의 징후를 고려할 때는 개인의 표현을 더 큰 맥락에서 반드시 고려해야 한다. 즉, 사회적 어려움의 맥락에서 융통성 결여는 자폐증의 가능성을 나타낼 수 있다. 그러나 외적 행동이나 내적 경험 면에서 사회적 어려움이 없다면 이러한 특징은 자폐증이 아닌 오직 불안이나 강박장애에 기인할 수 있다. 감별진단에 대한 자세한 내용은『자폐증인가요 II: 진단을 위한 동반 지침서』에서 자세히 논의하고 있다.

실제로 무엇이 포함되는가

일부 자폐인은 삶의 여러 측면에서 지속적으로 융통성이 부족하다. 하지만 많은 경우에 특정 상호작용과 삶의 영역에서 매우 융통성이 있는 반면에, 다른 영역에서는 상당히 융통성이 결여될 수 있다. 전반적인 융통성의 결여를 찾기보다는 다음과 같이 다양한 형태로 나타날 수 있는 고립된 경직성의 섬을 찾는 것이 도움이 될 수 있다.

규칙적인 일과와 의례적 행동

이는 매일의 규칙적인 일과를 정확히 동일한 순서/방식으로 수행하고자 하는 욕구나 주어진 활동에 대해 타인에게도 매번 같은 규칙적인 일과를 따르도록 요구하는 등의 형태로 나타날 수 있다. 저자들은 이러한 종류의 규칙적인 일과에 대한 수많은 사례를 들은 바 있다.

작은 변화에 대한 강한 반응

때때로 이것은 명확하고 쉽게 발견될 수 있다. 예를 들어, 도나Donna는 2년 전에 부모가 화장실을 다른 색으로 칠한 것에 대해 여전히 속상해 하면서 매일 불평하는

11세 아동과 함께 치료 작업을 한 적이 있다. 또한 도나는 어머니가 다른 헤어스타일을 하자 눈물을 터뜨리고 그 변화에 적응하는 데 몇 달이나 걸린 8세 아동과도 함께 치료 작업을 했다. 저자는 또한 부모가 학교에서 집으로 돌아오는 경로를 다르게 하면 감정폭발을 일으키는 아이들도 본 바 있다. 이러한 예시는 부모가 쉽게 알아차릴 수 있는 명백한 사례이다.

일부 다른 경우에는 문제가 그리 분명하지 않아서 부모나 교사가 패턴을 파악하기 위해서는 세심한 주의를 기울여야 하기도 한다. 예를 들어, 어떤 아동은 대체 교사나 대체 버스 기사가 있거나, 계획이 갑자기 변경되거나, 교사가 새로운 수업 주제로 전환하거나(예: 곱셈에서 나눗셈으로 전환하는 것), 평소와 다른 제조업체에서 만든 마카로니 치즈 같은 음식을 먹을 때마다 매우 힘든 하루를 보낼 수 있다.

특히 식단이 매우 제한적이거나 매일 같은 옷을 입는 사람들은 융통성의 결여로 인해 변화에 어려움을 겪을 수 있지만, 그 어려움이 감각 문제로 더 잘 설명되지 않는지 확인하는 것이 중요하다. 만약 후자가 융통성 결여의 근본 원인이라면 이 문제는 감각적 기준에 따라 분류하는 것이 보다 적절할 것이다.

니코Nico는 5학년 내내 매일 아침마다 교실에 들어가자마자 일과표를 살펴보며 변동 사항이나 예상치 못한 변경 사항이 있는지를 확인했다. 그렇게 한 후에야 그는 제대로 하루를 시작할 수 있었다.

라일리Riley는 매주 화요일에 있는 바이올린 수업을 고대했다. 그러던 어느 주에 바이올린 선생님이 월요일에 대신 수업을 해야 하는 날이 있었다. 일요일 저녁에 어머니가 무심코 이 사실을 언급하자 라일리는 완전히 감정폭발해서 소리쳤다. "바이올린 레슨은 화요일에 하는 거잖아요!"

아드리안Adrian은 아버지가 다른 방식으로 수학 문제를 푸는 것을 보여 주려고 하자 매우 좌절했다. 아버지의 방법이 더 쉬웠음에도 불구하고, 아드리안은 시험에서 틀리거나 선생님께 혼날까 봐가 아니라 진심으로 처음 배운 방식이 유일한 방법이라고 생각했기 때문에 선생님이 보여준 방식대로만 할 수 있다고 강력하게 느꼈다.

전환transitions에 대처하기 어려움

이는 자폐인이 선호하는 활동, 예를 들면 비디오 게임을 하는 것에서 벗어나서 숙제와 같은 비선호 활동을 시작해야 할 때 가장 두드러지게 나타난다. 그러나 학교에서 과목 간 이동과 같이 스트레스가 덜한 전환에서도 발생할 수 있다.

사라Sarah는 그녀의 아들 중 한 명이 승마 수업을 받으러 가는 길에 항상 감정폭발meltdown을 일으키곤 했으나, 일단 승마장에 도착하면 완전히 몰입해서 수업을 좋아했던 것을 기억한다. 매주 감정폭발에 대처하면서도 승마를 하며 즐거워하는 아들의 모습을 관찰하던 사라는 마침내 아들이 말을 무서워하거나 수업에 저항하는 것이 아니라는 사실을 깨달았다. 아들은 단순히 집에서 마구간으로 전환하는 과정에 적응하는 데 어려움을 겪고 있었을 뿐이었다.

몇몇 자폐인은 **자폐적 관성**autistic inertia에 대해 이야기하는데, 이는 어떤 일을 시작하기 어렵거나 한 번 시작한 일을 멈추기 어려운 상황을 의미한다. 최근 카렌 리네버클Karen Leneh Buckle 등이 관련 연구를 활발히 진행 중이다. 스트레스를 받거나, 과부하가 걸리거나, 피곤하면 **자폐성 관성**을 다루기가 더 어렵다.

때때로 다가오는 변화를 미리미리 여러 번 알리거나 전환을 위한 추가 시간을 충분히 허용하는 부모는 자녀가 이러한 전환의 어려움에 자연스럽게 적응했다는 것을 깨닫지 못하기도 한다.

메이슨Mason은 대체로 학교생활을 즐기는 성실한 학생이었다. 하지만 매년 새로운 선생님과 새로운 규칙적인 일과routine에 적응하기가 어려웠다. 메이슨은 최선을 다했지만 자주 "이전 선생님은 그렇게 안 했어요"라고 말하곤 했다. 게다가 메이슨은 매주 월요일 아침과 금요일 오후마다 학교에 가는 날과 학교에 가지 않는 날 간의 전환에서 방향을 잃는 느낌을 경험했기 때문에 지속적으로 과민성을 보였다.

흑백 사고Black-and-white thinking

자폐인은 때때로 아이디어, 활동 또는 사람에 대해 중간이 없이 '전부 아니면 전무

all-or-none'로 생각할 수 있다. '회색' 지대에 대한 이해를 요하는 상황은 매우 많기에 이러한 유형의 경직성은 대인관계 갈등을 증가시킬 수 있다.

흑백 사고는 심지어 감자튀김까지 포함하여 어떤 것에 대해서든 발생할 수 있다! 매트Matt는 어릴 때부터 감자튀김을 좋아했다[누구나 그렇지 않은가?]. 하지만 매트는 5세 때 으깬 감자를 맛본 후에 그 식감에 거부감을 느꼈다. 그날 이후로 매트는 그의 말에 따르면, "난 감자를 싫어한다"는 이유로 감자튀김이나 감자칩을 비롯한 모든 감자를 먹지 않게 되었다. 감자에 대한 그의 흑백 사고가 감자튀김에 대한 애정보다 더 강했던 것이다.

저자들이 봤던 한 가지 예시는 교사에 대한 아동의 인식과 관련이 있다. 일부 자폐증 아동은 특정 선생님을 매우 좋아하거나 싫어할 수 있다. 아이가 선생님을 편안하게 느끼면 그 수업에서는 '켜짐'(즉, 순응적이고 체계적이며 성실한) 상태가 될 수 있다. 그러나 교사가 편안하지 않다면 '꺼짐'으로 전환될 수 있다. 이 경우에 과목에 관계없이 혹은 선생님이 아무리 훌륭할지라도, 아동은 그저 그 수업에 참여하지 않을 수 있다.

잭Jack은 변화나 전환에 특별한 어려움을 겪지 않았고, 엄격한 규칙적인 일과나 의례적 행동을 보이지도 않았다. 그러나 잭은 항상 상당한 흑백 논리적으로 생각해서 사소한 (인지된) 잘못도 그냥 넘어가지 못했고, "몇 년 전의 잘못도 마치 방금 일어난 일처럼 느낀다"고 한다. 예를 들어, 중학교 때와 고등학교 때 잭은 특정 선생님들에게 화가 나서 그 선생님들의 수업에서 아무것도 하지 않고, 어떤 식으로든 상호작용하지 않았다. 한 선생님에게는 너무 화가 나서 다시는 그 선생님과 말을 섞지 않기도 했다.

때때로 저자들은 동생과 관련된 흑백 사고를 관찰하기도 한다. 부모에게는 매우 실망스럽게도 일부 자폐인 아동은 특정 형제를 '나쁜' 범주에 넣고, 그들과의 시간을 즐기지도, 그들을 조금의 긍정적인 시각으로도 바라보지 못하는 듯이 보인다. 이는 일반적인 형제자매 간의 경쟁의식을 훨씬 뛰어넘는 문제이다.

안타깝게도, 일부 자폐인은 자신에 대해서도 흑백 논리에 빠진 채 너무나 자주 모든 상황을 부정적인 방향으로만 해석하는 경향이 있다. 이러한 사람들은 아주 어릴 때부터 자신에 대해 매우 부정적인 생각을 할 수 있다. 예를 들어, 저자들은 미취학 아동과 초등학교 저학년 아동이 "나는 세상에서 가장 멍청한 아이야" "나는 끔찍해" "나는 살아갈 자격이 없어"라고 생각하고 말하는 모습을 본 적이 있다. 이처럼 극단적인 생각은 선을 벗어나 색을 칠하거나 철자 오류를 범하는 등 지극히 일반적인 경험에 대한 반응인 경우가 많다. 이러한 유형의 흑백 사고는 특히 고정된 사고방식(예: "나는 수학을 못해" 또는 "나는 글을 못 써")을 갖게 하고 궁극적으로 불안 또는 우울을 경험할 위험을 특히 높인다.

독불장군식의 내 방식대로 대처하기

일부 자폐인은 타인과의 상호작용에서 융통성의 결여를 명백하게 드러낼 수 있다. 어린 아이들의 경우에 놀이에서 자신이 주도권을 잡고 어떤 게임을 할지, 각 아이가 어떤 역할을 맡을지, 규칙은 무엇인지 등을 결정하는 상황에서 이런 모습을 보일 수 있다. 때때로 이로 인해 다른 아이들과 갈등을 일으키기도 하지만, 항상 그런 것은 아니다. 저자들은 어린 시절에 놀이에 대한 명확한 계획을 세우고 주도권을 잡기 때문에 리더로 여기는 자폐인 아동들을 본 적이 있다. 하지만 이것이 항상 지속되는 것은 아니다. 초등학교 중반이 되면 이런 아이들은 통제권을 공유하고 융통성을 발휘하는 데 어려움을 겪기 때문에 리더로서의 지위를 잃는 경우가 많다.

물론 이러한 유형의 융통성 결여가 부모나 교사를 향할 때는 반항으로 보일 수 있다. 가정과 학교 모두에서 융통성의 결여를 보이는 아이들도 있지만, 많은 아이는 '지킬 박사와 하이드'와 같은 모습을 보인다. 학교에서는 엄격한 규칙을 따르지만 집에서는 상당히 도전적이거나, 학교에서는 구조에 적응하지 못하지만 집에서는 잘하는 아이일 수 있으며, 특히 부모가 그들에게 매우 융통성 있는 경우에는 더욱 그렇다. 이처럼 융통성 없는 아동의 부모는 흔히 자신이 항상 살얼음판을 걷는 것 같다고 느끼기도 하고, 특히 아이가 선호하거나 기대하는 활동이 거절당하거나 안 된다는 말을 들으면 극단적인 반응을 보이는 경우에 아이가 가정을 지배하는 것 같다고 보고한다.

생각에 '고착되기stuck'

저자들은 다양한 맥락에서 부모로부터 다음과 같은 말을 듣게 된다: "상황에 대한 아이의 해석을 바꾸는 건 불가능해요." "아이의 마음을 바꾸기가 너무 어려워요." "제 아이는 항상 [뭔가가] 특정한 방식으로만 되기를 원해요." "제 아이는 자기 생각의 과정과 해야 할 말을 하는 방식이 너무 경직되어 있어요." "제 아이는 일을 그냥 내버려두질 못해요." "제 아이는 불복종에 가까울 정도로 자기 관점에 너무 집착해요." "제 아이는 머릿속에 비전을 가지고 있는데, 그 비전에서 벗어나서 이야기하질 못해요."

이러한 '고착'은 외현화되어 반항적인 행동이나 대인관계에서 갈등을 초래할 수 있으며, 내면화되어 '생각의 고리'(즉, 반복적인 생각이나 반추)를 형성하여 벗어나기가 매우 어려워 질 수 있다. 어느 쪽이든 경직성의 징후는 학업, 사회, 정서, 행동적 기능에 영향을 미칠 수 있다.

매우 강력한 도덕적 나침반

2010년대 후반부터 2020년대 초반까지 미국에서는 사람들이 정치 및 사회 정의 문제에 대해 더욱 극단적으로 생각하게 되었고, 이에 강한 도덕적 신념을 갖는 것이 문화의 일부가 되었기 때문에 이 문제는 다소 복잡해졌다. 그러나 저자들은 이러한 패턴(즉, 개인이 사회 정의 문제나 일반적인 공정성 문제에 대해 매우 강한 감정을 갖는 경우)을 현재 상황보다 훨씬 이전부터 관찰한 바 있다.

> 자미카Jamika는 컨퍼런스에서 맘타Mamta를 처음 만났을 때 서로가 자폐인임을 금방 깨달았다. 이야기를 나누던 두 사람은 공통된 경험 중 하나에 놀라움을 느꼈다. 두 사람은 고등학교 시절에 시험을 보던 중 우연히 다른 학생의 답안을 보게 되면 실수로라도 부정행위를 저지를 가능성을 피하기 위해 일부러 오답을 쓰곤 했다고 회상했다.

엄격한 규칙 준수

엄격한 규칙을 따르는 사람은 종종 모범적인 학생이나 직원으로 간주되어 평가나

치료 장면에 오게 될 가능성이 낮기 때문에 이 유형은 발견하기 어려울 수 있다. 이들은 흔히 불안, 우울, 완벽주의와 같은 다른 이유로 의뢰되는 경우가 많다. 실제로 이러한 아동에 대해 어른들은 '세상에서 가장 순한 아이' '모든 선생님의 꿈' '이웃이 초대하고 싶은 아이'라고 표현하는 경우가 많은데, 이들이 규칙을 잘 따르고 다른 사람이 규칙을 어길 때 어른에게 알려 주기 때문이다. 그러나 아이의 발달력을 살펴볼 때 "이 아이는 선생님이 가장 좋아하는 아이입니다." "이 아이는 모범생입니다." "이 아이는 훈육이 전혀 필요 없는 아이입니다"와 같은 말을 듣는다면 엄격한 규칙을 따르는 아이일 가능성이 높다.

엄격한 규칙 준수는 어린 시절에 선 밖으로 색칠하기를 거부하거나 실수로 색칠을 할 경우에 자기 자신에게 화를 내는 아이로 보일 수 있다. 초등학생의 경우에는 보드게임을 할 때 재미 삼아 규칙을 바꾸지 못하는 아이로 보일 수 있다(예: "주사위를 두 번 굴리면 한 턴 쉬는 걸로 게임 방식을 바꾸자!"). 아이들이 나이가 들면서 규칙을 엄격하게 따르는 행동은 '감시'로 표현되고, 규칙을 사정에 맞게 바꾸는 것과 규칙을 어기는 것 사이의 미묘한 차이와 그것이 괜찮을 수 있는 이유를 더 일반적이고 융통성 있게 이해하는 또래 친구들로부터 소외당할 수 있다. 저자들은 욕설을 뱉는 다른 아이에게 화를 내거나 고자질을 해서 놀림이나 따돌림을 당하는 아동을 여러 명 보았고, 한 번이라도 욕을 한 사람과 친구가 될 수 없다고 생각하는 한 대학생도 보았다.

이들 중 상당수는 본인도 규칙을 엄격하게 따르고 다른 사람들도 똑같이 행동하기를 기대하지만, 일부는 자기 자신이 규칙을 어기면 신경 쓰지 않으면서 다른 사람이 규칙을 어기면 극도로 화를 낸다. 또한 횡단보도에서 한 치도 벗어나지 않는 것과 같이 일부 규칙에 대해서는 엄격하지만, 저녁 식사 직전에 과자를 먹지 않는 것과 같은 다른 규칙에 대해서는 매우 유연할 수도 있다.

경직된 규칙 준수의 또 다른 흔한 예는 모든 일에 정확히 시간을 지켜야 한다는 생각이다. 예를 들어, 사라Sarah는 현재 부모가 약속 시간에 1분이라도 늦는다고 생각하면 매우 스트레스를 받고, 부모가 정시에 집을 나서지 않는다고 생각하면 잔소리를 하는 내담자와 치료적 작업을 하고 있다.

알렉스Alex는 매우 똑똑하고 성실한 12세 소년으로, 항상 훌륭한 행동으로 선생님과 다른 어른들의 사랑을 한 몸에 받았다. 어느 날 알렉스는 어머니, 아버지, 여동생과 함께 차에 타고 있었다. 어머니는 급하게 물건을 맡겨야 했는데 주차할 곳이 없어서 아버지가 장애인 주차 공간에 차를 세우고 어머니를 내리게 했다. 아버지와 두 아이는 시동을 켠 채 차 안에 남아 있었고, 어머니는 1분도 채 지나지 않아 차에서 내렸다. 하지만 평소 매우 침착했던 알렉스는 아버지가 장애인 구역에 주차해서는 안 되는 상황이라는 이유로 전적인 감정폭발을 보였다. 그는 아버지의 행동이 문자 그대로의 법은 아니더라도 규칙의 취지에는 부합한다는 사실을 전혀 이해할 수 없었다.

문자 그대로의 해석

많은 임상가는 자폐인이 구체적이거나 문자 그대로 해석할 수 있다는 것을 알고 있지만, 이것이 경직성의 한 측면으로 간주된다는 사실에 놀라기도 한다. 문자 그대로 해석하는 것은 맥락을 활용하여 융통성 있고, 따라서 정확하게 언어를 해석하는 데 어려움을 겪게 하기 때문에 이 범주에 포함된다. 비유적 또는 문자 그대로가 아닌 언어를 이해하려면 발화된 단어가 평소와 다른 의미를 가지고 있다는 것을 인식해야 하며, 이를 위해서는 융통성 있는 해석이 필요하다. 언젠가 도나Donna는 당시 10세 정도였던 아들과 함께 스쿨버스 정류장에서 집으로 걸어가고 있었다. 아들이 걷기 시작하자 도나는 "무슨 일 있어?"라고 물었다. 유감스럽게도 아들은 주위를 둘러보더니 (진지하게) "엄마 팔이 움직이고 있죠"라고 대답했다.

부모로부터 이와 같은 사례를 많이 듣지만, 모두가 재미있는 것은 아니다. 이러한 유형의 융통성 결여는 심각한 의사소통 문제를 일으킬 수 있다. 도나는 최근에 매우 착하고 성실한 중학교 2학년 학생을 치료했는데, 그 학생은 부모와 자주 싸웠다. 부모가 해야 할 집안일을 몇 가지 시켰다가 나중에 하나가 더 떠올라 추가하려고 하면 아이는 평소와 달리 화를 내면서 부모가 자신에게 시킬 집안일이 얼마나 많은지에 대해 거짓말을 했다고 비난하곤 했다.

자스민Jasmine은 IQ 140이 훌쩍 넘는 영리한 26세 여성으로, 아버지의 회사에서 행정 지원 담당자로서 능력에 비해 낮은 수준의 업무를 하고 있었다. 어느 날 동료인 짐Jim이 그녀에게 스프레드시트를 만들어 달라고 부탁하면서 프로젝트에 필요한 세부 사항을 알려 주었다. 자스민은 짐이 요청한 모든 내용을 포함하여 훌륭한 스프레드시트를 만들었고, 그리고 다시 정규 업무를 재개했다. 그녀는 짐의 요청 내에 그녀가 작업을 끝냈음을 알리고 완성된 스프레드시트를 보내 달라는 뜻이 담겨 있다는 것을 한 번도 생각해 본 적이 없었다. 그녀는 요청대로 정확히 스프레드시트를 만들었을 뿐이다. 자스민은 매일 이런 실수를 반복했다. 매우 높은 IQ와 훌륭한 직업윤리에도 불구하고, 지속적인 감독과 설명이 없으면 직장에서 제대로 업무를 수행하기가 불가능하지는 않을지라도 매우 어려웠다.

특히 이는 여러 기준에 부호화될 수 있는 좋은 예시가 되는데, 자스민이 관점 취하기가 부족하다는 점도 보여 주기 때문이다. 그러나 하나의 예시가 두 가지 이상의 기준을 충족한다고 해서 사용되어서는 안 되고, 때로 임상가는 예시가 가장 적합한 기준이 무엇일지 판단해야 할 때도 있다. 저자들은 책 『자폐증인가요 II: 진단을 위한 동반 지침서』에서 이에 관해 논의하였다.

도나는 이러한 언어의 융통성 없는 해석 때문에 평가 회기에서 매우 조심해야 한다는 것을 배웠다. 예를 들어, "이 평가에는 5분 정도가 소요됩니다"라고 말하면, 어떤 아이들은 시계를 보고 정확히 5분이 되면 작업을 멈추거나 그녀가 자신들에게 "거짓말을 했다"라면서 짜증을 내기도 한다. 또한 그녀는 평가 회기를 정시에 정확히 끝내거나, 필요하다면 다만 몇 분에 불과하다고 해도 시간을 초과하는 것에 대해 허락을 구하는 것이 중요하다는 것을 알게 되었다.

이러한 경직성의 측면은 유머, 특히 풍자나 웃지 않고 말하는 유머에 영향을 미칠 수 있다. 분명히 말하지만 자폐인은 유머 감각이 뛰어날 수 있으며, 실제로 저자들이 아는 가장 재치 있는 사람들 중 일부는 자폐인이다! 그러나 일부 자폐인은 타인의 비꼬는 말을 잘 알아듣지 못할 수 있다. 이는 우리가 비꼬는 말을 할 때면 실제로는 진의와 반대되는 말을 하기 때문에("아, 당신은 정말이지 우리보다 훨씬 똑똑하네요.") 다른 방식으로 단어를 해석하는 자발적이고 융통성 있는 능력이 필요하다. 또한 3장에서 설명한 바와 같이 운율의 변화를 감지하는 것도 필요하다.

특정 물건을 버리기 거부함

여기서 말하는 것은 단순히 지저분한 방이 아니다. 저자들은 종이 접시, 플라스틱 포크, 병뚜껑, 휴지 상자, 닳은 연필, 오래된 종이 조각 등 쓸모없는 물건을 버리기를 단호히 거부하는 것에 대해 이야기하는 것이다. 부모는 흔히 이를 강박적이거나, 지저분하거나, 수집품이 많다고 표현한다.

특이한 관심으로 간주될 수 있는 특이한 물건 혹은 물건의 일부에 대한 특별한 흥미와 이것을 구별하는 것이 중요하다. 이는 또한 반복적이거나 비전형적인 행동으로 간주될 수 있는 물건의 특이한 **사용**과도 다르다.

21세의 로버트Robert는 친구가 선물한 병을 보물처럼 여겼다. 그의 부모는 "걔는 이상할 정도로 그 병에 집착해요"라고 말했다.

행동의 이면에 있는 근본적인 이유를 살펴보는 것이 얼마나 중요한지 설명하기 위해 휴대전화에 매우 관심이 많은 다양한 프로파일의 아이들을 살펴보자.

- 새미Sammy는 휴대전화를 반복적으로 분해하는 데 특히 관심이 있으며, 이는 반복적이거나 비전형적인 행동에 해당한다.
- 에단Ethan은 매년 새 휴대전화를 받지만(에단은 행운아이다!) 오래된 것을 버리기를 거부하고 몇 년 동안이나 쌓아 두어 융통성의 결여를 드러낸다.
- 에이든Aiden은 특히 사람들의 휴대전화 크기에 관심이 많은데, 이는 비전형적인 흥미에 해당한다.
- 감각과 관련된 흥미로운 예시를 추가하자면, 아만다Amanda는 한 번씩 휴대전화를 눈에 매우 가까이 대고 몇 분씩 들여다본다. 이는 감각적 갈망에 해당한다.

자폐증 경험에서 본 시선으로: 융통성 결여

"어제 제가 몇 년 동안 먹던 피자 가게에서 소스를 조금 바꿨어요. 전 그걸 감당할 수 없어서 밤새 스트레스를 받았답니다."

—오드리안 F.Audrian F.

"저는 일정에 관해서는 규칙적인 일과를 엄격하게 설정하지는 않지만, 특정 활동에 관해서는 엄격한 규칙이 있어요. 샤워하는 순서부터 몸을 말리는 방법까지 매번 똑같죠. 음식을 먹을 때에도 일정한 순서대로 먹어야 해요. M&M이나 스키틀즈 같은 작은 사탕은 짝수로 먹어야 하고, 같은 색깔끼리 먹어야 하고요."

—달시 D.Darci D.

"저는 규칙의 융통성에도 어려움을 겪어요. 그 규칙이 명시적이든 묵시적이든, 공식적이든 비공식적이든……. 실제로 정해진 규칙에서 벗어나는 건 저를 정말 짜증나게 해요."

—엘리스 A.Elise A.

"한번은 아내가 거실에 있는 동안에 저는 집의 사무실에서 일을 하고 있었어요. 아내는 갑자기 가구를 재배치하고 싶어서 모든 가구를 뒤섞어 놨죠. 아내가 작업을 마치고 거실에 갔을 때 저는 불안해서 눈물이 나기 시작했어요. 왜 그 일이 저를 그렇게 자극했는지 알 수는 없지만, 저는 그걸 감당할 수가 없었어요."

—알렉시스 H.Alexys H.

"저는 규칙을 어기는 것에 대해 지나치게 과민하게 반응해요. 어릴 때 자전거를 탈 때 주변에 아무도 없어도 모든 수신호를 꼭 하려고 신경을 썼던 기억이 나요. 다른 사람들이 수신호를 하지 않고 자전거를 타는 걸 보면 짜증이 나곤 했죠. 최악의 상황은 누군가 나에게 지시나 규칙을 제시했는데 다른 사람들이 그것을 어기고, 원래 규칙을 만든 사람이 그 규칙이 중요하지 않다고 말하는 경우예요."

—드류 R.Drew R.

"제 가면 쓰기의 큰 부분은 상황이 바뀌거나 제 뜻대로 되지 않을 때 괜찮은 척하는 것이라고 생각해요. 제가 일을 처리하거나 제 방식대로 해 달라고 요구하면 사람들은 저를 까다롭고 같이 살기 힘든 사람으로 생각한다는 걸 배웠거든요."

—샬롯 R. Charlotte R.

❙ 자폐증 경험에서 본 시선으로: 동일성에 대한 선호/필요성의 이유

많은 자폐증 청소년과 성인이 예측 가능성과 동일성에 대한 강한 선호 또는 실제적인 필요성에 대해 매우 논리적인 이유를 설명해 왔다. 다음은 그 설명 중 일부이다.

"저는 실행기능 자원이 정말 제한되어 있어요. 휴식을 취하면 문제없이 의사결정을 내릴 수 있지만, 저는 신경-전형적인 사람들보다 훨씬 빨리 그 자원이 고갈돼요. 피곤해지고, 그래서 압도당하고, 무엇을 해야 할지, 어떻게 해야 할지 도무지 생각이 나지 않게 되는 식이죠. 저는 업무와 같이 중요한 일을 위해 그 자원을 아껴야 하기 때문에 점심 식사로 뭘 먹을지처럼 그다지 중요치 않은 일에는 사용하지 않으려고 노력해요. 그래서 거의 매일 점심으로 똑같은 음식을 먹어요……."

—피터 B. Peter B.

"저는 예측 가능한 일을 할 때 더 잘 기능하는 편이에요. 저는 서브웨이보다는 맥도날드에 가는데, 그 이유는 제가 무엇을 말해야 하는지 미리 정확하게 알고 있기 때문이죠. 서브웨이에서는 계속 질문을 해서 예상치 못한 질문에 당황하게 되거든요. 치킨이 들어간 풋롱 사이즈 롤을 주문하면 어떤 종류의 빵을 원하는지, 구운 것을 원하는지 물어보죠. 모든 선택지가 무엇인지 미리 알고 있으면 준비할 수 있지만, 예상치 못한 선택은 어려워요."

—드류 R. Drew R.

"규칙적인 일과가 바뀔 때 제가 너무 경직된 사람이라서 당황하는 게 아니에요. 준비할 시간도 없이 무언가에 들어가게 되니까 당황하는 거죠. 어떤 일들은 제가 상호작용을 준비하는 데 필요한 시간이 적어서 꽤 융통성 있게 대처할 수 있어요. 예를 들어, 친구가 저녁을 같이 먹자고 하면 그 친구가 대체로 어떤 식당을 좋아하는지, 그리고 제가 거기서 뭘 먹고 싶은지 알고 있기 때문에 괜찮아요. 하지만 어떤 경우에는 제게 무엇이 기대되는지 무엇인지 파악하는 데 더 많은 시간이 걸리기 때문에 막판에 변경 사항이 생기면 정말 당황스러워요. 예를 들어, 상사가 하루 일정을 변경하면 저는 저에게 기대되는 사항과 이를 실행할 방법을 생각할 시간이 없기 때문에 패닉에 빠지게 되죠."

—알릭스 L. Alix L.

"세상의 많은 부분이 이미 스트레스로 가득 차 있고, 이를 운영하기 어려운 상황에서 저는 제가 알고 있고 이해하는 것에서 위안을 얻곤 해요. 변화는 특히 이미 스트레스를 받고 있을 때, 그리고 특히 제가 위안을 얻는 것들에 영향을 미치는 변화일 때 두렵게 느껴요."

—앤디 L. Andi L.

"제 경직성은 하나의 일에서 다른 일로 전환하는 데 어려움을 겪는 것과도 밀접한 관련이 있다고 생각해요. 저는 방해받는 것을 전혀 좋아하지 않거든요!"

—린 V. Leen V.

"때때로 패턴은 본질적으로 마음을 진정시켜 줘요. 저는 계단을 한 번에 두 단씩 오르내리곤 하는데, 바닥에서 끝나지 않고 마지막 단에서 끝나면 뭔가 잘못된 것 같이 느꼈어요. 그래서 자주 다니던 계단에서는 첫 번째 단에서 시작할지, 두 번째 단에서 시작할지를 알고 있죠. 또 규칙적인 블록이 있는 인도를 걸을 때는 구분선을 가로지르는 대신에 각 블록의 가운데를 밟고 걷는 것이 훨씬 더 편안해요. 이 두 가지 모두 큰 문제는 아니에요. 안 해도 괴롭진 않아요……. 패턴 안에서 시간을 보내면 더 평온해지는 거죠."

—드류 R. Drew R.

여아로부터 배운 점: 융통성 결여

일반적으로 자폐스펙트럼의 유무와 관계없이 남아는 외현화 경향이 있는 반면, 여아는 내면화 경향이 있다. 따라서 일반적으로 남아의 융통성 결여는 행동 문제로 나타나는 경향이 있으며, 이것이 아마도 많은 사람이 자폐증이 있으면 행동 문제가 많을 것이고, 행동 문제가 없으면 자폐일 가능성이 없다고 생각하는 이유일 것이다. 물론 이는 전혀 사실이 아니다.

자폐증 여아는 확실히 저자들이 논의한 모든 면에서 융통성의 결여를 보일 수 있다. 그러나 융통성이 필요한 상황에 직면했을 때 그들은 겉으로 맞서 싸우기보다는 조용히 대처하려고 노력할 가능성이 더 높다. 이로 인해 변화와 전환을 예상하고, 이를 겪어 나가는 과정에서 엄청난 불안을 겪게 된다. 자폐증 여아는 흔히 이러한 스트레스 상황에서 도움을 받지 못하는데, 그 이유는 (1) 그들이 너무 오랫동안 불안에 시달려서 자신이 불안하다는 사실조차 인식하지 못하고 그것이 그저 정상적인 상태가 되었기 때문이며, (2) 설령 자신이 힘들다는 것을 인식하더라도 부모에게조차 이를 이야기하고 자기-옹호를 하는 것이 그들에게 익숙하지 않거나 편안하지 않기 때문이다. 그러므로 이들의 융통성 결여의 증상은 지속적으로 높은 스트레스 수준 및 이와 관련된 불안이다. 또한 변화와 관련된 불안, 심지어 휴가와 같이 긍정적으로 예상되는 변화에서도 불안이 있을 수 있다.

이들의 삶에서 주변의 어른들은 흔히 이 여아가 불안하거나 감정폭발을 겪고 있다는 사실을 알고 있지만, 이러한 정서적 어려움을 여아의 융통성 문제와 연관 짓지 않는 경우가 많다. 어른들(부모, 교사, 상담사)은 여아가 변화, 전환, 융통성을 요하는 기타 상황에 대처하기 어려워하는 점의 영향을 이해하지 못한다.

또한 자폐증 여아는 과제에 대한 사고와 접근 방식에 있어서 강박적이고 완벽주의적으로 하는 데 취약한 경우가 많다. 저자들은 이러한 경직성이 무수한 방식, 예를 들어 선 밖으로 색칠하지 않기, 특정 방식으로만 필기하기, 숙제를 '완벽하게' 하기 위해 밤을 꼬박 새우기, 헤어스타일이 완벽하지 않으면 외출을 거부하기, 학교 과제에서 만점을 받지 못하면 화를 내기, 메뉴부터 좌석과 장식까지 사교적 모임의 모든 측면을 통제하기 등으로 나타나는 것을 보아 왔다.

도나Donna는 최근 놀라울 정도로 완벽주의적인 고등학생과 치료적 작업을 한 적이 있다. 에세이를 쓰다가 한 문장이 마음에 들지 않으면 그녀는 이전 문단까지 모두 삭제하고 처음부터 다시 시작하곤 했다.

자주 하는 질문(FAQ)

- **행동 문제가 있어야만 융통성이 없다고 할 수 있을까요?** 아니다. 여아와 경직성에 관한 단락에서 설명하였듯이, 남아는 경직성과 관련된 행동 문제를 보이는 경향이 더 높은 반면, 여아는 반항이나 감정폭발보다 이를 내면화하고 불안과 완벽주의로 이어지는 경향이 더 높다. 많은 임상가가 경직성을 문제 행동과 동일시하기 때문에 여성의 경직성이 간과될 가능성이 훨씬 더 높다.
- **누구나 때때로 융통성이 없을 수 있습니다. 융통성 결여에 있어서 일반적인 수준과 자폐증에 이르는 수준을 어떤 기준으로 나눌 수 있을까요?** 이에 대한 쉬운 답은 없고, 궁극적으로는 주관적인 판단이 필요하다. 그러나 저자들은 융통성의 결여가 자폐증 진단에 기여하기 위해서는 상당한 수준이어야 한다고 생각한다. 융통성의 결여는 한두 사례만으로는 충분하지 않으며, 여러 사례와 함께 명확한 패턴이 있어야 한다. 또한 융통성의 결여는 어떤 식으로든 문제가 되어야 한다. 여기에는 행동 문제, 불안, 사회적 문제, 학업기능에 미치는 영향 등이 포함될 수 있다.
- **왜 구체적이거나 문자 그대로인 특성이 사회적 의사소통 영역이 아닌 이 범주에서 고려되나요?** 지나치게 문자 그대로인 태도는 청소년과 성인에게 사회적 단절을 초래할 수 있지만, 이 범주에 포함한 이유는 문자 그대로의 태도가 본질적으로 융통성 없는 언어의 해석을 의미하기 때문이다. 사회적 단절은 단순히 구체적인 해석의 결과일 뿐이다.

- **모든 환경에서 융통성의 결여를 보여야만 이것이 인정되나요?** 그렇지 않다. 어떤 사람들은 모든 환경에서 융통성의 결여를 보이기도 하지만, 많은 사람은 '지킬 박사와 하이드' 같은 모습을 보인다. 어떤 사람은 학교나 직장에서의 구조나 사회적 기대에 잘 적응하지만, 집에 돌아오면 무너지는 경우가 있다. 다른 몇몇 사람은 학교나 직장 환경에서 융통성의 결여로 어려움을 겪지만, 특히 매우 융통성 있는 부모나 파트너가 있는 경우에 가정에서는 잘 지낸다.
- **유머는 여기서 어떤 관련이 있나요?** 자폐인이 유머 감각이 없다는 것은 오해이다. 유머는 언어를 융통성 있게 해석할 필요가 있기 때문에 자폐인은 가끔 비꼬는 말이나 반어irony를 놓칠 수 있다. 즉, 저자가 걸려 넘어진 상황에서 당신이 "어머, 정말 우아하시네요"라고 말한다면, 저자는 그 말이 다른 의미를 가지고 있음을 직관적으로 알고 융통성 있게 다른 방식으로 해석해야 한다. 몇몇 자폐인에게 유머가 문제가 될 수 있는 다른 이유는 관련 장에 언급되어 있다(예: 비언어적 의사소통 및 동반되는 문제).
- **융통성의 결여는 항상 나쁜가요?** 절대 그렇지 않다! 동일성, 일관성, 규칙적인 일과에 대한 선호는 규칙적인 활동이 늘 완수되고 잘 마무리된다는 점을 의미할 수 있다. 또한 규칙적인 일과를 따르면, 에너지를 절약하고 다른 작업에 더 많은 인지적 자원을 투입할 수 있는 자유를 얻을 수 있다. 더욱이 자폐인은 뜨개질, 타일 놓기, 포커 게임과 같이 패턴과 규칙에 기반한 활동에 탁월한 능력을 발휘하는 경우가 많다.

참고문헌 및 읽을거리

American Psychiatric Association. (2022). *Diagnostic and statistical manual of mental disorders* (5th ed., text rev.). https://doi.org/10.1176/appi.books.9780890425787

Buckle, K. L., Leadbitter, K., Poliakoff, E. & Gowen, E. (2021). "No way out except from external intervention": First-hand accounts of autistic inertia. *Frontiers in Psychology, 12*(Article: 631596). https://doi.org/10.3389/fpsyg.2021.631596

Dworzynski, K., Ronald, A., Bolton, P., & Happé, F. (2012). How different are girls and boys above and below the diagnostic threshold for autism spectrum disorders?. *Journal of the American Academy of Child and Adolescent Psychiatry, 51*(8), 788-797. https://doi.org/10.1016/j.jaac.2012.05.018

Henderson, D. (in press). *Is this autism? A companion guide for diagnosing*. Routledge.

Hull, L., Mandy, W., & Petrides, K. V. (2017). Behavioral and cognitive sex/gender differences in autism spectrum condition and typically developing males and females. *Autism: The International Journal of Research and Practice, 21*(6), 706-727. https://doi.org/10.1177/1362361316669087

Hull, L., Petrides, K. V., Allison, C., Smith, P., Baron-Cohen, S., Lai, M.-C., & Mandy, W. (2017). "Putting on my best normal": Social camouflaging in adults with autism spectrum conditions. *Journal of Autism and Developmental Disorders, 47*(8), 2519-2534. https://doi.org/10.1007/s10803-017-3166-5

Kaat, A. J., Shui, A. M., Ghods, S. S., Farmer, C. A., Esler, A. N., Thurm, A., Georgiades, S., Kanne, S. M., Lord, C., Kim, Y. S., & Bishop, S. L. (2021). Sex differences in scores on standardized measures of autism symptoms: A multisite integrative data analysis. *Journal of Child Psychology and Psychiatry, 62*(1), 97-106. https://doi.org/10.1111/jcpp.13242

Kirkovski, M., Enticott, P. G., & Fitzgerald, P. B. (2013). A review of the role of female gender in autism spectrum disorders. *Journal of Autism and Developmental Disorders, 43*(11), 2584-2603. https://doi.org/10.1007/s10803-013-1811-1

Kopp, S., & Gillberg, C. (1992). Girls with social deficits and learning problems: Autism, atypical Asperger syndrome or a variant of these conditions. *European Child & Adolescent Psychiatry, 1*(2), 89-99. https://doi.org/10.1007/BF02091791

Lai, M.-C., Lin, H.-Y., & Ameis, S. H. (2022). Towards equitable diagnoses for autism and attention-deficit/hyperactivity disorder across sexes and genders. *Current Opinion in Psychiatry, 35*(2), 90-100. https://doi.org/10.1097/YCO.0000000000000770

Lai, M.-C., & Szatmari, P. (2020). Sex and gender impacts on the behavioural presentation and recognition of autism. *Current Opinion in Psychiatry, 33*(2), 117-123. https://doi.org/10.1097/YCO.0000000000000575

Mandy, W., Chilvers, R., Chowdhury, U., Salter, G., Seigal, A., & Skuse, D. (2012). Sex differences in autism spectrum disorder: Evidence from a large sample of children and adolescents. *Journal of Autism and Developmental Disorders, 42*(7), 1304-1313. https://doi.org/10.1007/s10803-011-1356-0

Young, H., Oreve, M.-J., & Speranza, M. (2018). Clinical characteristics and problems diagnosing autism spectrum disorder in girls. *Archives de Pédiatrie, 25*(6), 399-403. https://doi.org/10.1016/j.arcped.2018.06.008

Young, S., Hollingdale, J., Absoud, M., Bolton, P., Branney, P., Colley, W., & Woodhouse, E. (2020). Guidance for identification and treatment of individuals with attention deficit/hyperactivity disorder and autism spectrum disorder based upon expert consensus. *BMC Medicine, 18*(1), 146. https://doi.org/10.1186/s12916-020-01585-y

제 7 장

강렬하거나 비전형적인 흥미

"이건 성적인 감정이 없는 사랑의 열병과 아주 비슷해요. 홀딱 반하는 거죠. 사람이 아닌 어떤 주제에게요."

–사라 M.Sara M.

제한된 흥미의 의미에 대해 흔히 사람들이 하는 생각

많은 건강관리전문가를 포함한 대다수의 사람이 자폐증을 공항 코드, 교통신호, 기차 시간표 등 명백하게 비전형적인 흥미와 동일시하는 경향이 있다. 실제로 DSM에서는 진공청소기에 집착하거나, 프라이팬에 강한 애착을 보이거나, 시간표를 작성하는 데 몇 시간을 소비하는 것을 예로 제시하고 있다.

이제 짐작했겠지만 이 범주에는 명백하게 비전형적인 흥미 외에도 훨씬 더 많은 것이 포함되어 있다.

이 범주에는 실제로 무엇이 포함되는가

DSM–5에 따르면, "강도 혹은 초점에 있어서 비정상적으로 극도로 제한되고 고정된 흥미"가 여기에 포함된다. 이 문구와 관련된 몇 가지 중요한 사항을 명확히 해 보자.

- **제한된:** 저자들은 이 용어에 문제가 있다고 생각한다. 어떤 것이 진정으로 제한된 것인지 알 수 있는 명확하고 객관적인 방법이 없기 때문이다. 몇몇 임상가는 이를 매우 엄격하게 해석하여 "흥미가 그 사람의 삶에서 다른 모든 것을 퇴색시켜야 한다"고 믿는다(저자들이 전적으로 존경하지만 동의하지는 않는 한 정신과 전문의가 설명한 바와 같이). 저자들의 임상 경험에 따르면, 많은 자폐인, 특히 평균 이상의 지적기능을 가진 자폐인은 한 번에 하나 이상의 흥미를 가지고 있다.
  또한 자녀가 어릴 때 부모는 흔히 그들을 축구 리그, 미술 수업 또는 스카우트와 같은 조직적인 활동에 참여시키며, 자녀는 이러한 활동을 진정으로 즐긴다. 몇몇 임상가는 아동이 다른 활동에서 얻는 즐거움이 제한적 흥미의 가능성을 배제한다고 생각할 수 있지만, 저자들은 그렇게 생각하지 않는다. 『옥스퍼드 영어 사전』에 따르면, '제한된'이라는 단어는 '정도, 수, 범위 또는 행동이 한정된'을 의미한다. 이것은 '다른 모든 것을 퇴색시키는 것'을 의미하지는 않는다. 그럼에도 이에 동의하지 않는 임상가 중에는 흥미가 매우 제한되어 다른 것을 생각하거나 즐길 수 없어야 한다고 생각하는 이들도 있다.
- **고정된:** 고정된이라는 용어는 비정상적인 강도의 흥미를 명확히 하는 데 도움이 될 수 있다. 이는 빈도(예: 그 사람의 생각이 빈번히 같은 주제로 돌아감) 또는 강도(예: 그 사람이 주제, 활동 또는 물체에 대해 강렬한 감정적 경험을 함)로 나타날 수 있다. 다른 많은 진단 기준과 마찬가지로, 외적 표현에만 의존하기보다는 당사자의 내적 경험에 대해 물어보는 것이 중요하다. 알아차리기 미묘한 많은 자폐인은 주제에 대해 이야기해 달라는 (반복적인) 요청을 받은 후에 내적으로 그리고 개인적으로 자신의 관심사를 탐구하는 법을 배웠다.
- **혹은:** 진단 목적상 중요한 것으로 간주되려면 전문화된 흥미가 강렬하거나 혹은 비전형적이어야 하며, 둘 다일 필요는 없다.
- **비정상적:** 저자들은 비정상적abnormal이라는 단어가 경멸적이라고 생각하기 때문에, 비슷한 의미이지만 한 경험이 다른 경험보다 더 정상적이라는 암시가 없는 비전형적atypical이라는 용어를 대신 사용할 것이다.

흥미는 비전형적일 수 있다: 여기서 분명한 질문은 이것이다. 관심사가 얼마나 비전형적이어야 하는가? 이에 대해 정해진 기준은 없으며, 임상가마다 상당한 차이가 있는 것 같다(정의하기는 어렵지만 '보면 알 수 있는' 다른 것들과 비슷하게). 비전형적이라고 해서 그 관심사가 완전히 기이할 필요는 없으며, 단순히 그 아동의 가족과 문화의 맥락에서 비전형적이기만 하면 된다.

비전형적인 흥미는 무엇이든 될 수 있다: 자폐증 성인(주로 여성)을 대상으로 한 비공식 설문 조사에서 저자들은 염소 사육, 토착 토지 관리, 식품 저장, 비상 대비, 한국 영화, 레스토랑 메뉴, 냉동식품, 총리, 16세기의 일반 여성의 의복 등 끝없이 다양한 관심사에 대해 들은 바 있다. 한 사람은 주택 평면도에 대해 이야기하면서 다음과 같이 말했다: "저는 우편으로 주택 평면도 잡지를 받고는 하루 종일 보면서 제가 그 집에 사는 상상을 하곤 했어요. 잡지를 받아서는 침대 밑에 쌓아 두곤 했죠. 그리고 몇 시간이고 직접 그림을 그렸어요."

또는 흥미는 **일반적이지만 강렬할 수**도 있다. 강렬함을 정의하기는 제한적을 정의하기만큼이나 어렵고, 어느 정도는 주관적이다.

자폐증 경험에서 본 시선으로: 일반적인 강렬한 흥미

저자들은 비공식적으로 자폐증 성인 집단에게 그들의 흥미에 대해 물었는데, 그 응답은 저자들의 임상 경험과 매우 일치했다. 여기서 백분율을 제시하였는데, 이는 비공식적인 설문 조사이므로 자폐증 커뮤니티 전체를 대표하지는 않으며, 대부분 여성 자폐증 성인의 표본일 뿐이라는 점에 유의해야 한다. 또한 자폐인은 일생 동안 두 가지 이상의 특별한 흥미를 갖는 경우가 많고, 한 번에 두 가지 이상의 특별한 흥미를 가질 수 있기 때문에 이 비율의 합계는 100%를 초과한다는 점을 유의해야 한다.

저자들의 설문 조사에서 가장 일반적인 흥미는 다음과 같았다.

- 동물, 일반 또는 특정 유형(42%)
- 독서(32%)
- 몸짓 언어, 관계, 커뮤니케이션 등을 포함한 인간 행동(26%)

- 해부학, 외과, 산부인과, 유전학, 남북전쟁 의학 등을 포함한 인체 해부학/의학(24%). 앨리 S.Allie S.는 다음과 같이 회상했다. "돌이켜보면 7세의 아이가 모르는 사람들에게 출산에 대해 끊임없이 이야기하는 것은 부끄러운 일이죠!"
- 식물/원예/자연(22%).
- 자폐증(20%). 미코Miko는 저자들에게 다음과 같이 말했다. "지금처럼 컨디션이 안 좋을 때는 자폐증에 관한 책을 읽으면서 긴장을 풀곤 해요."
- 말/언어(16%). 미코Miko는 다음과 같이 말했다. "언어에 관해서는 의사소통을 위해 구문을 배우는 것보다 문법과 언어 구조에 대해 읽는 것을 더 선호하는 편이에요. 각 단어가 무엇을 의미하는지, 왜 그런 격 변화를 가지는지, 왜 그런 순서로 쓰이는지 모른다면 구문은 제게 아무 의미가 없답니다."
- 음악(16%). 예를 들어, 미시시피 델타 블루스,[1] 애팔래치아 음악, 아프리카 춤과 드럼 연주(후자는 그 지역과 개인적인 연고가 없는 한 여성으로부터) 등이 있다.
- 예술/공예(16%). 예를 들어, 시가 박스 기타[2]를 '끝없이' 만들기, 페그 인형[3]에 칠하기, 미술용품을 분류하고 수집하기 등이 있다.
- 연구(14%). 마가렛 G.Margaret G.가 좋은 예를 제시했다. "저는 어떤 질문이든 지구 끝까지 조사하는 자폐인을 알고 있어요. 제가 졸업 선물로 대리석 밀대를 갖고 싶다고 말했더니 그는 네 곳의 다른 판매자가 제공하는 네 가지 옵션과 각 옵션의 장단점을 저에게 이메일로 보냈어요. 그의 노트북이 고장났을 때 그는 6개월 동안 새 노트북을 구입하기 위해 조사를 했는데, 저는 그가 설명하려고 했던 모든 기술적 세부사항을 전혀 이해할 수 없었죠."
- 지도/지리, 섬유 예술(예: 뜨개질 또는 방적), 정의/도덕 등 다양한 주제/활동(각각 약 10%) 에밀리 R.Emily R.은 다음과 같이 말했다. "저는 뜨개질, 그리고 뜨개질에 관한 책이나 뜨개질하는 사람들에 관한 책, 실의 종류에 관한 책을 읽는 데 많은 시간을 보냈어요. 나이가 들어 시력을 잃고 더 이상 뜨개질을 할 수 없을까 봐 안 보고도

1) 역자 주: 미국 남부 미시시피강 삼각주 지역에서 발생한 초기 블루스 음악 장르의 일종
2) 역자 주: 비어 있는 시가(Cigar) 담배 상자를 공명기로 활용한 기타 형태의 현악기
3) 역자 주: 빅토리아 시대 이전부터 유행한, 흔히 나무로 제작한 단순한 디자인의 인형

뜨개질 하는 법을 배웠는데, 그때가 아마 10세였을 거예요. 그리고 그렇게 할 수 있게 되자 책을 펼쳐 놓고 독서와 뜨개질을 동시에 할 수 있는 방법을 고안하기 시작했죠."

- 덜 일반적이지만 한 번 이상 언급된 관심사로는 특정 유명인, 역사 속 특정 시대, 도시 정주 장려 정책homesteading, 영양nutrition, 메이크업/패션 등이 있었다. 닉 A.Nic A.는 다음과 같이 말했다. "저는 콜라주나 의상을 만들고, 직접 디자인을 시도해 보기도 했어요. 떠오르는 신진 디자이너의 이름을 모두 알고 있고, 이번 시즌인지 지난 시즌인지도 구별할 수 있고, 당신의 바지와 신발을 단지 보기만 해도 어디서 샀는지 말할 수 있죠. 저는 새로운 패션을 구경하느라 몇 시간씩 매장을 둘러보곤 했죠. 모든 옷을 만져 보고 입어보면서요."

강렬한 흥미로서의 공상

저자들은 많은 자폐증 환자가 공상/판타지 생활을 한다는 이야기를 들어왔다. 이는 끝없이 재미있을 뿐만 아니라, 외부 세계로부터 절실히 필요한 휴식을 제공할 수 있는 완벽히 몰입적인 경험이 될 수 있다. 많은 비-자폐증 아동이 상상의 친구를 가지고 있고 심지어 상상의 세계까지도 창조하는 것은 사실이지만, 일부 자폐증 아동은 비-자폐증인 또래를 훨씬 능가하는 강도와 빈도로 이러한 행동을 한다. (이 장의 다른 부분에서 설명한 대로) 개인의 공상이 '강렬한' 수준에 이르게 되면 이는 진단을 위한 고려 사항이 되어야 한다. 저자들은 자폐증 성인에게 공상의 경험과 여러 장점에 대해 물었다.

> "저는 틈만 나면 공상을 하면서 저만의 세계를 확장하곤 했어요. 보통은 제 육체적인 면은 현실 세계에 갇혀 겉모습을 유지하고, 정신이나 무언가는 완전히 다른 세계에 있다고 스스로를 납득시킬 수 있었죠. 지금은 그것이 여러 스트레스 요인에서 벗어나기 위한 방법이었다는 것을 알고 있어요."
>
> —마르셀로 H. Marcelo H.

"저는 다른 일을 하지 않을 때는 매우 정교한 줄거리를 가지고 공상을 하고 있다고 말할 수 있어요. 현재의 줄거리는 약 8개월 정도 지속되는 중이지만, 가장 긴 줄거리들은 몇 년 이상 지속된 적도 있죠."

—엘리너 J.Eleanor J.

"저는 제가 무슨 말을 하는지, 제가 어디에 있는지, 사람들이 어떻게 생겼는지, 제가 누구인지를 제어할 수 있고, 정지와 시작, 건너뛰기, 되감기도 가능하죠."

—S. E. 존스S. E. Jones

"저는 판타지 설정에 강한 집착을 보여 왔고, 그곳에서 사는 모습을 충분히 상상할 수 있을 정도로 세밀하게 묘사하고 싶었어요. 스토리나 게임 플레이에 영향을 미치지 않기 때문에 아무도 신경 쓰지 않는 것에도 많은 신경을 썼죠. 특정 요리, 재료, 서사적으로 중요하지 않은 마법의 메커니즘, 특별한 방식으로 마법을 사용하는 종족으로서 꿈을 꾸는 느낌, 고도의 마법 외에 야금술이 어떻게 발전하는지, 그것이 후기/현대의 검 디자인으로 어떻게 이어지는지 등 말이죠. 최대한 디테일을 살리고 싶어요."

—루나 K.Rúna K.

"많은 자폐인 분이 불의를 이해하기 매우 어려울 거라고 생각해요. 여기 현실에는 정말로 영향력 있는 일을 할 수 없는 경우가 너무 많죠. 하지만 판타지 세계에서는 영웅에게 힘과 기회가 주어지고, 영웅은 그걸 멋지게 활용하죠. 사람들이 끔찍한 행동을 하는 것을 막을 수 있는 세상에 대해 꿈꾸는 것은 당연한 일이에요. 판타지는 타인에게 선량한 사람들이 타인에게 선량한 다른 사람들에 의해 보호받는 합리적인 세상을 제공해 주죠. 괴물, 악마, 악당들은요? 그들은 쫓겨나거나 더 나은 사람이 되는 법을 배우고요."

—파비안 B.Fabian B.

그러나 많은 자폐인은 이렇게 풍부한 내면세계의 잠재적 단점도 이야기한다. 일부는 이를 부적응적 공상이라고 부르기도 한다. 엘리 소머Eli Somer 등의 연구팀은 개인의 공상이 임상적으로 현저한 고통이나 손상을 유발하는 부적응적 공상에 대한 진단 기준을 제시했으며, 저자들은 자기 생각에 너무나도 몰두하여 주변에서 무슨 일이 일어나고 있는지 알아차리지 못하는 자폐인을 여러 명 알고 있다. 이는 치명적인 결과를 초래할 수 있다(예: 다가오는 차량이 있는데 길을 건너는 경우). 저자들은 과도하거나 강렬한 공상과 관련된 문제 사례도 많이 들은 바 있다.

> "두 세계로 나뉘어 어느 쪽에도 만족하지 못하는 것이 저에게는 부적응적인 부분이에요."
>
> —줄리아 K. Julia K.

> "현실 세계가 내면세계에 비해 비현실적이고 얕으며 껍데기처럼 느낄 때, 현실 세계의 결과를 이해하기는 어렵죠. 내 머릿속에는 수천 개의 세계가 있는데 왜 이 세계에 신경을 써야 할까요? 꿈을 꾸는 대신에 왜 뭔가를 해야 하죠? 꿈속에서는 훨씬 더 심한 상황에서도 살아남을 수 있는데 왜 차에 치이는 일을 신경을 써야 하나요? 내 머릿속의 사회적 관계가 훨씬 더 쉬운데, 왜 현실의 사회적 관계에 신경을 써야 하나요?"
>
> —에일 X. Ale X.

> "저는 이걸 감정이 북받쳐 오를 때의 대처기제로 활용해요. 저는 내면으로 물러나서 생각에 잠기고, 그것에 기분이 좋아져서 미소를 짓죠. 그러면 상대방은 제가 말을 듣지 않는다고 화를 내지만, 저는 못 들어요. 말 그대로 못 들어요."
>
> —밥 W. Bob W.

"부모님과 누나들은 차 안에서 조용히 있기를 원하는 저에게 항상 화를 내지만, 그 시간은 저에게는 공상하는 시간이고, 그 시간을 위해 조용함이 필요해요."

—제이슨 L. Jason L.

"야외에서 걷다가 공상에 빠졌다가 '깨어났을 때' 완전히 길을 잃고, 한 번도 본 적이 없는 동네나 숲에 어떻게 왔는지 전혀 모를 때가 있어요."

—이사벨라 B. Isabella B.

극도로 고정되거나 제한된 흥미에는 **물건에 대한 특별한 애착**도 포함될 수 있다. 물론 어린아이가 '애착 인형'을 갖고 있거나 인형과 함께 자는 것이 전혀 이상한 일이 아니지만, 아동이 취학 연령이 되면 이러한 물건에 대한 애착은 약해지기 시작한다. 흥미와 마찬가지로, 대상에 대한 애착이 현실적으로 혹은 아동의 발달 수준에 비추어 강렬하거나 비전형적일 경우에는 이를 관련성이 있다고 간주한다. 다음은 봉제 인형에 대한 특별한 애착의 다양한 측면을 보여 주는 예시이다:

- 강렬한: 어떤 초등학생이 봉제 인형을 학교, 생일 파티, 스포츠 행사, 댄스 수업 등을 포함하여 어디에든 가지고 다닌다.
- 발달 단계에서 비전형적인: 어떤 성인이 봉제 인형에 대해 강한 애착을 가지고 있어서(즉, 단순히 향수를 느끼기 위해서가 아님) 휴가에도 인형을 가지고 간다.
- 초점에 있어서 비전형적인: 어떤 학생이 봉제 인형의 귀에 특히 애착을 가진다.

B 부인은 마크Marc에 대해 다음과 같이 보고했다. "길에서 주운 타이어 같은 물건을 집으로 가져오곤 했어요. 그는 완전히 수집광hoarder은 아니긴 했지만, 고무 밴드 같은 것들을 모으더라고요……." 마크는 이러한 물건들에 대해 특정한 목적(예: 공예 또는 그것들로 뭔가를 만드는 것)이 없지만, 그것들을 버리라는 요청을 받으면 큰 어려움을 겪었다고 한다.

조던Jordan은 멋지고 매력적인 17세 소녀로, 사회적으로 평범해 보였다. 그녀는 곧 대학에 진학할 예정이기 때문에 지속적인 학업 지원이 필요하여 검사를 받으러 왔다. 특별히 애착이 가는 물건이 있느냐는 질문에 조던은 (꽤나 의외로) "네, 제 봉제 토끼 인형이요"라고 대답했다. 그 인형을 어디든 가지고 다니느냐는 질문에 조던은 "네, 어디든 가지고 다녀요, 지금 제 가방에 있어요"라고 대답했다. 그러고는 토끼 인형을 꺼내어 저자에게 보여 주었다.

자폐증 경험에서 본 시선으로: 우리의 흥미는 '비-자폐인의 흥미'와 어떻게 다른가

강도의 수준: "특별한 흥미가 없다는 것은 우울증과 매우 유사하다고 느껴요. 자아감이 희미해지고, 모든 것을 힘들게 느끼죠—심지어 일시적인 흥미도요. 특별한 흥미는 활력과 에너지를 줘요. 특별한 흥미에 몰두하는 건 아주 흥미롭고 활력을 주기 때문에 잠자는 걸 잊게 만들기도 해요—항상 그렇지는 않지만 겉으로 보기에는 경조증처럼 보일 수도 있어요. 전 많은 자폐인이 특별한 흥미로부터 '배터리 충전'을 한다고 생각해요. 어떤 면에서는 잠보다도 더 그래요."

요구되는 깊이와 넓이: "단순한 관여보다는 정보에 더 강조점이 있어요. 만일 제 특별한 흥미가 운동이라면 운동만 하는 것이 아니라, 운동에 대해 배우고 무엇이 가장 효과적인지 등 다양한 이론에 대해 가능한 모든 것을 읽고 싶어하는 식이죠."

—에밀리 R.Emily R.

"디테일의 중요성, 그리고 그 디테일을 제대로 파악하는 것의 중요성[에 대한 거예요]—저는 심지어 다른 학자들조차 100% 정확하다고 확신하지 못하더라도 기꺼이 논문에 포함시킬 수 있을 정도의 세부 사항을 찾는 데 몇 시간이고 투자할 수 있어요."

—드류 R.Drew R.

그만두는 것이 불가능함: "어떤 일이 특별한 흥미라면 다른 일을 한다고 해서 사라지지 않아요. 수업 중이거나 TV를 보는 동안에도 마음에서 떠나지 않죠." "다른 어떤 일을 수행하더라도 그 생각을 멈출 수가 없어요. 방해받거나 다른 곳으로 시선을 돌리게 될 경우에 불안하다는 표현으론 부족하죠."

—에밀리 R. Emily R.

개인의 삶의 나머지 부분에 미치는 영향: "일상생활 활동Activities of Daily Living, ADL에 영향을 미친다면 취미가 아니라 특별한 흥미라고 할 수 있죠—먹지도, 자지도 않고, 화장실 가는 것도 잊고 외부 세계와 단절되는 식으로요."

—홀리 G. Holly G.

전부이거나 전무all-or-nothing 사고방식: "무언가에 대해 조금만 아는 것은 무의미하다고 느껴요. 제 마음은 관심사에 대해 켜짐 아니면 꺼짐으로만 작동하는 것 같아요. …… 흥미롭다면 가능한 한 많은 것을 알고 싶고, 어떤 것도 빠뜨릴 수 없다고 느껴요. 하지만 흥미롭지 않다면 굳이 그것에 대해 뭐든 아는 것이 무슨 의미가 있는지 모르겠어요."

—미코 Miko

여아로부터 배운 점: 흥미

이들의 흥미는 비전형적이기보다는 강렬할 가능성이 높다. 자폐증 여성도 분명 비전형적인 흥미를 가질 수 있으나, 남아보다는 일반적이지만 강렬한 흥미를 가질 가능성이 더 높다.

이들은 데이터나 사물보다는 사람이나 동물에 중심을 둔 흥미를 가질 가능성이 높다. 여아가 가장 많이 관심을 보이는 분야는 동물(특히, 개, 고양이, 말)이다.

록산느Roxanne는 활발한 10대 소녀이지만 친구를 사귀거나 팀원들과 관계를 맺는 데 지속적으로 어려움을 겪었다. 록산느는 옷이나 남자 친구, 혹은 대중문화의 어떠한 측면에도 관심이 없지만, 상어에 대해서는 강렬한 흥미를 가지고 있었다. 도나Donna가 상어의 어떤 점을 좋아하냐고 묻자 록산느는 "다들 상어를 심술궂다고 생각하지만, 그렇지 않다는 점이요"라고 대답했다.

여아의 또 다른 일반적 흥미는 독서이다. 저자들은 수업 중에도 계속해서 책을 읽고, 저녁 식사 테이블이나 생일 파티에 책을 가져오고, 놀이 약속에서도 책을 읽고 싶어 하고, 샤워할 때(목욕이 아니라 샤워!) 책을 읽다가 곤경에 처하는 여아를 보아 왔다. 물론 독서는 모든 아이에게 훌륭한 활동이지만, 특히 기본적인 사회적 상호작용, 관계 발전, 숙제나 집안일, 수면, 그리고 기본적인 위생 관리에까지 방해가 된다면 오히려 독이 될 수 있다. 저자들이 한 명 이상의 자폐인으로부터 들었던 다음의 말처럼 그렇다. "책을 읽는 중에 화재 경보가 울렸는데 못 들었어요!" "부모님이 중독치료를 받게 하고 싶다고 하셨어요!"

강렬한 흥미는 좋을 수도 있고, 나쁠 수도 있다. 그레이스Grace의 선생님들은 항상 그녀가 수업 시간에 끊임없이 책을 읽는다고 언급했다. 몇 년 동안 그레이스의 몇몇 선생님은 융통성이 없어서 (그레이스가 만점을 받았음에도 불구하고) 그녀가 수업에 집중하지 않는다고 꾸짖었다. 다른 몇몇 선생님은 그녀의 끊임없는 독서에 감명을 받았다. 그들은 그레이스가 교육과정에 지루함을 느낀다는 사실을 깨닫고, 과제를 마친 후에는 수업 시간에도 독서를 할 수 있도록 융통성을 발휘했다. 심지어 몇몇 선생님은 점심시간과 쉬는 시간에도 그녀가 교실에 남아 또래 친구들과 교류하는 대신에 책을 읽도록 허용했는데, 이에 대해 그레이스의 부모는 그녀가 점점 사회적으로 고립되어 갈까 봐 걱정했다. 10년이 지난 지금, 그레이스는 최연소 박사과정의 학생이 되었다. 그녀는 여전히 모든 시간을 독서에 쓰고 있으며 친구를 사귀는 데 큰 어려움을 겪고 있다. 한편으로 그레이스는 자주 외로움을 느끼면서 자신이 결혼을 할 수 있을지, 아이를 가질 수 있을지, 친구를 사귈 수 있을지 의심한다. 반면에 그녀는 자신의 강점을 살려 직업으로서 읽고 쓰는 방법을 찾았고, 이를 통해 생계를 부양하고 의미 있는 방식으로 세상에 기여할 수 있는 삶을 만들어 가고 있다. 이것이 좋은가? 나쁜가? 아마도 둘 다일 것이다.

저자들은 또한 대중문화에 강렬한 흥미를 가지는 많은 여아를 보았다. 여기에는 테일러 스위프트Taylor Swift나 케이팝 밴드 멤버와 같은 유명인 혹은 〈오피스The Office〉와 같은 특정 TV 프로그램이 포함될 수 있다. 몇몇 자폐증 여아는 자신의 관심사에 대해 엄청난 양의 지식을 축적하는 슈퍼 팬이 되기도 한다. 팬 픽션을 쓰는 것이 이를 표현하는 한 가지 방법일 수 있다. 다른 많은 사람도 이러한 흥미를 공유할 수 있지만, 일반적으로 그 강도는 훨씬 덜하다.

이들의 강렬한 흥미는 매우 일반적인 경우가 많기 때문에 자폐증으로 인식되기 어려울 수 있다. 저자들은 또한 요리나 베이킹을 즐기는 자폐증 여성들을 많이 만난 바 있다. 이는 비-자폐인도 즐기는 활동의 좋은 예이지만, 자폐인 여성은 그 강도와 구체적인 집중도가 다르다는 점에서 차이가 있다. 예를 들어, 사라Sarah가 아는 한 자폐증 여성은 슈크림빵 레시피를 완벽하게 하기 위해 6개월에 걸쳐 완성하고, 일주일에 두 번씩 동료들이 시식할 수 있도록 새로운 분량을 준비했다. 아메리칸 걸 인형,[4] 디즈니 공주, 혹은 〈겨울왕국Frozen〉 같은 영화와 같이 열정적이지만 전형적인 흥미는 부모가 언급하지 않기 때문에 임상가가 발견하기가 더 어려울 수 있다. 임상가가 비전형적인 흥미에 대해서만 질문하면 이러한 것들을 놓칠 수 있다.

남아에 비해 자신의 흥미에 대해 많이 이야기하지 않을 수 있다. 또한 일반적으로 여아는 내면화 경향이 있는 반면에 남아는 외현화 경향이 있어서 남아는 자신의 관심사에 대해 과도하게 이야기하는 반면, 여아는 자신의 관심사에 대해 과도하게 생각하지만 그다지 많이 이야기하지 않을 수 있어서 임상가가 식별하기 어렵다는 점에 유의해야 한다.

4) 역자 주: 1986년부터 미국의 Pleasant Company에서 출시한 18인치의 소녀 인형 시리즈

이 단락을 작성하는 동안에 도나Donna는 이전에 자신이 자폐증으로 진단한 25명의 아동 사례를 검토했다. 놀랍지 않게도 3분의 2는 남아였고, 3분의 1은 여아였다. 이런 점에서 볼 때 그녀의 임상 경험은 연구 결과와 일치했다. 남아는 깃발, 수술, 기괴한 것, 무지개, 〈타이타닉Titanic〉, 사일런트 메리Silent Mary,[5] 특정 악보, 〈스타워즈Star Wars〉, 펑크 음악, 분수대, 쓰레기차, 스토브, 벽난로, 자물쇠 등 비전형적이라고 여기는 다양한 흥미를 가지고 있었다. (이 매우 작은 표본에서) 동일한 흥미를 가진 남아는 한 명도 없었다. 반면에 도나가 만난 여아는 독서, 동물, 특정 팝스타, 사무용품(저자는 이 또한 여러 차례 본 바 있다)에 강한 흥미를 가지고 있었다. 다양성은 훨씬 적었다.

즉, **강렬한 흥미는 무엇이든 될 수 있다.** (사라와 도나의 남편은 그들의 강렬한 흥미가 자폐증이라는 농담을 한다!) 여아의 강렬한 흥미에는 분명 다른 가능성 있는 것들이 많이 있다. 저자들이 본 다른 예시로는 애니메이션, 만화, 『고양이 전사들Cat Warrior』 시리즈,[6] 코스프레, 마이 리틀 포니My Little Pony, 미생물 등이 있다.

자주 하는 질문(FAQ)

- **전자기기/비디오게임도 강렬한 흥미로 간주할 수 있나요?** 저자들은 수많은 다른 자폐증 전문가에게 "비디오게임이 정말로 강렬하다면 당신은 이를 강렬한 흥미로 간주하는가?"라고 질문해 왔다. 지금까지의 대답은 항상 "그렇다"였다. 실제로 이는 최근 몇 년 동안, 특히 사춘기 남아에게서 가장 흔히 볼 수 있는 강렬한 관심사 중 하나이다. 게임 자체 외에도 게임을 중심으로 형성되는 소셜 커뮤니티(팬덤)도 있으며, 이러한 커뮤니티는 사람들이 공통의 흥미를 중심으로 연결될 수 있는 좋은 방편이 된다.

5) 역자 주: 영화 〈캐리비안의 해적(Pirates of the Caribbean)〉 시리즈의 5편에 등장하는 함선

6) 역자 주: 케이트 캐리(Kate Cary), 체리스 밸드리(Cherith Baldry), 빅토리아 홈즈(Victoria Holmes) 등 다수의 작가가 에린 헌터(Erin Hunter)라는 필명으로 집필한 판타지 시리즈 소설

진정으로 강렬한 흥미라고 하려면 관심의 수준이 같은 연령대의 일반적인 수준을 넘어서야 한다. 이는 판단하기 어려울 수 있는데, 코로나19 팬데믹으로 많은 학생이 집에 갇혀 즐길 거리가 거의 없어진 상황에서는 더욱 그러하다. 저자들은 해당 학생에게 다른 관심사가 없는지, 좋아하는 게임에 대해 끝없이(그리고 관심이 없는 청중에게도) 이야기하는지 알아보도록 조언한다. 또한 또래 친구와의 관계가 다른 요소(예: 다른 주제에 대한 부수적인 대화) 없이 게임 자체에만 집중되어 있는지도 고려해 본다.

- **당사자가 수년 동안 동일한 흥미를 가져야 하나요, 아니면 시간이 지나면서 강렬한/비전형적인 흥미가 바뀔 수도 있을까요?** 흥미는 분명히 변화할 수 있다. 많은 자폐증 아동은 강렬함의 단계를 거치는데, 예를 들어 어떤 남아는 몇 년 동안 자동차에 '집착'하다가 몇 년 동안은 마인크래프트Minecraft[7]에, 그다음에는 컴퓨터 코딩에 집중할 수 있다. 저자들은 때때로 이런 아동을 '연쇄적인 일부일처주의자serial monogamists'라고 부른다. 특별한 흥미는 며칠, 몇 주, 몇 년 또는 수십 년 동안 지속될 수도 있고, 나타났다가 사라질 수도 있다.
- **한 번에 두 개 이상의 특별한 흥미가 있을 수 있나요?** 물론이다! 저자들은 두 가지 이상의 강렬하거나 비전형적인 흥미를 정기적으로 곡예하듯 오가는 많은 자폐인들을 알고 있다.
- **강렬하거나 비전형적인 흥미가 항상(또는 언제든) 문제가 되나요?** 강렬하거나 비전형적인 흥미는 흔히 특별한 이점이 없는 '증상'으로 묘사되지만, 강렬하거나 비전형적인 관심사가 반드시 문제가 되는 것은 아니며, 실제로 개인과 공동체 전체에 엄청난 자산이 될 수 있음에 반드시 주목해야 한다. 많은 자폐증 성인이 자신의 흥미를 바탕으로 경력을 쌓고 세상에 큰 공헌을 해 왔다. 예를 들어, 저자들은 한 가지 주제를 수년간 연구한 대학 교수를 한 명 이상 알고 있다. 그들은 그 주제에 관해 누구보다 많이 알고 있으며, 하루 종일 그 주제에 대해 글을 쓰고 사람들과 이야기한다. 이러한 흥미는 대화 상대의 관심과 관계를 유지하기

7) 역자 주: Mojang Studios에서 2009년에 발매한 비디오 게임

위해 다른 주제에 관해 이야기하는 것이 불가능할 때에만 문제가 된다.

또한 상당수의 자폐인은 자폐증의 일환으로 겪는 어려움을 해결하는 데 유용한 주제에 관하여 특별한 흥미를 가지고 있다고 설명한다. 여기에는 법의학적 심문(다른 사람을 파악하는 법을 배우기 위해), 언어와 언어학, 관용구, 영화 속 인물의 자세와 몸짓, 인간 행동과 대인관계, 특정 정신과적 질환(특히 자폐증), 정신약물학 등의 주제가 포함된다.

저자들이 가장 좋아하는 예 중 하나는 인기 코미디언 댄 에이크로이드Dan Aykroyd로, 그는 유령과 범죄 퇴치에 대해 강렬한 흥미를 가지며 성장했다. 만일 댄이 자폐가 아니었다면, 〈고스트 버스터즈Ghostbusters〉[8]는 세상에 없었을지도 모른다!

참고문헌 및 읽을거리

American Psychiatric Association. (2022). *Diagnostic and statistical manual of mental disorders* (5th ed., text rev.). https://doi.org/10.1176/appi.books.9780890425787

Bargiela, S., Steward, R., & Mandy, W. (2016). The experiences of late-diagnosed women with autism spectrum conditions: An investigation of the female autism phenotype. *Journal of Autism and Developmental Disorders, 46*(10), 3281-3294. https://doi.org/10.1007/s10803-016-2872-8

Duvall, S., Armstrong, K., Shahabuddin, A., Grantz, C., Fein, D., & Lord, C. (2021). A road map for identifying autism spectrum disorder: Recognizing and evaluating characteristics that should raise red or "pink" flags to guide accurate differential diagnosis. *The Clinical Neuropsychologist, 36*(5), 1-36. https://doi.org/10.1080/138

8) 역자 주: 1984년 개봉한 아이반 라이트먼(Ivan Reitman) 감독의 코미디 호러 영화로, 댄 에이크로이드와 해럴드 레이미스(Harold Ramis)가 각본을 썼다.

54046.2021.1921276

Dworzynski, K., Ronald, A., Bolton, P., & Happé, F. (2012). How different are girls and boys above and below the diagnostic threshold for autism spectrum disorders?. *Journal of the American Academy of Child and Adolescent Psychiatry, 51*(8), 788-797. https://doi.org/10.1016/j.jaac.2012.05.018

Green, R. M., Travers, A. M., Howe, Y., & McDougle, C. J. (2019). Women and autism spectrum disorder: Diagnosis and implications for treatment of adolescents and adults. *Current Psychiatry Reports, 21*(4), 22. https://doi.org/10.1007/s11920-019-1006-3

Hiller, R. M., Young, R. L., & Weber, N. (2014). Sex differences in autism spectrum disorder based on DSM-5 criteria: Evidence from clinician and teacher reporting. *Journal of Abnormal Child Psychology, 42*(8), 1381-1393. https://doi.org/10.1007/s10802-014-9881-x

Hiller, R. M., Young, R. L., & Weber, N. (2016). Sex differences in prediagnosis concerns for children later diagnosed with autism spectrum disorder. *Autism: The International Journal of Research and Practice, 20*(1), 75-84. https://doi.org/10.1177/1362361314568899

Hull, L., Mandy, W., & Petrides, K. V. (2017). Behavioral and cognitive sex/gender differences in autism spectrum condition and typically developing males and females. *Autism: The International Journal of Research and Practice, 21*(6), 706-727. https://doi.org/10.1177/1362361316669087

Hull, L., Petrides, K. V., Allison, C., Smith, P., Baron-Cohen, S., Lai, M.-C., & Mandy, W. (2017). "Putting on my best normal": Social camouflaging in adults with autism spectrum conditions. *Journal of Autism and Developmental Disorders, 47*(8), 2519-2534. https://doi.org/10.1007/s10803-017-3166-5

Kaat, A. J., Shui, A. M., Ghods, S. S., Farmer, C. A., Esler, A. N., Thurm, A., Georgiades, S., Kanne, S. M., Lord, C., Kim, Y. S., & Bishop, S. L. (2021). Sex differences in scores on standardized measures of autism symptoms: A multisite integrative data analysis. *Journal of Child Psychology and Psychiatry, 62*(1), 97-106. https://doi.org/10.1111/jcpp.13242

Kirkovski, M., Enticott, P. G., & Fitzgerald, P. B. (2013). A review of the role of female gender in autism spectrum disorders. *Journal of Autism and Developmental Disorders, 43*(11), 2584-2603. https://doi.org/10.1007/s10803-013-1811-1

Kopp, S., & Gillberg, C. (1992). Girls with social deficits and learning problems: Autism, atypical Asperger syndrome or a variant of these conditions. *European Child & Adolescent Psychiatry, 1*(2), 89-99. https://doi.org/10.1007/BF02091791

Lai, M.-C., Lin, H.-Y., & Ameis, S. H. (2022). Towards equitable diagnoses for autism and attention-deficit/hyperactivity disorder across sexes and genders. *Current Opinion in Psychiatry, 35*(2), 90-100. https://doi.org/10.1097/YCO.0000000000000770

Lai, M.-C., Lombardo, M. V., Auyeung, B., Chakrabarti, B., & BaronCohen, S. (2015). Sex/gender differences and autism: Setting the scene for future research. *Journal of the American Academy of Child & Adolescent Psychiatry, 54*(1), 11-24. https://doi.org/10.1016/j.jaac.2014.10.003

Lai, M.-C., & Szatmari, P. (2020). Sex and gender impacts on the behavioural presentation and recognition of autism. *Current Opinion in Psychiatry, 33*(2), 117-123. https://doi.org/10.1097/YCO.0000000000000575

Mandy, W., Chilvers, R., Chowdhury, U., Salter, G., Seigal, A., & Skuse, D. (2012). Sex differences in autism spectrum disorder: Evidence from a large sample of children and adolescents. *Journal of Autism and Developmental Disorders, 42*(7), 1304-1313. https://doi.org/10.1007/s10803-011-1356-0

Somer, E., Soffer-Dudek, N., & Ross, C. (2017). The comorbidity of daydreaming disorder (maladaptive daydreaming). *Journal of Nervous & Mental Disease, 205*, 525-530. https://doi.org/10.1097/NMD.0000000000000685

Young, H., Oreve, M.-J., & Speranza, M. (2018). Clinical characteristics and problems diagnosing autism spectrum disorder in girls. *Archives de Pédiatrie, 25*(6), 399-403. https://doi.org/10.1016/j.arcped.2018.06.008

Young, S., Hollingdale, J., Absoud, M., Bolton, P., Branney, P., Colley, W., Craze, E., Dave, M., Deeley, Q., Farrag, E., Gudjonsson, G., Hill, P., Liang, H.-L., Murphy, C., Mackintosh, P., Murin, M., O'Regan, F., Ougrin, D., Rios, P., Stover, N., Taylor, E.,

& Woodhouse, E. (2020). Guidance for identification and treatment of individuals with attention deficit/hyperactivity disorder and autism spectrum disorder based upon expert consensus. *BMC Medicine, 18*(1), 146. https://doi.org/10.1186/s12916-020-01585-y

제8장

감각적 차이

"감각적인 불편함이 오로지 고통으로만 경험되리라고 인식되는 것 같아요. 하지만 저는 신체적 고통을 느끼는 게 아니에요. 심한 불안, 압도감, 당황, 때로는 화와 짜증, 심지어 분노를 느끼는 거죠."

—아시아투 라오인 Asiatu Lawoyin

당신은 'reactive'라 하고, 나는 'responsive'라고 하고…….

DSM-5-TR의 자폐증 진단 기준에서는 "sensory hyper-and hypo-reactivity"라는 용어를 사용한다. 그러나 『The Out-of-Sync Child』의 저자 캐롤 스탁 크라노위츠Carol Stock Kranowitz는 "sensory craving"이라는 용어뿐만 아니라 "sensory over- and under-responsivity"라는 용어를 선호하며, 이는 『감각 통합: 이론과 실제Sensory Integration: Theory and Practice』의 저자 아니타 번디Anita Bundy 등도 마찬가지이다. 그러나 다른 몇몇 사람은 "hyper-or hypo-sensitivity"라는 용어를 더 선호하다 보니 혼란스러움이 가중된다.

더욱이 DSM-5-TR은 "환경의 감각 측면에 대한 특이한 관심unusual interest in sensory aspects of the environment"을 언급하며, 몇몇 사람은 이를 "sensory seeking", 혹은 보다 최근에는 "sensory craving"이라고 부른다.

이 책의 목적상 (DSM-5-TR을 인용할 때를 제외하고) 저자들은 "sensory over-and under-responsivity"[1], "sensory craving"[2]의 용어를 사용하기로 결정했다.

1) 역자 주: 본문에서는 '감각적 과잉-또는 과소-반응성'으로 번역한다.
2) 역자 주: 본문에서는 '감각적 갈망'으로 번역한다.

감각 정보에서의 비전형적 반응성의 의미에 대해 흔히 사람들이 하는 생각

자폐적인 감각 경험이라고 하면 많은 이는 주로 소리에 대한 예민성, 특히 소음에 너무 민감해서 귀를 자주 막는 아이를 떠올린다. 또한 티셔츠의 상표나 양말의 솔기를 견디지 못하는 등의 촉감에 대한 예민성을 떠올리기도 한다. 어떤 사람은 선풍기를 오랫동안 쳐다보거나 매우 오랫동안 물장난치는 등의 감각적 갈망 행동을 떠올린다. 이와 같은 사례가 꽤 흔하긴 하나, 지금쯤이면 예상했겠지만, 이 범주에는 눈에 보이는 것보다 더 많은 것이 존재한다.

이 범주에는 실제로 무엇이 포함되는가

DSM-5-TR에서 이 범주에는 '감각 정보에 대한 과잉 또는 과소 반응, 혹은 환경의 감각 측면에 대한 특이한 관심'이 포함된다. 저자들은 각 항목에 대해 자세히 살펴볼 예정이나, 우선 우리의 감각 시스템에 대해 논의해 보고자 한다.

> 감각 문제는 자폐인에게 더 흔하지만 자폐증에만 국한된 것은 아니며, 감각 문제가 자폐증 진단의 유일한 결정 요인이 되어서는 안 된다.

우리의 감각 시스템

우리의 몸은 삶의 매 순간 감각 정보를 받아들이고 처리한다. 이러한 정보는 외부 세계(예: 눈앞의 광경, 소리, 냄새)와 우리의 내부 세계(예: 심박수, 체온, 근긴장)로부터 온다. 우리는 끊임없이 이렇게 들어오는 정보를 처리하고, 맥락과 연관 짓고, 의미를 부여하고, 생각과 행동, 감정을 통하여 보통 무의식적으로 그것에 반응한다.

대부분의 사람은 우리의 다섯 가지 감각 시스템(시각, 청각, 촉각, 후각, 미각)을 알고 있으며, 이는 DSM-5-TR 진단 기준에서 감각 문제로 명시적으로 언급된다. 하지만 실제로 우리는 **여덟** 가지 감각 시스템을 가지고 있다. 자폐인이 어떤 방식으로 다른 감각 경험을 하는지 논의하기 전에 이들 각각을 검토해 보려고 한다.[3)]

청각

우리의 청각은 환경 내에서 소리를 듣고, 언어를 구성하는 특정 소리를 변별하며, 언어와 언어 외의 소리를 구별할 수 있게 해 준다. 더 나아가 우리는 이러한 소리를 맥락과 연결해야 한다. 즉, 소리가 어디에서 들리는지, 얼마나 가까운지, 이것이 우리에게 주변 환경에 대해 무엇을 알려 줄 수 있는지를 감지해야 한다. 예를 들어, 개가 짖는 소리를 듣는 것은 다음의 환경에 따라 완전히 다른 경험이 된다: (1) 바로 앞에 있는 새로운 강아지와 노는 중일 때, (2) 숲속을 혼자 걸으며 고요함을 즐기는 중에 바로 뒤에서 갑자기 짖는 소리가 들릴 때, (3) 개가 보이지 않는 병원 대기실에 앉아 있는데 텔레비전이 켜져 있을 때이다. 소리의 크기, 위치, 가능성 있는 움직임을 구별하는 과정은 상황의 단서를 제공한다. 또한 어떤 소리에 주의를 기울여야 하고, 어떤 소리는 무시해야 하며, 어떤 소리가 위협적인지 변별하는 데에도 도움이 된다.

촉각

우리 몸 전체를 덮고 있는 피부에는 접촉하거나 혹은 접촉되는 것에 대한 정보를 제공하는 수많은 수용체가 있다. 별도의 감각 경로가 통증, 온도, 촉감(가벼운 접촉과 깊은 압력 모두), 위치, 진동의 감각을 감지한다. 이는 우리가 다양한 방식으로 정보를 수집하는 데 도움이 된다. 예를 들어, 우리는 과일이 잘 익었는지 확인하기 위해 과일 조각을 만져 보거나, 누군가를 꼭 껴안으며 지지를 느끼거나, 힘든 하루를 마치고 집에 돌아오자마자 '편안한 옷'을 입는 등의 행동을 할 수 있다.

---

3) 저자 주: 저자들은 저서 『The Out-of-Sync Child』를 통해 이러한 차이를 일반 대중에게 전달해 준 캐롤 스톡 크라노위츠(Carol Stock Kranowitz, MA)에게 신세를 졌다. 저자들은 이 책의 초안, 특히 이 장에 대해 그녀가 준 의견에 특별히 감사를 표한다.

시각

우리의 시각은 눈을 통해 환경에 대한 정보를 인식한다. 여기에는 색상, 밝기, 모양, 크기, 위치, 거리/깊이, 움직임(즉, 자신의 몸과 환경 속 물체의 방향과 속도) 등의 데이터가 포함된다. 청각적 처리와 마찬가지로, 시각적 처리에는 이러한 다양한 유형의 정보를 통합하여 공간에서의 위치와 더불어 물체, 얼굴 등의 사물을 인식할 수 있는 맥락적 세계 모형을 형성하는 것이 포함된다. 이러한 감각은 움직임을 제어하는 시스템과 긴밀하게 통합되어 사람들이 환경 내의 물체 및 타인과 상호작용하면서 공간을 이동할 수 있게 해 준다.

미각

우리는 맛을 단맛, 신맛, 쓴맛, 짠맛, 감칠맛으로 분류하지만, 가족을 위해 자주 요리해 본 부모라면 누구나 각자마다 복잡하고도 고유한 미각 경험이 있음을 잘 알 것이다. 미각은 먹을 수 있는 음식과 상한 음식을 구별하게 해 주고, 먹고 마시는 동안에 즐거움을 경험할 수 있게 해준다. 음식의 질감(예: 부드러움, 바삭함, 크리미함, 끈적임)도 미각적 경험의 일부이지만, 엄밀히 말하면 이러한 경험은 혀의 촉각과 관련이 있다는 점에 유의하는 것이 중요하다. 이는 우리의 감각 시스템이 함께 작용하거나 통합되면서 우리 자신과 주변 세계에 대한 경험의 길잡이가 되는 수많은 방법의 한 훌륭한 예시이다.

후각

우리는 수십만 가지의 다양한 물질의 냄새를 인식할 수 있으며, 이러한 냄새에 대한 우리의 반응은 긍정적인 것부터 중립적인 것, 부정적인 것까지 다양하다. 후각은 다른 어떤 감각보다도 기억의 생성과 밀접한 관련이 있다—익숙한 냄새는 최근이나 오래 전의 기억을 불러일으킬 수 있다. 이러한 방식으로 후각 역시 상황을 빠르게 평가하는 데 도움을 주는 맥락과 관련이 많은 요소이다. 예를 들어, 새 책이나 토스트 냄새와 같은 몇몇 냄새는 기분을 좋게 하는 반면, 썩은 음식이나 젖은 개의 냄새와 같은 다른 냄새는 흔히 불쾌하게 느낀다. 물론 이에 대한 개인차는 매우 크다. 예를 들어, 도나Donna는 아기 냄새를 흡입하기 좋아하지만, 그녀의 딸은 이를 당혹스럽게 여긴다! 우리는 냄새를 기분 좋은 것부터 불쾌한 것까지의 연속선상에서 경험할 뿐 아니라 다양한 강도로도 경험한다. 두 사람이 향초가 있는 방에 있다면 한 사람은 희미하게 쾌적한 향기를 거의 알아차리지 못하는 반면, 다른 한 사람은 향기의 강력함에 강하게 주의가 끌릴 수 있다. 우리의 후각은 미각과 긴밀하게 통합되어 있으며, 음식을 씹는 과정에서 화학적 화합물이 방출되어 음식에 대한 경험의 일부가 된다.

고유수용감각proprioception

고유수용감각은 늘려서 펼치는 신전(伸展) 대 수축, 긴장 대 이완이 코드화된 근육, 뼈, 힘줄의 감각을 통해 우리 몸의 위치와 움직임에 대한 정보를 제공한다. 우리는 이러한 감각을 사용해서 신체의 특정 부위를 움직여 자세를 유지하고 움직임을 협응한다. 예를 들어, 우리는 다른 사람에게 물건을 건네거나 버터를 바르거나 오타를 지우거나 공을 던질 때 어느 정도의 힘을 가해야 하는지, 걷는 속도를 더 빠르거나 느리게 할 때 다리를 어떻게 움직여야 하는지, 계단을 오르내릴 때 다리를 얼마나 높이 들어야 하는지를 직관적으로 알 수 있다.

전정vestibular

내이에 위치한 전정계는 머리와 몸의 위치 및 움직임에 대한 정보를 제공한다. 이 시스템은 우리가 어지러움을 느끼거나 사물에 부딪히지 않도록 균형을 유지하는 데 도움을 준다. 또한 균형 감각과 더불어 공간에서 몸의 움직임을 협응하는 능력에도 필수적이다. 더불어 머리와 몸의 자세를 유지하는 데 필요한 피드백을 제공하면서 시선을 안정시킨다. 전정계의 데이터는 다른 감각 시스템, 특히 시각 및 고유수용감각의 데이터와 긴밀하게 통합되어 우리가 움직임을 정확하게 경험할 수 있도록 돕는다. 또한 전정계는 운동 시스템과 직접 연결되어 있어서 내이에 들어오는 정보에 따라 움직임을 빠르게 조정한다. 우리는 이 정보를 사용하여 똑바로 서거나 앉고, 공간을 이동하며, 고개를 돌리거나 자동차를 탄다.

내부수용감각interoception

“어떤 느낌이 드세요?” 참으로 간단한 질문이지 않은가? 하지만 이 질문에 답하려면 의식적이든 무의식적이든 신체를 점검하고, 심장박동, 호흡, 신체 특정 부위의 근육의 긴장, 배고픔, 갈증, 통증 및 기타 감각에 대한 정보를 수집해야 하는데, 이는 ‘뱃속에 나비가 들어 있는 느낌’처럼 구체적이면서도 모호할 수 있다. 이러한 실제 신체 감각은 항상성(예: 내 몸이 음식, 운동, 물, 수면 등을 필요로 하는구나)과 감정(내가 불안하구나, 화가 났구나, 슬프구나 등) 측면에서 우리가 어떻게 느끼고 있는지를 알려 준다. 이러한 내부 감각에 대한 인식을 **내부수용감각**이라고 한다(**외부수용감각**exteroception, 즉 신체 **외부**에서 오는 감각에 대한 인식과 반대되는 개념으로서).

이러한 감각 시스템은 서로 분리되어 작동하지 않는다. 우리는 여러 감각 시스템으로부터 끊임없이 정보를 받아들이고 통합하며 그에 따라 행동한다. 감각 시스템이 잘 작동하면 위험이나 과부하로부터 우리를 보호하고, 즐거운 경험으로 인도하며, 수많은 방식으로 세상을 탐색하는 데 도움이 된다.

우리는 현재로서는 감각에 대한 반응성의 차이가 생리적 민감도의 차이에서 비롯되는 것인지, 아니면 그 감각에 대한 관찰 가능한 행동 반응의 차이에서 비롯되는 것인지(즉, 민감도 대 반응성)에 대해 명확한 이해를 가지고 있지 않다. 저자들이 직감하기로 진단의 목적상 이는 중요치 않다. 중요한 것은 개인이 비전형적인 방식으로 감각 정보를 인지하고, 경험하고, 응답한다는 것이다.

그렇다면 자폐인에게 이는 어떤 모습일까

DSM-5-TR은 이 범주를 과잉-반응성, 과소-반응성, 환경의 감각 측면에 대한 비정상적인 관심의 세 가지로 분류한다. 여덟 가지의 어떤 감각에서도 발생할 수 있으며, 이는 수많은 감각적 프로파일을 만들어 낸다.

과잉-반응성

DSM-5-TR은 과잉-반응성이 '과도한 반응으로 나타나며', 자폐인에게는 "미각, 후각, 촉각 또는 음식의 외형에 대한 과도한 반응이나 의례적 행동 또는 과도한 편식이 흔하다"고 지적한다. 감각적 과잉-반응성은 감각적 민감성sensitivity 및 감각적 방어성defensiveness이라고도 불린다. 과잉-반응성은 외현화 행동(감정폭발과 같은), 특이한 반응(조용한 소리에 놀라는 것과 같은), 혹은 불쾌한 자극에 대한 회피(회피의 이유에 대한 언어적 명료화가 있든지 없든지 간에)로 나타날 수 있다. 그러나 관찰 가능한 행동적 표현이 없을 수도 있다. 대부분의 경우에 개인은 가벼운 불편한 느낌에서부터 주의산만함, 짜증, 압도감, 심지어 분노에 이르기까지 다양한 내적 반응을 경험한다.

모든 감각에서 과잉-반응성을 경험할 수 있다. 완전한 목록은 아니지만, 예시로 다음과 같은 것들이 있다.

- 변기 물 내리는 소리, 타인이 씹는 소리 등의 특정 소리나 일반 소리에 대한 심한 혐오감
- 자연광이나 인공조명에 대한 불편한 느낌
- 촉각과 관련된 방어성 또는 질감에 대하여 심할 정도로 느끼는 불편함—양말의 솔기, 옷의 꼬리표, 피부에 닿는 공기나 물의 촉감 등
- 사람의 손길이나 애정, 특히 가벼운 접촉의 감각
- 셀러리나 비누와 같은 특정 냄새에 대한 혐오감 또는 일반적인 모든 냄새에 대한 민감성
- 위생의 감각적인 측면, 예를 들어 젖은 머리카락이나 젖은 피부의 느낌, 치약의 맛, 칫솔이나 빗의 촉감, 손톱깎이의 촉감이나 소리 등
- 음식에 대한 과도한 반응 또는 극단적인 음식 제한으로 인해 식단이 매우 제한되는 경우
- 시각, 청각, 후각이 결합된 위압적인 정보로 인해 군중 속에 있을 때 압도되는 경우
- 내부 감각에 대한 과잉-반응성, 특히 비정상적으로 낮은 통증 내성으로 나타나면서 통증과 관련됨

- 고소공포증 또는 움직임과 관련된 공포/메스꺼움 반응, 예를 들어 계단 내려가기, 그네 타기, 회전하기 등

자폐증 경험에서 본 시선으로: 과잉-반응성

"표백제나 향수와 같은 특정 유형의 냄새는 저에게 금방 두통을 불러와요."

—테일러 M. Taylor M.

"저는 특정 파장의 빛에 극도로 민감해서 날씨가 흐리더라도 580나노미터의 노란색 빛을 차단하는 선글라스를 착용해야 하고, 특정 파란색 LED 조명을 보면 너무 밝아서 고개를 돌려야 해요."

—에릭 O. Eric O.

"잠을 잘 때는 머리카락이 목 뒤에 닿지 않아야 해요. 목 뒤쪽에 머리카락이 있으면 잠을 잘 수가 없거든요."

—그레이스 O. Grace O.

"저는 주로 촉각에 민감해요. 장난으로 맞거나, '하이파이브'를 하거나, 음악에 맞춰 박수를 치면 말 그대로 빨개지면서 한 20~30분 동안은 피부가 타는 듯한 느낌이 들어요."

"매니큐어를 바르면 손가락이 무겁다고 느끼곤 해요."

—엘리자베스 B. Elizabeth B.

"냄새는 제가 가장 민감하게 느끼는 최악의 부분이에요. 어떤 냄새는 너무 압도적이어서 재채기를 하지 않으면 숨을 쉴 수가 없을 정도이죠."

—조에 M. Zoe M.

"저는 한 입에 여러 가지 식감이 섞이는 것을 좋아하지 않아서 대부분의 채소를 좋아하지만, 샐러드는 절대 즐기지 않아요."

—자카리 M.Zachary M.

"저는 다른 사람들보다 더 잘 들을 수 있어요. 사람들은 제가 자기들의 대화를 들을 수 없다고 생각하겠지만, 저는 들을 수 있고, 그리고 그들의 대화를 차단할 수가 없어서 듣기 싫어도 들을 수밖에 없어요."

—오드리안 F.Audrian F.

"대기실에 있을 때 TV나 라디오가 틀어 있으면 자극을 받아요. 왜 제가 이렇게 반응하게 되는지는 모르겠지만 너무 오래 지속되면 울거나 화가 나기 시작하죠."

—린 V.Leen V.

"저는 어렸을 때 멀미를 심하게 했어요. 나이가 들면서 많이 나아졌지만, 여전히 도로가 구불구불하거나 다른 감각적인 요소가 많으면 차 안에서 힘들어해요. 예를 들어, 차 안에서 많은 사람이 이야기하고 있고, 음악이 같이 흘러나온다거나 주변의 소리가 더 많아지면 덜 복잡한 상황에서보다 더 심하게 멀미를 할 수 있어요. 지금은 대부분 차 안에서도 괜찮지만, 제가 기차 시스템이 있는 도시로 이사하기로 결정한 이유도 대부분 차 안을 피하기 위해서예요."

—조에 M.Zoe M.

자폐증 경험에서 본 시선으로: 강한 촉감 대 가벼운 촉감

저자들은 많은 자폐인으로부터 가벼운 촉감은 문제가 될 수 있는 반면에 깊은 촉감은 중립적이거나 즐거운 경험이라는 이야기를 들었다.

"가벼운 촉감은 최악이에요. 가벼운 촉감은 절대 사양이에요. 어렸을 때 엄마가 제 머리를 땋아 주셨는데 엄마의 손이 제 목 뒤쪽을 계속 스쳐서 제가 계속 피하면 엄마가 계속 뒤로 잡아당기셨던 기억이 나요. 엄마가 저를 가볍게 만지는 것을 참을 수 없어서 머리와 끔찍한 줄다리기를 한 거죠!"

"저는 바로 멈추고 싶어요. 아픈 건 아니에요. 그저 압도적이고 불안을 유발할 뿐이죠. 그리고 친밀한 파트너들한테 가벼운 접촉은 원하지 않는다고 말하는 건 그들이 좋아할 만한 일이 절대 아니죠."

—로렌 O. Lauren O.

"가벼운 촉감이 싫어요. 거의 경악할 정도이죠. 무게감 있는 담요나 긴 포옹처럼 깊은 촉감은 저에게 더 진정 효과가 있어요. 어떤 점에서 진정 효과가 있는지 설명할 수는 없지만, 불안을 유발하지 않고 진정이 되거든요."

—노엘 B. Noelle B.

청각과민증misophonia: 독특한 감각 문제

청각과민증은 대부분의 사람이 알아차리지 못하는 흔한 소리에 대한 극단적인 감정적 반응이다. 어떤 소리이든 유발 요인이 될 수 있지만, 가장 흔한 유발 요인은 먹거나 숨 쉬는 것과 관련된 소음이다. 청각과민증에는 몇 가지 주목할 만한 특징이 있다.

- 극단적인 외현화 반응: 청각과민증은 극단적인 감정 반응을 일으킬 수 있다. 대부분의 청각과민증 환자는 이러한 소리를 들으면 혐오감이나 극심한 짜증이 유발되며, 이를 완화하지 않으면 분노나 광분으로 진행될 수 있다. 일단 유발되면 청각과민증 환자는 너무나 압도되어 공격적으로 되거나 소리가 나는 곳으로부터 벗어나고 싶은 강렬한 욕구를 경험할 수 있다.
- 잘못된 인식: 일반적으로 감각 정보에 대한 민감성을 경험하는 사람들은 자신이 다른 사람들보다 더 강하게 반응한다는 것을 알고 있다. 반면에 일부 청각과민증인 사람은 다른 사람들이 자신을 짜증 나게 하려고 의도적으로 소음을 내고 있거나, 적어도 다른 사람들이 지나치게 많은 소음을 내고 있다고 생각할 수 있으며, 단순히 숨을 쉬거나 음식을 씹거나 정상적인 방식으로 일상 활동을

하는 다른 사람들에게 강한 분노를 느낄 수 있다.

- **필요 사항**: 전반적으로 청각이 예민한 사람 대부분은 보통 자극이 적은 조용한 환경에서는 잘 지낸다. 반면에 조용한 환경에서는 주변의 조그마한 소음도 더 크게 느껴서 반응을 유발할 수 있기 때문에 특히 청각과민증이 발생할 위험이 높아진다.

과소-반응성

과소-반응성은 자극에 거의 또는 전혀 반응을 보이지 않을 때 발생한다. 이러한 과소-반응성은 외부 자극에 대한 반응일 수도 있고, 내부 감각에 대한 반응일 수도 있다. 예를 들면 다음과 같다.

- 통증에 대한 낮은 반응, 몹시 금욕적이거나 통증에 대한 내성이 높다고 묘사됨
- 더위나 추위 등 온도에 대한 뚜렷한 무관심
- 배변 욕구에 대한 낮은 인식, 이에 따라 아동은 자주 실수할 수 있음
- 배고픔이나 포만감과 같은 다른 내적 신호에 대한 낮은 인식, 이에 계속 먹거나 전혀 배고파하지 않을 수 있으며, 먹어야 한다거나 화장실에 가야 한다고 주변에서 상기시켜 주어야 할 수 있음
- 얼굴에 묻은 음식물에 대한 느낌과 같은 촉각 정보에 대한 낮은 민감도—머리카락이 지저분하거나 옷이 꼬여 있는 것을 느끼지 못해서 항상 단정치 못한 모습일 수 있음
- 자동차가 오는 소리를 듣지 못하는 등 청각 정보에 대한 낮은 민감도
- 전정/고유수용감각 정보의 낮은 등록으로 인한 불량한 자세 조절
- 시각 정보에 대한 둔감성—예를 들어, 움직임을 처리하지 못하거나, 색상을 구별하지 못하거나, 사물이 얼마나 멀리 떨어져 있는지 알지 못하는 경우
- 전정/고유수용감각 정보에 대한 낮은 민감도, 이에 따라 '허공에서 넘어질' 수 있음
- 높은 곳이나 움직이는 장비의 위험성을 인식하지 못하는 것

- 과도한 회전에도 어지러움을 느끼지 않는 것
- 감정과 관련된 생리적 감각(내부수용감각, 예: 불안이나 흥분과 관련된 빠른 심박수)에 대한 인식이 거의 없어서 자신의 감정 상태를 인지하지 못하는 것

자폐증 경험에서 본 시선으로: 과소-반응성

"저는 냄새, 맛, 질감, 소리에는 아무런 문제가 없어요……. 특정 상황에서는 거의 이상할 정도로 그래요-대부분의 사람이 앞서 말한 측면 중 하나 때문에 먹기 힘들어 하는 음식도 보통은 저를 괴롭게 하지 않거든요."

-에릭 O. Eric O.

"저는 목이 마르거나 배가 고픈 적이 거의 없어요. 이런 증상이 흔한지 몰랐어요. 특히 출장이나 어렸을 때 외박과 같이 규칙적인 일과가 깨지는 새로운 환경에서는 물을 마시거나 먹는 것을 자주 잊어버렸답니다."

-아시아투 라오인 Asiatu Lawoyin

"저는 언제 목마른지 몰라서 이제는 물병을 항상 가지고 다니면서 많이 마시려고 노력해요. 예전에는 극단적인 수준에 이를 때까지 먹고 마시는 것을 잊곤 했어요. 통증을 느낄 때까지 알아차리지 못한 적도 있어요."

-잭 K. Jack K.

"저는 언제 배가 고픈지를 모른다는 문제가 있어요. 어떤 날은 한 끼만 먹는데, 대개는 아무것도 먹지 않았다는 걸 알아차려서 먹는 거예요. 제 허기는 시간을 확인함으로써 촉발되는 것 같아요. 왜냐하면 저는 "배고파?"라는 질문에 시간을 확인하는 걸로 반응하거든요. 언젠가 아버지는 저한테 제가 위장 대신에 시계를 갖고 있다고 농담을 하신 적이 있죠."

-앤지 L. Angie L.

"6년 전에—자폐증에 대해 아무것도 알지 못했을 때— 발목이 부러졌던 적이 있어요. 저는 다음날 아침까지도 알아차리지 못했죠. 발목을 심하게 삐었다고 생각하고는 그냥 잠자리에 들었어요. 다음날 아침, 발목이 야구공처럼 부어올라 움직일 수가 없어서 병원에 갔어요. 엑스레이를 찍었더니 의사가 정말 심하게 부러져서 수술을 해야 한다고 하더군요. 저는 "알겠어요"라고 했죠. 의사는 저를 이상하게 쳐다보더니 "이건 정말 심한 골절이에요. 크게 아프지 않으셨다니 놀랍네요"라고 말하더군요. 이제야 이해가 돼요."

—신디 B. Cindy B.

"저는 신발을 좋아해서 거의 모든 신발을 불편함 없이 신을 수 있어요. 신어 보지 않고도 신발을 살 수 있고, 한 사이즈 작은 신발도 신을 수 있어요. 신발이 잘 맞지 않는다는 것을 알아차릴 때는 하루가 지나고 물집이 생겼을 때뿐이죠."

—그레이스 O. Grace O.

"저는 배고픔을 잘 느끼지 못해서 하루 종일 식사 시간을 기억하는 데 어려움을 겪기 때문에 보통 시간을 확인하는 것에 기대어 지내요. 배가 고프다는 것을 알아차릴 때는 배에서 느끼기보다는 감정적으로 알아차리죠. 이유 없이 더 과민해지고 슬퍼지거든요."

—조에 M. Zoe M.

❙ 감각적 갈망

DSM-5-TR에는 '환경의 감각 측면에 대한 특이한 관심'이 포함되어 있으며, '과도한 냄새 맡기 또는 물체 만지기, 회전하는 빛이나 물체에 대한 매료' 등의 예가 제시되어 있다. 더 많은 예시는 다음과 같다.

- 물체를 가까이에서 시각적으로 점검하거나, 물체를 눈의 가장자리로 보거나, 눈을 가늘게 뜨면서 응시하는 것

- 시각적인 반복적 움직임(선풍기나 문과 같은)에 대한 매료
- 사람이나 물건을 핥거나 자극의 냄새를 과도하게 맡는 등 특이한 감각적 탐색
- 소매나 옷깃을 자주 씹거나 빠는 것
- 특정 질감에 대한 강한 매료
- 깊은 압력이나 무게감 있는 담요와 같은 특정 유형의 촉각적 정보에 대한 갈망

자폐증 경험에서 본 시선으로: 감각적 갈망에 대한 고찰

"저는 보통 질감과 향기 때문에 친구를 껴안거나 친구의 옷에 얼굴을 묻고 싶은 강한 충동을 느껴요. 그리고 나뭇잎이나 인형을 쓰다듬고 특정 질감에 몸을 비비는 걸 좋아하죠."

—오드리안 F.Audrian F.

"저는 모든 냄새, 특히 아니시드,[4] 휘발유(주유소에서), 수정 펜, 검은색 잉크, 매니큐어 냄새를 맡는 아이였어요. 제 아이들이 감기에 걸렸을 때에도 그 냄새를 맡을 수 있었어요. 라벤더 향은 저의 행복의 장소랍니다."

—엘리자베스 B.Elizabeth B.

"저는 좋아하는 리본이 있는데, 이 리본을 손가락 사이로 돌리거나 손톱 밑에 넣는 걸 좋아해요. 이 리본은 제 인생 내내 어떤 형태로든 함께 갖고 있었는데, 원래는 아기 담요의 실크 부분이었어요!"

—에이미 H.Amie H.

"제가 어렸을 때 가장 좋아했던 경험 중 하나는 제 봉제 토끼 인형의 귀 냄새였어요. 잠이 들거나, 속상하거나, 외로울 때면 그 냄새를 맡곤 했죠."

—개비 H.Gabby H.

4) 역자 주: 미나리과에 속하는 속씨식물의 종자로, 달콤한 향을 풍긴다.

"저는 젖은 양모나 라놀린이 함유된 양모 냄새를 좋아해요. 대부분의 친구와 가족, 심지어 뜨개질을 하는 친구들도 그 냄새를 싫어하는데 말이죠."

—앤지 L.Angie L.

▎특이한 감각 경험

공식적인 진단 기준에는 포함되지 않지만, 많은 자폐인은 감각적 차이를 보고하지 않는 이들과는 매우 다른 방식으로 감각적 세계를 경험한다는 점에 유의해야 한다. 예를 들어, 식당과 같이 소음이 많은 환경에서는 소리가 서로 섞이거나 왜곡되어 몇몇 사람은 어떤 소리에 집중해야 할지 판단하는 데 어려움을 겪을 수 있다. 마찬가지로 어떤 사람들은 한 종류의 소음(예: 전자제품의 윙윙대는 소리)에는 극도로 민감하면서도 다른 소리(예: 누군가가 자신의 이름을 부르는 소리)에는 무감각할 수 있다. 자폐증 옹호자이자 교육 연사인 킴 클래리Kim Clairy(개인 서신, 2021년 9월)는 신혼여행에서 남편과 하이킹을 하다가 '작은 차를 몰고 지나갈 수 있을 정도의' 바위 사이 틈을 발견하고는 그 틈을 통과할 수 없다고 생각해서 얼어붙었던 이야기를 들려준 바 있다. 남편이 그 틈을 걸어 지나가는 것을 보여 준 후에야 그녀는 자신도 그렇게 할 수 있다고 믿었다고 한다. 킴은 자신의 몸이 실제로 얼마나 큰지 제대로 파악하지 못한 수많은 사례를 보고했다.

많은 자폐인은 또한 **공감각**synesthesia을 경험하기도 한다. 공감각은 일반적으로 서로 연결되지 않은 감각이 동시에 자극을 받는 신경학적 현상이다. 비-자폐인도 공감각을 경험할 수 있지만, 최근 사이먼 바론-코헨Simon Baron-Cohen 등은 자폐증 성인에서의 공감각 발생률이 비-자폐인에 비해 거의 세 배 더 높다는 사실을 밝혔다.

따라서 자폐증의 보다 큰 표현의 일부인 비전형적인 감각 경험의 또 다른 예시로서 공감각을 고려해야 한다.

저자들은 공감각의 많은 사례를 들었다. 예를 들어, 샬롯 R.Charlotte R.은 다음과 같이 말했다: "특정 음식에서는 어떤 모양의 맛을 느낄 수 있어요. 가장 강한 것은 동그란 맛이 나는 백포도 주스였어요." 마찬가지로 앤지 L.Angie L.은 다음과 같이 말했다: "초등학교 시절에는 숫자, 특히 단순한 덧셈이나 뺄셈에 사용되는 숫자를 색과 연관시키곤 했어요. 예를 들어, 7+3=10은 주황색과 초록색이었죠." 킴 클래리Kim Clairy에 따르면, 그녀는 시끄러운 환경에 있을 때 시야가 불안정해지고, 일부 사물들이 흐릿해지고 섞이는 반면, 개별적인 특징(눈이나 입과 같은)은 선명한 초점으로 보였다.

감각 문제가 자폐인의 기능에 압도적으로 영향을 미칠 수 있다는 점은 몇 번을 강조해도 지나치지 않다. 멩-추안 라이 등은 감각적 차이가 발달 초기부터 나타날 수 있음을 상기시켰다. 이는 생애 초기 단계의 발달에 영향을 미칠 수 있으며, 자폐적 특성(이라고 우리가 생각하는)의 다른 영역에도 영향을 미칠 수 있다. 앨리 S.Allie S.는 다음과 같이 언급했다: "공립학교에서 감각 문제는 제 사회화 능력에 큰 영향을 미쳤어요. 소음을 견딜 수 없어서 점심시간과 쉬는 시간에는 선생님과 함께 지냈거든요. 소규모 학교에 다니게 된 후에는 점심시간과 자유 시간에 친구들과 어울릴 수 있었어요."

감각 문제가 운동 협응에 미치는 영향: 이미 언급했듯이, 우리의 감각은 운동 제어 시스템과 통합되어 있는데, 환경을 정확하게 감지하는 것이 환경에서 움직이기 위한 전제 조건이기 때문이다. DSM-5-TR에서는 자폐증 진단 기준의 일부로 감각적 처리의 운동적 측면을 언급하지 않으므로 이에 대한 논의는 나중을 위해 남겨 두겠다.

감각 경험이 사회적 상호작용에 미치는 영향: 당신도 상상할 수 있듯이, 이러한 모든 감각 문제에 대처하기는 매우 힘들고 지칠 수 있으며, 특히 사회적 상호작용 자체가 피로하고 노력을 요한다면 사회적 상호작용에 사용할 에너지는 거의 남지 않게 된다. 저자들은 자폐증이 있는 친구와 가족 구성원뿐만 아니라 우리의 자폐증 내담자들도 감각 친화적인 환경에 있을 때 더 성공적인 사회적 상호작용을 할 수 있다는 사실을 발견했다.

여아로부터 배운 점: 감각 경험

젠더에 따라 자폐인의 감각이 차이를 보일지에 관한 연구는 드물고, 이미 존재하는 연구도 확고한 결론에 이르지는 못했다. 몇몇 연구에서는 남성과 여성 간의 감각적 처리의 차이가 비슷하다고 지적하는 반면, 다른 연구에서는 여성의 감각적 차이가 더 크다고 보고했다. 남성이 여성보다 더 큰 감각적 차이를 보인다는 연구는 저자들이 아직 들어 본 바가 없다.

연구 장면에서 자폐증 여성은 자폐증 남성과 동일하거나 더 큰 감각적 차이를 보고한다. 임상 장면에서는 일반적으로 **남성이 더 외현화하는 경향이 있는 반면, 여성은 더 내면화하는 경향이 있기** 때문에 비(非)남성에게 감각 경험에 대해 질문하는 것이 특히 중요할 수 있다(저자들은 모든 젠더의 사람들의 감각적 차이에 대한 연구가 나오기를 기대한다). 따라서 남성(자폐증이 있든 없든)은 부모나 교사에 의해 보고될 가능성이 보다 높은 관찰 가능한 감각적 차이 관련 행동 증상을 가질 가능성이 있다. 반대로 여아는 관찰 가능한 행동적 상관관계가 없는 감각적 차이를 보일 가능성이 더 높다. 저자들은 많은 여성이 "전구 소리가 저를 미치게 하지만, 아무에게도 말한 적은 없어요" 같은 이야기를 하는 것을 들은 바 있다. 따라서 여아의 감각 문제를 진정으로 이해하는 가장 신뢰할 수 있는 방법은 그녀에게 직접 물어보는 것이다.

마지막으로, 자폐증 여아의 섭식장애에서 감각적 차이의 관련성을 강조하는 것이 중요하다. 연구에 따르면, 섭식장애가 있는 여아에게서 자폐증의 유병률이 높고, 자폐증 여아에게서 섭식장애의 유병률이 높다. 감각적 차이는 몇 가지 이유로 이 주제와 관련이 있다. 첫째, 자폐증 여아는 까다로운 식습관을 가질 위험이 일반 여아보다 높으며, 맛, 냄새 또는 질감 문제로 인해 음식 선택이 제한되면 칼로리 섭취도 제한될 수 있다. 둘째, 몇몇 자폐증 여아는 생리적인 배고픔의 신호를 느끼거나 해석하는 데 어려움을 겪기 때문에 배고픔을 거의 느끼지 못해 매우 적게 먹는다. 이는 체중 감량을 위해 의도적으로 칼로리를 제한하는 것으로 쉽게 오해될 수 있다. 물론 그 반대의 경우도 있을 수 있다. 일부 자폐증 여아는 포만감을 느끼지 못해서 과식을 하기도 한다. 치료를 적절하게 목표로 삼을 수 있도록 기여 인자를 파악하려면 신중한 평가가 필요하다.

킴 클래리Kim Clairy는 심각한 섭식장애를 겪고 있었고, 자폐증으로 인해 적절한 도움을 받기가 더욱 어려웠다. 예를 들어, 치료 센터에 있을 때 킴은 정해진 양의 특정 음식을 먹어야 했는데, 몇몇 음식의 냄새, 맛, 질감에 대한 감각적 예민성 때문에 어려움을 겪었다. 킴의 치료 센터 직원들은 킴이 이러한 음식을 먹기 어려워하는 이유가 칼로리에 대한 염려 때문이라고 생각했지만, 실제로는 그렇지 않았다. 또한 스트레스를 받으면 킴은 자폐증 여성이 흔히 반복적으로 하는 동작인 앞뒤로 걸음 옮기기를 해야만 했다. 그러나 섭식장애 프로그램 직원은 이러한 행동을 칼로리를 소모하려는 시도로 해석했다.

자주 하는 질문(FAQ)

- **비-자폐인도 비전형적인 감각 경험을 할 수 있을까요?** 물론이다! 특히 감각적 민감성은 많은 사람에게서 흔히 볼 수 있다. 연구마다 다른 기준을 사용하기 때문에 얼마나 많은 비-장애 아동이 유의미한 감각적 처리 문제를 가지고 있는지 명확하게 추정하기는 어렵다. 그러나 비-장애 아동의 상당수가 실제로 감각적 처리 문제를 가지고 있음은 분명하다. 예를 들어, 로이안 안Roianne Ahn 등은 전형적인 발달이 추정되고 의뢰되지 않은 유치원 아동의 5.3%~13.7%가 감각적 처리 장애를 가지고 있음을 발견하였다. 아예렛 벤 사손Ayelet Ben-Sasson 등은 학령기 아동의 부모 중 16%가 자녀에게서 심각한 감각적 고-민감성을 보고했다고 밝혔다. 그럼에도 자폐증 아동에서는 그 비율이 훨씬 높다. 톰체크Tomcheck와 던Dunn에 따르면, 95%에 달할 정도이다. 이 장의 초반에서 언급했듯이 감각적 문제는 자폐인에게 더 흔하나 자폐증에만 국한된 것은 아니며, 자폐증 진단의 유일한 결정 요인이 되어서는 안 된다.
- **어떤 사람이 어떤 것에는 과잉-반응적이고, 다른 것에는 과소-반응적일 수 있을까요?** 물론 그러하며, 이는 전형적인 현상이다.

- **사람의 감각 경험이 변할 수 있을까요?** 그렇다. 그리고 이 역시 흔한 일이다. 감각 경험은 일반적으로 사람이 성숙해 감에 따라 변할 수 있으며, 상황과 개인의 마음 상태에 따라 매일 달라질 수도 있다. 예를 들어, 어떤 사람은 시험을 치르는 동안에 형광등 소리에 강한 반응을 보일 정도로 소음에 매우 민감할 수 있지만, 좋아하는 비디오게임은 볼륨을 크게 높여서 즐길 수도 있다.
- **감각 경험이 내담자의 어린 시절에만 발생했고, 지금은 그렇지 않다면 어떻게 해야 할까요?** 이는 여전히 중요하다. 이러한 기준은 현재 또는 과거력상 충족되어야 한다는 점을 기억하라.
- **자폐인만이 변형된 내부수용감각을 경험할까요?** 아니다. 누구나 변형된 내부수용감각적 인식을 경험하지만, 몇몇 집단은 이에 더 취약할 수 있다. 여기에는 자폐인 외에도 ADHD를 가진 사람, 트라우마를 경험한 사람, 지속적으로 정서 조절 곤란을 겪는 사람 등이 포함된다.
- **감각적 갈망 행동은 자기-자극stimming과 어떻게 다른가요?** 자기-자극은 사람마다 다르게 해석될 수 있는 비공식적인 용어이다. 이에는 감각적 갈망, 반복적인 행동, 그리고 몇몇 사람에게는 강렬한 관심사로 시간을 보내기가 포함될 수 있다. 자기-자극에는 목적이 있다. 만일 내담자가 자기-자극을 언급한다면 그저 해당 경험과 행동이 내담자에게 어떤 의미인지, 그리고 자기-자극이 어떤 목적을 가지는지 물어보도록 저자들은 권장한다.

참고문헌 및 읽을거리

Ahn, R. R., Miller, L. J., Milberger, S., & McIntosh, D. N. (2004). Prevalence of parents' perceptions of sensory processing disorders among kindergarten children. *American Journal of Occupational Therapy, 58*(3), 287-293. https://doi.org/10.5014/ajot.58.3.287

American Psychiatric Association. (2022). *Diagnostic and statistical manual of mental disorders* (5th ed., text rev.). https://doi.org/10.1176/appi.books.9780890425787

Baron-Cohen, S., Johnson, D., Asher, J., Wheelwright, S., Fisher, S. E., Gregersen, P. K., & Allison, C. (2013). Is synaesthesia more common in autism?. *Molecular Autism, 4*(1), 40. https://doi.org/10.1186/2040-2392-4-40

Ben-Sasson, A., Carter, A. S., & Briggs-Gowan, M. J. (2009). Sensory over-responsivity in elementary school: Prevalence and social-emotional correlates. *Journal of Abnormal Child Psychology, 37*(5), 705-716. https://doi.org/10.1007/s10802-008-9295-8

Ben-Sasson, A., Carter, A. S., & Briggs-Gowan, M. J. (2010). The development of sensory over-responsivity from infancy to elementary school. *Journal of Abnormal Child Psychology, 38*(8), 1193-1202. https://doi.org/10.1007/s10802-010-9435-9

Ben-Sasson, A., Cermak, S. A., Orsmond, G. I., Tager-Flusberg, H., Carter, A. S., Kadlec, M. B., & Dunn, W. (2007). Extreme sensory modulation behaviors in toddlers with autism spectrum disorders. *American Journal of Occupational Therapy, 61*(5), 584-592. https://doi.org/10.5014/ajot.61.5.584

Ben-Sasson, A., Hen, L., Fluss, R., Cermak, S. A., Engel-Yeger, B., & Gal, E. (2009). A meta-analysis of sensory modulation symptoms in individuals with autism spectrum disorders. *Journal of Autism and Developmental Disorders, 39*(1), 1-11. https://doi.org/10.1007/s10803-008-0593-3

Bertone, A., Mottron, L., Jelenic, P., & Faubert, J. (2005). Enhanced and diminished visuo-spatial information processing in autism depends on stimulus complexity. *Brain, 128*(10), 2430-2441. https://doi.org/10.1093/brain/awh561

Board on the Health of Select Populations, Board on Children, Youth, and Families, Institute of Medicine, & Division of Behavioral and Social Sciences and Education. (2015). Prevalence of learning disabilities. In T. F. Boat, J. T. Wu, & J. T. Wu (Eds.), *Mental disorders and disabilities among low-income children* (Ch. 16). National Academies Press (US). www.ncbi.nlm.nih.gov/books/NBK332882/

Bundy, A. C., Lane, S., Mulligan, S., Reynolds, S., & Fisher, S. J. (2020). *Sensory integration: Theory and practice*. F. A. Davis.

Danielson, M. L., Bitsko, R. H., Ghandour, R. M., Holbrook, J. R., Kogan, M. D.,

& Blumberg, S. J. (2018). Prevalence of parent-reported ADHD diagnosis and associated treatment among U.S. children and adolescents, 2016. *Journal of Clinical Child and Adolescent Psychology, 47*(2), 199-212. https://doi.org/10.1080/15374416.2017.1417860

Dworzynski, K., Ronald, A., Bolton, P., & Happé, F. (2012). How different are girls and boys above and below the diagnostic threshold for autism spectrum disorders?. *Journal of the American Academy of Child and Adolescent Psychiatry, 51*(8), 788-797. https://doi.org/10.1016/j.jaac.2012.05.018

Falkmer, M., Stuart, G. W., Danielsson, H., Bram, S., Lönebrink, M., & Falkmer, T. (2011). Visual acuity in adults with Asperger's syndrome: No evidence for "eagle-eyed" vision. *Biological Psychiatry, 70*(9), 812-816. https://doi.org/10.1016/j.biopsych.2011.07.025

Green, S. A., Hernandez, L., Lawrence, K. E., Liu, J., Tsang, T., Yeargin, J., Cummings, K., Laugeson, E., Dapretto, M., & Bookheimer, S. Y. (2019). Distinct patterns of neural habituation and generalization in children and adolescents with autism with low and high sensory overresponsivity. *The American Journal of Psychiatry, 176*(12), 1010-1020. https://doi.org/10.1176/appi.ajp.2019.18121333

Hull, L., Mandy, W., & Petrides, K. V. (2017). Behavioral and cognitive sex/gender differences in autism spectrum condition and typically developing males and females. *Autism: The International Journal of Research and Practice, 21*(6), 706-727. https://doi.org/10.1177/1362361316669087

Hull, L., Petrides, K. V., Allison, C., Smith, P., Baron-Cohen, S., Lai, M.-C., & Mandy, W. (2017). "Putting on my best normal": Social camouflaging in adults with autism spectrum conditions. *Journal of Autism and Developmental Disorders, 47*(8), 2519-2534. https://doi.org/10.1007/s10803-017-3166-5

Jussila, K., Junttila, M., Kielinen, M., Ebeling, H., Joskitt, L., Moilanen, I., & Mattila, M.-L. (2020). Sensory abnormality and quantitative autism traits in children with and without autism spectrum disorder in an epidemiological population. *Journal of Autism and Developmental Disorders, 50*(1), 180-188. https://doi.org/10.1007/s10803-019-04237-0

Kaat, A. J., Shui, A. M., Ghods, S. S., Farmer, C. A., Esler, A. N., Thurm, A., Georgiades, S., Kanne, S. M., Lord, C., Kim, Y. S., & Bishop, S. L. (2021). Sex differences in scores on standardized measures of autism symptoms: A multisite integrative data analysis. *Journal of Child Psychology and Psychiatry, 62*(1), 97-106. https://doi.org/10.1111/jcpp.13242

Kopp, S., & Gillberg, C. (1992). Girls with social deficits and learning problems: Autism, atypical Asperger syndrome or a variant of these conditions. *European Child & Adolescent Psychiatry, 1*(2), 89-99. https://doi.org/10.1007/BF02091791

Kranowitz, C. S. (2020). *The out-of-synch child: Recognizing and coping with sensory processing differences*. TarcherPerigee, an imprint of Penguin Random House.

Lai, M.-C., Lin, H.-Y., & Ameis, S. H. (2022). Towards equitable diagnoses for autism and attention-deficit/hyperactivity disorder across sexes and genders. *Current Opinion in Psychiatry, 35*(2), 90-100. https://doi.org/10.1097/YCO.0000000000000770

Lai, M.-C., & Szatmari, P. (2020). Sex and gender impacts on the behavioural presentation and recognition of autism. *Current Opinion in Psychiatry, 33*(2), 117-123. https://doi.org/10.1097/YCO.0000000000000575

Lane, S. J., Reynolds, S., & Thacker, L. (2010). Sensory over-responsivity and ADHD: Differentiating using electrodermal responses, cortisol, and anxiety. *Frontiers in Integrative Neuroscience, 4*(8), 603. https://doi.org/10.3389/fnint.2010.00008

Maenner, M. J. Shaw, K. A., Baio, J., Washington, A., Patrick, M., DiRienzo, M., Christensen, D. L., Wiggins, L. D., Pettygrove, S., Andrews, J. G., Lopez, M., Hudson, A., Baroud, T., Schwenk, Y., White, T., Rosenberg, C. R., Lee, L.-C., Harrington, R. A., Huston, M., Hewitt, A., Amy Esler, A., Hall-Lande, J., Poynter, J., N., Hallas-Muchow, L., Constantino, J. N., Fitzgerald, R. T., Zahorodny, W., Shenouda, J., Daniels, J. L., Warren, Z., Vehorn, A., Salinas, A., Durkin, M. S., Dietz, P. M. (2020). Prevalence of autism spectrum disorder among children aged 8 years: Autism and Developmental Disabilities Monitoring Network, 11 sites, United States, 2016. *MMWR Surveillance Summaries, 69*(4), 1-12. https://doi.org/10.15585/mmwr.ss 6904a1

Mandy, W., Chilvers, R., Chowdhury, U., Salter, G., Seigal, A., & Skuse, D. (2012). Sex differences in autism spectrum disorder: Evidence from a large sample of children and adolescents. *Journal of Autism and Developmental Disorders, 42*(7), 1304-1313. https://doi.org/10.1007/s10803-011-1356-0

Moseley, R. L., Hitchiner, R., & Kirkby, J. A. (2018). Self-reported sex differences in high-functioning adults with autism: A metaanalysis. *Molecular Autism, 9*(1), 33. https://doi.org/10.1186/s13229-018-0216-6

Schoen, S. A., Miller, L. J., & Green, K. E. (2008). Pilot study of the sensory over-responsivity scales: Assessment and inventory. *American Journal of Occupational Therapy, 62*(4), 393-406. https://doi.org/10.5014/ajot.62.4.393

Tomchek, S. D., & Dunn, W. (2007). Sensory processing in children with and without autism: A comparative study using the short sensory profile. *American Journal of Occupational Therapy, 61*(2), 190-200. https://doi.org/10.5014/ajot.61.2.190

Young, H., Oreve, M.-J., & Speranza, M. (2018). Clinical characteristics and problems diagnosing autism spectrum disorder in girls. *Archives de Pédiatrie, 25*(6), 399-403. https://doi.org/10.1016/j.arcped.2018.06.008

Young, S., Hollingdale, J., Absoud, M., Bolton, P., Branney, P., Colley, W., Craze, E., Dave, M., Deeley, Q., Farrag, E., Gudjonsson, G., Hill, P., Liang, H.-L., Murphy, C., Mackintosh, P., Murin, M., O'Regan, F., Ougrin, D., Rios, P., Stover, N., Taylor, E., & Woodhouse, E. (2020). Guidance for identification and treatment of individuals with attention deficit/hyperactivity disorder and autism spectrum disorder based upon expert consensus. *BMC Medicine, 18*(1), 146. https://doi.org/10.1186/s12916-020-01585-y

제 2 부

자폐증의 다른 표현

이 장의 두 가지 목표는 다음과 같다: 첫 번째, 자폐증 관련 경험을 묘사하여 자폐인에 대한 이해를 돕고자 한다. 두 번째, 한 걸음 물러나 누군가가 자폐증인지 아닌지 생각해 볼 수 있는 패턴을 알려 주고자 한다.

제9장에서는 자폐인 프로파일의 한 부분이자 일상 기능과 경험에 영향을 미칠 수 있는 동반 질환을 설명한다. 정서적 처리, 인지, 의학적 건강 상태, 기타 경험으로 어려움들을 분류하였다.

제10장에서는 자폐인의 잠재적인 강점 중 일부를 논의한다. 지금까지 이 책은 자폐인이 헤쳐 나가야 하는 어려움에 초점을 맞추었다. 이 장에서는 당신이 알고 있는 자폐인의 잠재적인 강점을 파악하도록 돕는다. 이를 통해 임상가는 자폐증 내담자와 함께 작업하면서 서로를 격려하고 칭찬할 수 있다.

감별진단은 도나 헨더슨Donna Henderson의 『자폐증인가요 II: 진단을 위한 동반 지침서』에서 논의할 것이며, 이 책에서는 관련 경험이 자폐인에게 어떻게 나타날 수 있는지를 집중적으로 설명할 것이다.

제9장

흔히 동반되는 문제

이 장에서는 자폐인 일부가 겪을 수 있는 동반되는 문제를 설명한다. 이 질환은 자폐인에게 더 자주 발생하며, 기능과 안녕에 막대한 영향을 미칠 수 있다. 저자들은 자폐증의 표현이 덜 분명한 사람에게 초점을 맞추고 있으므로 이 집단에서 더 흔하게 나타나는 질환을 설명할 것이다. 동반 질환의 유병률을 제시하지는 않았는데, 추정치의 범위가 넓고 대개는 많은 지원을 필요로 하는 자폐인을 포함하기 때문이다. 더군다나 표현이 덜 분명한 자폐증의 유병률은 아직 면밀하게 연구되지도 않았다.

DSM-5-TR의 자폐증 기준에서는 **부수적 특징**으로 언어장애, 적응기능의 어려움, 운동 문제, 자해, 파괴적 행동, 불안, 우울, 긴장증-유사 운동 행동 등을 설명한다. 하지만 이외에도 수잔 두발Susan Duvall 등이 발견했듯이, 자폐증에 특정적이지는 않더라도 임상가가 자폐증을 고려할만한 징후가 되는 행동과 특성을 살펴보면 유용하다. 두발 박사 등은 이를 '경고 신호pink flag'라고 불렀다. 한두 개의 경고 신호가 반드시 유의미하지는 않지만, 경고 신호의 패턴은 추가적인 조사의 필요성을 확실히 시사한다.

다음의 사항은 아무리 강조해도 지나치지 않다. 이 장에서 논의된 경험은 자폐증에만 국한되지 않는다. 그러나 이 경험들의 패턴이 사회적 어려움의 맥락에서 외적 표현이나 내적 경험의 어떤 형태로든지 나타난다면 당신의 내담자에게 자폐증이 있을 가능성을 추가적으로 고려해 보길 권한다.

이 장에는 다음의 두 가지 목표가 있다. 첫째, 자폐증이 전체 그림의 어느 한 조각을 담당하는지 단서가 되는 특성과 행동을 강조한다. 둘째, 이 질환 중 일부는 자폐인에게서 비-자폐인과 다르게 나타날 수 있음을 알려 준다. 감별진단은 『자폐증인가요 II: 진단을 위한 동반 지침서』에서 논의할 것이며, 이 책에서는 어떤 다른 무엇이 자폐증 내담자에게서 발생할 수 있는지, 어떻게 이들에게서 나타날 수 있는지에 초점을 맞춘다.

저자들은 동반된 문제들을 정서적, 인지적, 의학/건강, 기타 분류로 나누었다. 이 중 일부는 DSM-5-TR에 수록되어 있지만, 그렇지 않은 경우도 많다. 지면 관계상 각 질환을 자세히 설명할 수는 없다. 앞에서 언급했듯이 동반 질환을 탐색한 연구가 적고, 특히 약간의 지원만이 필요한 자폐인을 대상으로는 더욱 그러하다. 그래서 이 책에서는 저자들의 경험에 주로 근거하여 이 장에서 무엇을 포함하고 제외할지를 결정했다.

가능성 있는 정서적 질환[1)]

뒤늦게 자폐증 진단을 받은 많은 사람은 처음에 우울, 불안, 정서적 반응의 둔화shutdown, 감정폭발로 평가나 치료를 받으러 온다. 정서적 문제가 오해와 같은 스트레스 요인 때문인지 아니면 개인의 신경 구조wiring(예: 감각 과부하에 대한 취약성)와 관련된 것인지 구분하기는 불가능하므로 이 질문은 넘어가도록 하고, 이러한 어려움이 자폐인에게 미치는 영향에 초점을 맞추고자 한다.

이 단락에서는 다음의 내용을 다룬다.

- 불안

1) 저자 주: 수잔 화이트(Susan White), 브레나 매독스(Brenna Maddox), 칼 마제프스키(Carl Mazefsky)가 편집한 『자폐증과 동반되는 정신과적 질환에 관한 옥스퍼드 핸드북(The Oxford Handbook of Autism and Co-Occurring Psychiatric Conditions)』(2020)은 DSM-5-TR 및 ICD-11에 수록된 진단을 다룬 이 장의 단락에서 귀중한 자료로 사용되었다. 유병률, 표현, 치료적 선택지와 관련하여 이 책을 참고하기를 바란다.

- 강박장애
- 우울
- 자폐적 번아웃
- 정서적 강렬함과 불안정성
  - 신경적 충돌
  - 극단적인 공감(정서적 불균형)
  - 거절 민감성 불쾌감Rejection Sensitive Dysphoria: RSD
  - 양극성장애
  - 반복적인 자해
  - 자살
- 트라우마
- 감정인식불능증alexithymia
- 병리적 요구 회피Pathological Demand Avoidance/ 광범위한 자율성에 대한 욕구Pervasive Drive for Autonomy: PDA

자폐인의 정서적 어려움은 비-자폐인과 다르게 나타날 수 있다. 비-자폐인과 마찬가지로 적응기능이나 학업기능의 저하, 관심사를 향한 강도(더 강해지거나 약해지거나), 반복적인 행동의 증가, 위축, 과민성이나 공격성의 증가, 반복적인 자해 등에서 변화가 있다면 정서적 어려움의 가능성을 고려한다. 또한 몇몇 자폐증 내담자에게는 DSM 진단 기준의 공식적인 선별 도구가 타당하지 않을 수 있음을 염두에 두어야 한다. 연구자들은 이 문제를 인식하고 있으며, 현재 사용되는 일부 평가 도구가 자폐인에게 적합한지 혹은 새롭거나 수정된 도구가 필요한지 계속해서 연구되고 있다.

불안

자폐인의 불안은 대부분 아동을 대상으로 연구되었다. 그러나 불안은 자폐증 성인에게도 매우 흔하며, 아동 대상의 연구 결과를 우리가 아는 자폐증 성인에게도 확실히 적용할 수 있어 보인다. 에머리대학교의 로렌스 스카힐Lawrence Scahill 등에 따르면, 자폐증 아동의 불안을 가장 잘 관찰할 수 있는 지표로는 과민성, 사회적 위축과 회피, 과잉행동, 공격적인 언어, 동일성에 대한 고집의 증가, 제한된 흥미의 강도 증가, 반복적이거나 자해하거나 강박적이거나 의례적인 행동이 있다.

불안은 그 자체로 좋지도 나쁘지도 않으며, 어떤 불안은 주의 초점을 집중시키고 행동의 방향을 제시하여 위험하거나 불확실한 상황을 보다 효과적으로 헤쳐 나가도록 도와줄 수 있다. 불안에 압도되면 공포 반응이 점화되어 개인으로 하여금 싸우거나 도망치거나 얼어붙게 할 수 있다. 이러한 반응 역시 상황의 요구에 따라 유용하거나 효과적이거나 필요할 수 있지만, 상황에 내재된 위험에 비해 반응이 과도할 때는 문제가 될 수 있다. 더욱이 불안은 증상을 유발하거나 악화시키는 상황을 회피하도록 유도할 수 있다. 저자들의 동료인 조나단 달튼Jonathan Dalton 박사(개인 서신, 2020년)가 짚어 주었듯, "불안 자체는 해롭지 않지만, 회피는 삶을 망친다." 또한 불안은 개인이 통제할 수 없는 상황을 통제하도록 시도하게 해서 업무 수행, 학교, 대인관계에 영향을 준다.

어떤 특정한 불안장애는 자폐인에게서 훨씬 더 흔하다. 크루즈Cruz 등은 2010년의 국제자폐증연구회의International Meeting for Autism Research: IMFAR에서 7~14세, 70 이상의 IQ, 한 개 이상의 불안장애를 동반한 자폐증 아동을 조사한 결과를 발표했다. 그 결과, 범불안장애, 특정공포증, 사회불안장애, 분리불안장애가 가장 흔했고, 선택적/상황적 함구증도 있었다.

범불안장애Generalized Anxiety Disorder(이하 GAD)는 자폐인에게 꽤 흔하다. 분 옌 라우Boon Yen Lau 등이 6~18세 자폐증 아동의 불안 유발 요인을 분석한 결과, 비-자폐증 아동과 비슷한 대상(예: 수행, 사회적 상황, 날씨, 초자연 현상, 건강)도 있었고, 자폐증에 특정적인 유발 요인(예: 변화/새로움/불확실성, 사회적 혼란, 감각 과부하)도 있었다. **특정공포증**의 비율도 높았다. 연구팀은 자폐인의 특정공포증이 꽤 특이할 수 있다고 언급하였다(예: 눈). 저자들의 경험상, 내담자의 공포증이 전형적이지만 극심할 수도 있다(예: 벌을 만날까 봐 여름 내내 야외 활동을 거부하는 아동).

또한 저자들의 관찰상, 불안한 자폐증 내담자 중 상당수가 비-자폐인 내담자만큼 빠른 속도로 인지행동치료Cognitive Behavior Therapy(이하 CBT)에 반응하지는 않았다. 저자들의 내담자가 "CBT는 도움이 되지 않았다"고 보고하면 자폐증을 고려해 볼 정도로 흔한 일이다.

분리불안장애를 가진 사람은 애착이 강하게 형성된 사람과 떨어져 있을 때 자신이나 애착 대상이 해를 입을까 봐 극도로 불안해 할 수 있다. 아동뿐만 아니라 성인도 분리불안을 경험할 수 있다. 자폐인은 애착 대상이 해를 입을까 봐, 아니면 사랑하는 사람이 떠나면서 규칙적인 일과routine가 변할까 봐, 혹은 두 가지 모두 때문에 분리불안을 경험할 수 있다.

사회불안장애Social Anxiety Disorder(이하 SAD)는 '하나 이상의 사회적 상황에 대한 두드러진 공포 혹은 불안'으로, 다른 사람에 의해 유심히 관찰될까 봐 걱정하는 증상이다. SAD를 가진 사람은 다른 사람이 자신을 부정적으로 평가할까 봐 두려워하며, 이에 따라 과경계하거나 타인의 중립적인 반응을 적대적으로 해석할 수 있다. (자폐인은 사회적 상황에서 실패한 경우가 많으므로, 이들이 사회적 상황을 불안해 하는 이유를 이해하기 쉽다.)

DSM-5-TR에서는 **선택적 함구증**Selective Mutism(이하 SM)을 다음과 같이 설명한다: "다른 상황에서는 [말을 할 수 있음에도] 불구하고, 말을 할 것으로 기대되는 특정한 사회적 상황에서 지속적으로 말을 하는 것을 실패한다." 몇몇 자폐인은 자신이 언제 입을 다물지 선택한다는 의미가 정확하지 않아서 **상황적 함구증**situational mutism이라는 용어를 선호하기도 한다. 또한 **상황적 함구증**의 용어를 다르게 사용하는 임상가도 있는데, 이 경우에는 지속 시간이 짧아 SM의 1개월 지속 기간 기준을 충족하지 못하는 함구증 삽화를 가리킨다.

피터 머리스Peter Muris와 토마스 올렌딕Thomas Ollendick의 고찰이 담긴 논문 「선택적 함구증과 사회불안장애 및 자폐스펙트럼장애와의 관계Selective Mutism and Its Relations to Social Anxiety Disorder and Autism Spectrum Disorder」에서는 SM과 SAD의 분리가 거의 불

가능하다는 주장이 설득력 있게 제시되어 있다. 무리스 등에 따르면, DSM-5-TR에서 SM과 자폐증의 동시 진단을 허용하지 않지만, 자폐증은 SM 아동의 높은 비중(63~80%)을 차지한다. 그리고 SM, SAD, 자폐증을 "사회적 장애로서 단일화된 삼위일체로 간주할 수 있다"고 결론지었다. 자폐인이 가진 사회적 의사소통 양식의 차이, 동일성에 대한 선호, 감각적 과-반응성은 사회적 상호작용을 더욱 어렵게 만들어 사회불안을 유발하고, 'SM을 가진 아동이 보이는 지속적인 비언어적 행동을 촉진'할 수 있다. 따라서 SM이 있거나 SM의 과거력이 있는 내담자와 작업할 때는 자폐증의 가능성을 고려해야 한다.

자폐증 경험에서 본 시선으로: 불안

"잘 모르는 사람을 만나면 무슨 말을 해야 할지 모르겠어요. 저를 판단할까 봐 겁이 나기 시작하고, 일단 그렇게 되면 상대방이 아무리 친절해도 말을 할 수가 없어요."

– 나믹 T.Namik T.

"몇 년 전에 제 아동심리치료사는 제가 사회불안이 있어서 많은 사람과 함께 시간 보내기를 좋아하지 않는다고 생각했어요. 지금은 그래도 어렸을 때는 사회불안이 심하지 않았고, 단지 감각적인 문제였다고 설명하고 싶어요. 치료사가 추측하지 말고 직접 물어봤더라면 좋았을 텐데요."

– 앨리 S.Allie S.

강박장애Obsessive-Compulsive Disorder: OCD

DSM-5-TR에 따르면, 강박장애(이하 OCD)를 가진 사람은 '반복적이고 지속적인 생각, 충동, 또는 심상이…… 침투적이고 원치 않는' 불안 또는 고통을 유발하며, 강박사고와 무관해 보이는 다른 생각이나 행동(강박행동)으로 억압하거나 중화하려고 노력한다. 강박행동은 대개 개인이 반드시 수행해야 한다고 느끼는 반복적인 행동이나 의례적 행동ritual이다. OCD와 자폐증 모두 반복적인 행동, 강렬하거나 지속적인 생각, 감각적 과-반응성, '옳지 않다'는 느낌을 포함하며, 따라서 두 질환이 모두 존재하면 서로를 강화할 수 있다. 더욱이 자기-자극stim(본인에게는 고통스럽지 않지만 주변 사람이 괴로울 수 있는)과 강박행동(본인을 괴롭히고, 심지어 고통을 주며 삶을 방해하는)을 구분하기는 어려우므로, 해당 행동을 적절히 이해하고 다루기 또한 어려울 수 있다. 마찬가지로, 강렬한 관심사를 강박사고처럼 다루는 것은 도움이 되지 않으며, 오히려 해로울 수 있다.

예를 들어, 문을 반복적으로 여닫는 행위를 생각해 보자. OCD에 해당하지만 자폐증이 아닌 사람에게 이 행위는 위협으로부터 자신과 타인을 보호하기 위해 행하는 의례적 행동일 수 있고, 불안을 일시적으로 완화해 준다. 이는 흥미롭거나 즐거워서 문을 여닫는 자폐인(OCD가 없는)의 동기와는 다르다. 이 경험은 즐겁거나 스스로를 진정시켜 주며, 극심한 불안을 제거하기 위해 그 행동을 수행해야만 할 필요가 있는 경험과는 다르다. 더욱이 OCD가 있는 자폐인의 '감각적 갈망에 따른 행동'과 '의례적 행동을 수행해야 한다는 강박에 따른 행동'을 구분하기는 어려울 수 있고, 치료를 상당히 어렵게 하는 요인이 된다.

자폐증 경험과 OCD는 복잡하고 어려운 관계이다. 예를 들어, 감각적 반응으로 시작된 무언가가 OCD 행동을 유발할 수 있다. 어떤 내담자의 아들은 양털의 질감을 극도로 혐오했는데, 양털을 만질 때마다 혐오감을 느껴서 손을 반복해서 씻어야 했고, 그 결과로 OCD가 생겼다. 강박행동은 처음에 강박사고가 아닌 감각 경험에서 시작되었다.

우울

우울 증상은 극심한 슬픔, 절망감, 공허감에 더하여 수면, 식욕, 활력 수준, 집중력, 일상 행동, 적응기능, 자존감의 변화를 포함할 수 있다. 기분 변동, 무관심, 죄책감, 절망감, 불안은 초조, 과도한 울음, 자기 고립, 과민성으로 이어질 수 있다. 또한 우울한 자폐인은 자폐적 행동을 위장하기 위한 에너지가 부족해서 이전에 습득한 기술이 퇴행한 것처럼 보이거나, 반복적인 행동(특히 부정적인 생각의 순환, 일명 반추)이 증가하거나, 융통성 결여, 불안, 공격성, 자해의 영역이 새로 생기거나 혹은 증가하거나, 강렬한 관심사에 몰두하는 방식에 변화가 생길 수 있다. 현재의 관심사에 더 몰두하거나, 열정을 잃어버리거나, 새로운 주제(아마 어둡거나 손상된 내용)로 관심이 전환될 수 있다.

자폐인의 우울 비율은 비-자폐인보다 훨씬 높고, 지적기능이 평균에서 평균 이상일 경우에 특히 해당하는데, 임상적 수준으로 우울한 자폐 성인의 비율이 65%에 달한다는 추정치도 있다. 클로에 허드슨Chloe Hudson 등에 따르면, 언어능력이 높은 자폐인과 약간의 지원만이 필요한 자폐인의 우울이 더 심했다. 자폐인에게 우울을 유발하는 요인은 비-자폐인의 원인과 대부분 비슷하다. 지지적이지 않거나 제한된 사회적 관계, 학교나 직장에서의 낮은 성취, 주체성과 독립성의 부족 등이 포함된다. 학령기(자폐인과 비-자폐인 모두에게서)의 따돌림은 우울 발생률을 높이며, 학령기의 자폐증 아동은 비-자폐증인 경우보다 따돌림을 당할 가능성이 훨씬 더 높았다.

우울의 경과는 자폐인의 젠더에 따라 다를 수 있다. 남성 자폐인의 우울 비율은 비-자폐인 남성보다 높으며, 아동기부터 성인기까지 꾸준히 유지된다. 반면에 여성 자폐인의 우울 비율은 아동기에 비-자폐인 여성과 비슷하지만, 청소년기와 성인기에는 비-자폐인 여성보다 높다. 펠리시티 세지윅Felicity Sedgewick 등에 따르면, 젠더와 무관하게 자폐증 성인에게서 우울의 위험이 높았고, 이는 비-자폐증인 논바이너리 및 트랜스trans인 사람과 동일한 비율이었다.

자폐적 번아웃

번아웃burnout은 회복을 위한 충분한 시간이 없이 어려운 상황에 장기간 노출되어 발생하는 깊은 피로감을 말한다. 자폐인은 번아웃에 특히 취약하며, 이는 수개월에서 수년간 지속될 수 있고, 청소년기에 처음 경험하는 경우가 많다. 도라 레이메이커Dora Raymaker 등은 자폐적 번아웃의 가장 흔한 원인으로 비-자폐인처럼 보이고자 하는 자폐인의 노력을 꼽았다. 번아웃은 우울처럼 보일 수 있지만, 우울과 달리 번아웃을 경험하는 사람은 여전히 즐거움을 느낄 수 있고 무가치감이 없다. 번아웃은 우울로 이어질 수 있으며, 우울과 번아웃 모두 자살 위험을 높일 수 있다.

번아웃으로 고통받는 자폐인은 말을 하지 못하거나 스스로를 돌보지 못할 수 있으며, 기억력, 특히 단기 기억력의 문제를 보고한다. 약물치료 혹은 우울한 사람에게 유용한 치료적 개입(예: 사건을 대안적으로 해석하기)은 장기적인 고갈로 인한 번아웃에 효과적이지 않다. 회복을 위해서는 시스템이 부과하는 요구로부터 벗어날 필요가 있다.

자폐증 경험에서 본 시선으로: 번아웃

"저는 다른 사람들로부터 멀어져요…… 같이 있어 보려는 노력이 저를 진 빠지게 해요. 혼자 있는 시간은 안전한 장소라서 철수해요. 피곤하고 머리에 안개가 낀 것 같아요. 이전처럼 사람들과 대화하고 싶지 않다가도 누군가에게 말하지 않고서는 기분이 나아지지가 않을 것 같고, 감정폭발meltdown, 정서적 반응의 둔화shutdown, 극도의 해리감, 비현실감을 느껴요. 저는 보통 현실감이 떨어지고, 머리가 계속 아프고, 몸이 항상 아프고, 샤워를 하거나 책상에 앉아 있을 기운이 없어요. 저는 기본적으로 번아웃이 되면 내적으로 썩어 가는 느낌이 들어요."

– 스펜서 C.Spencer C.

"예전에는 경이로운 기억력을 가졌어요. 일정이나 장보기 목록을 사용한 적이 없었는데, 2012년의 번아웃 후로는 기억력이 사라졌어요. 조금씩 나아지고 있지만 다시 예전 같지 않을까 봐 무서워요."

– 린 V.Leen V.

정서적 강렬함과 불안정성

DSM은 '파괴적인 문제 행동disruptive challenging behavior'을 자폐증의 특징으로 명시하지만, 정작 이 행동을 유발하는 정서적 강렬함과 불안정성을 진단 기준에 포함하지 않는다. 정서적 강렬함은 극도로 민감한 **위협 감지 시스템**threat detection system의 결과로도 생각되는데, 비-자폐인이 위협적으로 여기지 않는 상황에 대해 강하게 반응하는 것이다.

어린아이의 경우에 정서적 압도감은 종종 **분노 발작**temper tantrum이라고 표현되는데, 이는 아이가 원하는 바를 얻기 위해 고의적으로 행동한다는 의미를 함축한다. 이러한 조종 행동은 압도된 상황에 대한 생리적·본능적 반응인 통제 불가능한 **감정폭발**meltdown과는 동일하지 않다. 물론 아이가 분노 발작을 보일 수 있지만, **감정폭발**을 분노 발작으로 취급하는 것은 효과적이지 않고 트라우마가 될 수도 있다.

우리의 몸은 실제의 혹은 **지각된**perceived 위협에 직면했을 때 정상적인 방어기제를 작동시킨다. **투쟁**fight 및 **도피**flight는 위협에 대한 교감신경계의 반응이다. 부교감신경계는 몸이 죽음에 가까워졌을 가능성이 있다고 판단할 때 반응을 개시한다. 더 원시적인 방어기제는 얼어붙는 것freeze이다('죽은 척하는' 동물을 생각해 보라). 다음에서 강렬한 정서적 반응을 유발하는 몇 가지 상태를 설명하겠다.

신경적 충돌neuro-crash: 시스템에서 한계 이상으로 밀어붙여서 어떤 사람이 단기간에 압도되면, 싸움, 도피, 얼어붙는 반응(**감정폭발**/**정서적 반응의 둔화**로도 불림)으로 이어질 수 있다. **신경적 충돌**은 자폐증 성인인 라운 카우프만Raun Kaufman이 만든 용어로, 반응의 본질을 적절하게 포착하고 있다. 신경적 충돌을 초래할 수 있는 일곱 가지 요인은 다음과 같다: (1) 동요된 사람들 옆에 있을 때, (2) 너무 어려운 일을 서두르거나 들볶일 때, (3) 사적인 공간이 침범될 때, (4) 감각적 과부하, (5) 예측 가능성이 부족할 때, (6) 기대가 불분명할 때, (7) 생리적 반응. 많은 임상가가 신경적 충돌을 불안으로 분류하지만, 저자들의 자폐증 내담자 중 몇몇은 불안과는 다른 경험으로 강하게 느끼기도 한다.

자폐증 경험에서 본 시선으로: 신경적 충돌

"몇 년 전 회사 팀에서 노래방 행사가 있었는데…… 행사가 끝나기 훨씬 전에 자리를 떠나야 했어요. 전 떨고 있었고, 압도감에 막 눈물이 나올 것 같았어요. 저는 차 안 좌석에 기대서 눈을 감고 떨거나 울지 않으려고 했고, 모든 것이 사라지기만을 기다렸어요."

— 샬롯 R.Charlotte R.

"저는 30분에서 45분 정도는 파티에 참여할 수 있고, 괜찮아 보여요. 하지만 파티가 끝나면 하루 반나절 동안은 쓰러져서 숨어 지낸다는 사실을 다른 사람들은 모를 겁니다."

– 패트 G. Pat G.

"저는 큰 소음에 아주 민감해요. 콘서트장에 가거나 기차가 들어오는 역 근처에 있으면 불안해요. 소음으로부터 숨거나 도망치고 싶은 강렬한 욕구가 생겨요. 그럴 수 없을 때는 머릿속이 캄캄해지고 움직일 수가 없어요. 나중에는 무슨 일이 있었는지 정확히 기억이 나지 않아요."

– 톰 W. Tom W.

극단적인 공감(정서적 불균형): 연구자뿐만 아니라 자폐인 본인과 자폐인을 사랑하는 사람에게도 많은 자폐인이 엄청난 **정서적 공감**affective empathy 능력을 보유한다는 사실이 분명해졌다. 실제로 저자들은 자폐인이 주변 사람(혹은 가상의 인물)의 어떤 큰 감정에 매우 크게 공감하면서 정서적 반응이 둔화된shutdown 모습을 관찰한 적이 있다. 이는 상대방이 자신의 감정을 밖으로 드러내든 그렇지 않든 발생할 수 있다. 상대방이 진정되지 않아(예: 아기가 계속 울 때) 감각적 과부하와 공감적 과부하가 결합되었을 때, 자폐인이 이를 조절하기는 매우 어려울 수 있다. 이러한 조절 곤란은 공감 능력이 없는 듯이 보일 수 있지만, 이는 자폐인의 내적 경험이 아닌 외부 행동(예: 우는 아기에게 소리를 지름)에 초점을 맞춘 해석이다.

┃ 자폐증 경험에서 본 시선으로: 극단적인 공감

니콜 R. Nicole R.은 가끔 영화를 보다가 어떤 장면에 반응해서 흐느끼면서 방을 나가야 할 때가 있는데, 회복에 몇 시간, 며칠, 심지어 몇 주가 걸릴 수도 있다고 한다. "어떤 끔찍한 일이 벌어지는 장면이 나오면 제 안에 있는 반응을 다른 사람에게 보여 주고 싶지 않아서 대부분 그냥 멍하니 있어요. 장면이 해결될 때까지 기다리는 동안에 스트레스를 견딜 수가 없어서요. 남편은 제가 마치 주인공이 된 것처럼 영화를 본다고 말했어요."

"저는 공간의 분위기에 흠뻑 빠져들지만, 대개는 정확한 감정으로는 명명하지 못해서 긍정, 부정 정도로만 이름을 붙이고, 상대방에게 표현하지도 못해요. 집단치료는 지옥이죠. 방금 배우자와 말다툼한 같은 사무실 안의 사람도 지옥이에요. 전쟁이나 자연재해 지역에서 퍼지는 전염병도 지옥이고요. 럭비, 복싱, 롤러스케이트 같이 몸을 부딪히는 스포츠를 하는 사람을 보면 순간적으로 욱해서 볼 수가 없어요."

– 알리스 C.Alis C.

거절 민감성 불쾌감 Rejection Sensitive Dysphoria(이하 RSD) RSD를 포함한 이유는 공식 진단이라서가 아니라, ADHD인 많은 사람이 이에 해당하고 이 중 일부는 자폐인이기 때문이다. RSD에서는 자신이 다른 사람이나 스스로를 실망시켰다고 생각하거나 거절, 놀림, 비난을 받을 때 강렬한 정서적 고통이 유발된다. 반응은 순식간에 매우 극적으로 일어난다. 윌리엄 도드슨William Dodson 박사의 관찰에 따르면, "청소년과 성인의 약 1/3이 ADHD에서 가장 큰 손상을 주는 요인으로 RSD를 꼽았다." RSD가 있는 비-자폐인은 작은 신호(예: 옆을 쳐다보는 시선이나 목소리 톤의 작은 변화)도 치명적인 비난으로 해석하는 경향이 있다. 하지만 RSD가 있는 자폐인은 이 신호를 잘못 해석하거나 이면에 숨겨진 의도에 대해 혼란스러워 할 수 있으며, 이로 인해 조절 곤란이 악화될 수도 있다. 반응은 매우 즉각적이고 본능적이기visceral 때문에 행동적·인지적 개입에 잘 반응하지 않으며, 약물치료가 가장 효과적일 수 있다.

양극성장애Bipolar Disorder(이하 BD) 자폐증이 BD로 오진되는 경우가 있지만, 자폐인도 BD를 가질 수 있다. 비-자폐인과 마찬가지로, BD가 동반된 자폐인은 그들의 기저선 상태와 구별되는 경조증, 조증, 우울증의 순환적 패턴을 경험한다. 진 프레이저Jean Frazier 등에 따르면, BD를 가진 자폐인에서 (경)조증의 전형적인 위험 감수 행동인 과소비, 도박, 과도한 쇼핑이 자주 관찰되지는 않았다. 대신에 공격적인 언어를 사용하거나 사회적으로 방해가 되는 행동을 하거나 가만히 있지 못하는 경향이 더 많았다. 비-자폐인과 마찬가지로, 과대성, 수면 욕구의 감소, 압출 언어pressured speech를 보일 수 있다. 자폐인은 또한 명료하게 사고하는데 있어서 어려움이 더 증가하고, 강렬한 관심사에 더 몰두하였다.

반복적인 자해: 자폐증의 자해에 관한 연구 대부분은 머리를 때리거나 무는 자해 행동self-injurious behaviors(이하 SIB)에 초점을 맞추지만, 비-자폐인의 자해에 관한 연구는 주로 비자살적 자해non-suicidal self-injuries(이하 NSSI)에 초점을 둔다. 두 유형의 자해 간 구분이 저자들에게 뚜렷하게 명확하지는 않다. 자폐인의 자해 비율(50~65%)이 비-자폐인(17~26%)보다 두 배 이상 높은 점은 분명하다. 제5장에서 언급했듯이, SIB는 고유수용감각을 입력하는 기능을 하고, 항상 그렇지는 않지만 때때로 격렬한 감정을 조절하려는 시도일 수도 있다. 자해의 기능을 파악하면, 개입에 유용한 계획을 보다 쉽게 수립할 수 있다.

자살: 치명적인 문제인 자살과 관련하여, 자살사고 및 자살시도 모두 자폐인에게서 특히 많이 나타난다. 2018년에 사라 캐시디Sarah Cassidy의 연구팀은 자폐인의 72%가 높은 자살 위험 점수에 해당한다는 충격적인 사실을 발견했다. 타티아 히르비코스키Tatja Hirvikoski 등이 27,000명 이상의 기록을 검토한 결과, 자폐인이 자살로 사망한 비율(31%)이 비-자폐인(4%)보다 8배나 더 높다는 사실을 발견했다! 따돌림이나 학대와 같은 즉각적인 스트레스 요인은 자살을 생각하고 실행할 계획을 세우는 분명한 유발 요인이지만, 자폐인에게 자살 충동을 일으킬 수 있는 다른 위험 요인도 있다(예: 문제에 접근하는 대안적인 방법을 찾지 못함, 완벽주의, 전부 아니면 전무라는 생각all-or-none thinking, 반추, 부정적인 기억 편향, 미래를 생각하기 어려움). 자폐인이 자폐증 진단을 늦게 받아 정신과적 지원과 치료를 받지 못하거나 실직, 교육 부족, 소속감이 없는 경우에는 자살 완수의 위험이 더 커진다.

멩-추안 라이 등에 따르면, 자살로 사망한 자폐인은 공격적이고 죽음을 두려워하지 않으며 고통에 대한 내성이 강한 경향이었다. 또한 자해나 자살 시도의 경험이 있거나, 건강 혹은 정신건강 질환을 동반하는 경우가 많았다. 사라 캐시디 등이 발견한 추가적인 유발 요인은 다음과 같다: 경제적인 스트레스, 최근의 실직, 따돌림, 학대, 사별, 관계의 단절, 사회적 고립, 최근 생활 환경의 변화, 다른 사람의 자살 행동에 노출되는 경우. 이 요소 중 하나만으로는 자살을 예측할 수 없고, 사망한 사람들은 평균 6개의 조건을 가지고 있었다. 마지막으로, 자살로 사망한 사람은 흔히 충동적인 경향이 있다고 언급되었고, 이들의 죽음이 계획적이거나 미리 준비되지 않았다는 사실에서도 확인할 수 있다. 대신에 이들은 순간적인 압도감에 반응하여 사망했을 수 있다.

트라우마

트라우마를 경험한 자폐인의 비율을 파악하기는 매우 어려운데, 그 이유는 대부분의 트라우마 평가 도구가 비-자폐인 표본을 대상으로 개발되고 표준화되었으며, 자폐인과 비-자폐인의 트라우마 증상이 다를 수 있으며, 자폐인은 트라우마가 되는 사건을 더 광범위하게 보고하기 때문이다.

자폐인은 **아동기의 부정적 경험**adverse childhood experiences(이하 ACE)이 있을 가능성이 더 크다. 사라 그리피스Sara Griffiths 등이 언급했듯이, "연구 결과들은 자폐인의 트라우마 비율이 놀라울 정도로 높다는 점을 보고한다." 여기에는 불충분한 소득, 부모의 별거나 이혼, 폭력적인 이웃, 학대, 괴롭힘, 친부모로부터의 분리, 따돌림, 학교 징계, 경찰 신고, 정신과 입원, 동거인의 정신건강 혹은 약물남용 문제 등이 포함된다.

자폐인은 **괴롭힘**victimization에 훨씬 더 취약하며, 증오범죄, 성적이거나 금전적인 피해, 사기 등이 포함된다. 이 주제에 관한 연구는 아직 없지만, 저자들은 만성적인 오해와 오진, 수용되지 못함에 따라 **건강관리 트라우마**healthcare trauma를 경험하는 자폐인(과 부모)을 많이 알고 있다.

자폐인은 DSM-5-TR의 기술상 트라우마로 분류되지 않는 일도 트라우마로 경험할 수 있다. 2020년에 프레야 럼볼Freya Rumball, 프란체스카 하페Francesca Happé, 닉 그레이Nick Grey는 트라우마 사건에 노출되었다고 보고한 자폐증 성인 집단에게 그들의 경험을 질문했고, 이들이 트라우마로 경험한 많은 생활 사건(예: 따돌림, 정신건강 문제, 사회적 어려움)이 DSM에서는 트라우마로 인정되지 않는다는 사실을 발견했다.

더욱이, 자폐인 집단은 눈을 마주치거나, 누군가의 씹는 소리를 듣거나, 학교에 가는 등 비-자폐인에게 고통스럽지 않은 일들도 자폐인에게는 트라우마가 될 수 있다고 보고한다. 양치질, 식사, 옷 입기 등 일상적인 감각 경험에 대한 대처도 몇몇 자폐인에게는 만성적인 트라우마의 원인이 될 수 있다(매일 억지로 살아 있는 벌레를 먹거나, 긁히고 가시가 있는 옷을 입어야 한다고 상상해 보라). 현재의 평가 도구는 이러한 경험을 탐색하지 않다 보니, 자폐인이 자신의 트라우마 경험을 치료받지 못할 수 있다는 우려도 있다(그리고 그 트라우마 상황을 유지하도록 압박을 느낄 수도 있다).

자폐인은 트라우마 사건에 대해 비-자폐인과 거의 같은 방식으로 반응하는데, 더 쉽게 놀라고, 집중하기 힘들어하고, 수면에 어려움을 겪으며, 정서적으로 더 민감하게 반응할 수 있다. 또한 자해뿐만 아니라 특이한 반복적인 행동, 경직성, 반추와 같은 자폐적 특성의 표현이 증가할 수 있으며, 일상적인 적응 기술이나 의사소통 능력의 퇴행은 말할 필요도 없다. 몸과 마음을 쇠약하게 하는 우울을 포함하여 다른 반응도 꽤 심각할 수 있다.

평가가 상당히 힘들 수 있다. 이는 부분적으로 현재의 평가 도구가 고통의 자기-보고에 의존하기 때문이다. 내부수용감각 문제, 자신의 감정을 의사소통하기 어려움(감정인식불능증; 다음 단락을 참고하라), 평탄flat 혹은 제한된 정동 등으로 자폐인은 자신의 고통을 의료전문가에게 전달하기 어려워할 수 있고, 따라서 표준적인 자기-보고식 척도로 자폐인의 트라우마 가능성을 평가하는 일은 부적절할 수 있다. 당사자의 삶에서 중요한 사람이 고통의 징후를 알아차리지 못하는 경우가 있으므로, 교사 혹은 부모가 평정한 척도나 보조 면담은 정확성이 제한될 수 있다. 최근 다니엘 후버Daniel Hoover와 엘리자베스 로메로Elizabeth Romero 등의 연구자는 자폐증 아동의 트라우마를 평가하는 선별 도구(예: 상호적인 트라우마 척도Interactive Trauma Scale)를 개발하여 이러한 제한점을 해결하려고 시도하고 있다.

감정인식불능증alexithymia

감정인식불능증[마음 상태(티모스thymos)를 나타내는 단어(렉시a lexi)가 없음]은 자신의 감정을 설명하거나 명명하기 어려운 상태를 지칭하며, 다음의 문제로 나타날 수 있다.

- 자신의 신체 감각을 알아차리기(즉, 내부수용감각의 문제)
- 감각을 발생한 상황과 연관짓기

- 해당 상황에서 경험한 신체적 감각에 해당하는 감정을 정확하게 명명하기

어떤 감정인지 결정하는 과정을 떠올리면서 이해해 보자. 만약 새로운 롤러코스터를 타기 위해 처음 줄을 섰을 때 배가 움찔거리고 심장이 두근댄다고 감지하면, 그 느낌을 흥분으로 명명할 수 있다. 만약 동료와의 갈등 중 동일한 신체 감각을 느낀다면, 이 느낌은 불안으로 명명될 것이다. 감정을 정확하게 파악하려면 신체 내부의 상태, 그리고 맥락 모두를 이해해야 한다. 두 유형의 정보 모두에 접근하지 못한다면, 감정인식불능증을 가진 사람은 자신의 감정을 의사소통하기가 어렵다.

도나Donna의 내담자들 중 한 명과 작업하는 어떤 치료자는 공동 내담자가 트라우마를 경험한 적이 없음에도 자신의 감정을 전혀 인식하지 못한다는 것을 알아차렸다. "감정을 자극하는 영상을 보여 주면, 눈물을 흘리면서도 그 감정 상태를 설명하지 못하고 아무 감정도 느끼지 않는다고 합니다." 당신도 상상할 수 있겠지만, 내가 어떤 감정을 느끼는지 모른 채 감정을 조절하기는 매우 어렵다! 그러므로 감정인식불능증을 가진 사람은 상황에 대한 감정 반응을 관리하기 위해 인지적 전략을 적용하기가 매우 어려울 수 있다.

도나Donna와의 면담 중 비디Vidhi는 평소 놀라울 정도로 유창하고 조숙한 말로 표현하던 모습과 달리, 몸에서 느끼는 감정을 표현하지 못했다. 예를 들어, 분노가 어떤 느낌인지 묻자 "대답하기 매우 어려운 질문이네요. 말로 어떻게 설명해야 할지 모르겠어요. (얼굴을 가리키며) 제 몸의 이 부분에서 느껴요"라고 답했다. 불안을 몸에서 어떻게 느끼는지 묻자 (어휘력 백분위 점수 99.6인) 비디는 "알고 있지만 묘사하거나 설명할 수 없는 특정한 신체적 감정이에요. (복부를 가리키며) 제 몸의 이 부분에 있어요"라고 답했다.

치료자나 기타 건강관리전문가는 감정인식불능증을 가진 내담자가 경험하는 신체적·심리적 고통의 본질이나 강도를 이해하지 못할 수 있고, 이는 부정확한 진단을 초래할 수 있다. 자폐인이 감정인식불능증에 더해 평탄 정동인 경우에 진단은 더 복잡해지는데, 이들은 자신의 고통을 전달할 때 말과 다른 비언어적 단서를 전혀 사용할 수 없기 때문이다. 자폐증 내담자를 치료할 때 임상가는 이를 꼭 인식하고 있어야 한다.

자폐증 경험에서 본 시선으로: 감정인식불능증

"저는 제게 감정이 있다는 걸 알아요. 감정의 효과도 볼 수 있어요. 슬프면 울고, 화가 나면 근육이 긴장되고요. 제가 뭔가를 즐기고 있는지 알 수가 없어요. 신체적인 특징은 보이지만 말로 표현할 수 없고, 어떤 감정이 들 때 그게 뭔지는 모르겠어요. 슬픔은 눈 뒤에서 느끼는 압박이죠. 사람들이 감정에 관해 말하면 무슨 뜻인지 모르겠어요. 마치 색깔을 설명하는 듯해요. 그래서 저 자신을 옹호하기가 어려워요."

– 잭 K.Jack K.

병리적 요구 회피/광범위한 자율성에 대한 욕구

병리적 요구 회피/광범위한 자율성에 대한 욕구Pathological Demand Avoidance/Pervasive Drive for Autonony(이하 PDA)는 영국에서 오랫동안 자폐증의 하위 유형으로 인정받아 왔다. 미국의 임상가들도 점차 이를 인식하고 있지만, 아직 DSM-5-TR이나 ICD-11에 수록되지는 않았다. PDA는 임상적으로 '**병리적 요구 회피**'라고 지칭되는 가운데 저자들은 톰린 와일딩Tomlin Wilding의 재해석인 '**광범위한 자율성에 대한 욕구**'라는 표현을 선호하는데, 이는 '자기결정self-determination과 독립의 욕구에 따른 불안'이라는 핵심 이슈를 더 정확하게 반영한다. PDA를 가진 사람은 외부의 요구로 자신의 자유가 침해되는 경험을 한다.

PDA를 가진 사람은 자율성에 대한 욕구 때문에 오롯이 통제권을 유지하기 위한 목적으로 요구와 기대를 회피한다. 사소한 요구에도(예: 식기세척기에 유리컵 하나 넣기, 수학 문제 하나 풀기, 샤워하기) 극단적으로 반응할 수 있다. 이때 외부로 표현되는 감정이 오해석될 수 있고, 때로는 너무 강렬해서 적대적 반항장애, 양극성장애, 간헐적 폭발장애로 오진되기도 한다.

PDA의 가장 난감한 특징 중 하나는 강렬한 부정 반응이 PDA를 가진 사람이 원하는 요구(예: 생산성 높이기, 부모·동료·친구에게 친절하기, 배우기, 숙제하기, 직업 구하기)에 의해서도 촉발될 수 있다는 점이다. 그러나 자율성 상실의 두려움이 너무도 강한 나머지 다른 사람이 원하거나 기대한다고 느끼면 스스로 이 일을 하도록 두지를 못한다. 그래서 학교나 직장을 기피할 위험이 크고, 성인기에 들어서 특히 어려움이 더 많을 수 있다.

엘리자베스 뉴슨Elizabeth Newson 등이 2003년에 보고한 바와 같이, PDA를 가진 사람은 겉으로 보기에 기능적인 사회기술을 가지고 있어서 어떤 사람은 이들이 정말 자폐스펙트럼에 해당하는지 의문을 품을 수 있다(저자들의 경험상으로는 실제로 자폐스펙트럼에 속하지만). 자폐증과 구별되는 PDA의 기타 전형적인 특징은 새로움을 더 많이 요구하는 것, 가장 놀이나 역할 놀이에 더 많이 참여하는 것(때로는 극단적으로), 깊이가 부족한 피상적인 사회기술이 특히 강하다는 것 등이 있다.

다른 자폐인과 마찬가지로, PDA를 가진 사람 몇몇은 하나의 장면에서만 어려움을 보인다. 직장이나 학교에서는 잘 위장하다가 집에서 무너질 수 있다. 또는 요구 사항이 적은 집에서 잘하다가 학교나 직장에서는 분투할 수도 있다. PDA의 또 다른 특징은 단기간 동안에 잘하다가 갑자기 잘하기를 멈춰 버리는 것이다(가족들은 '지킬 박사와 하이드'와 같이 사는 느낌이라고 말한다). 이렇게 비-일관적인 표현은 특히 혼란스러울 수 있다("어제는 잘했잖아! 오늘은 왜 안 하는 거야?"). 이러한 비-일관성을 전적으로 수의적volition이라고 해석하기 쉽지만, 그렇지 않다.

그 결과, 이들은 많은 오해를 받게 된다. PDA로 인한 트라우마에 더해 만성적으로 오해받고 수용이나 지지받지 못하면서, 우울과 불안이 새로이 추가된다. 이는 PDA를 가진 성인에게 특히 해당하는데, 만성적인 스트레스, 불안, 우울의 영향을 완충하는 데 필수적인 배우자나 친구 관계가 소원할 수 있다.

PDA는 가족도 매우 힘들게 한다. 가정사를 지배하고, 결혼 생활을 혼란스럽게 하며, 형제자매의 삶을 침범할 수 있다. PDA를 가진 자녀를 둔 부모는 온갖 수단(치료, 약물치료, 행동계획, 사립학교 등)을 시도해도 아무 소용이 없어서 절망감과 무력감, 엄청난 좌절감에 빠지는 경우가 많고, 종종 지나치게 허용적으로 양육한다는 오해를 사곤 한다.

가능성 있는 인지적 차이

자폐인은 비-자폐인과 근본적으로 다른 방식으로 정보를 처리하며, 인지능력에 영향을 주는 동반 특성을 가질 수 있다.

이 단락에서는 다음의 내용을 다룬다.

- 주의력
- 실행기능
- 명백한 맥락에 대한 높은 요구(중앙 응집력이 약함)
- 구어(이해 및 말하기)
- 학업
- 느린 처리속도
- 얼굴인식불능증prosopagnosia
- 영재성

단 하나의 **자폐적인 인지 프로파일**은 존재하지 않는다. 자폐인들에게 자주 나타나는 몇 가지 차이점(예: 주의 조절과 실행기능의 문제, 명시적인 맥락의 필요성)이 있기는 하지만, 모든 자폐인이 똑같은 프로파일을 지닌다는 가정은 틀리다. 일부 영역에서 상당한 강점이 있는 한편, 다른 영역에서는 현저한 어려움을 보이는 **불균형한 프로파일**이 자폐증에서는 일반적이다. 물론 비-자폐인도 불균형한 프로파일을 가질 수 있으며, 불균형한 인지 프로파일 그 자체로 자폐증이라고 간주해서는 안 된다.

주의력

주의력결핍 과잉행동장애ADHD인 사람은 과잉행동과 충동성의 유무에 관계 없이 주의 조절이 어렵다. 자폐증이 덜 분명한 많은 자폐인은 처음에 ADHD로 진단받고 수년 후에야 자폐증으로 진단된다(아예 진단을 못 받기도 하지만). 벤자민 예리스Benjamin Yerys 등에 따르면, ADHD인 자폐인은 ADHD가 아닌 자폐인보다 삶의 질이 낮다고 일관되게 평가했다. 그 이유로는 부모 훈련이나 코칭과 같은 외부 개입에 대한 강력한 반응성이 적고, 약물치료에 대한 반응이 비전형적이며(증상 완화 효과는 적고 부작용이 더 심함), 효과적인 의사소통이 어려운 점 등이 있다.

실행기능

실행기능Executive Functions(이하 EF)은 목표 달성을 위해 자신과 자원의 관리 방법을 통제하는 신경학적 기반의 기술로, 억제, 전환(융통성), 감정 통제, 개시, 작업기억력, 계획, 조직화, 생산성, 자기-감찰을 포함한다. 2021년에 카라 푸글리세Cara Pugliese 등이 언급했듯이, "최근의 메타분석 결과, EF는 자폐증의 주요 결함이며, 자폐증을 EF의 많은 영역에 영향을 미친다." 2017년에 춘 룬 에릭 라이Chun Lun Eric Lai 등이 평균에서 평균 이상의 IQ를 가진 자폐증 아동·청소년의 EF를 면밀히 연구한 결과, ADHD가 없더라도 언어적·공간적 작업기억력, 융통성, 여러 가지 대안을 산출하는 능력에서 문제를 보였다.

명시적인 맥락에 대한 높은 요구

이 중요한 차이점을 논의하기 전에, 먼저 이 요소가 중요한 이유를 이해해야 한다.

세상을 이해하려면 더 큰 맥락을 살피면서 정보를 해석해야 한다. 우리가 보고 듣고 읽고 느낀 것에는 맥락을 고려하지 않으면 해결할 수 없는 불확실성과 모호함이 많다. 예를 들어,

- 심장의 두근거림은 무엇을 의미하는가?
- 거짓말을 해도 되는가?
- 어떤 선물을 사면 좋은가?
- '나중에'가 언제인가?
- 신호등이 노란색으로 바뀌면 어떻게 할 것인가?
- 다른 사람과 얼마나 가까이 서 있어야 하는가?

비-자폐적인 뇌는 모호한 상황에 대처하기 위해 맥락을 지침 삼아 무의식적으로 훈련했던 대로 추측한다. 피질하 시스템은 일반적으로 의식적인 인식 없이 정보를

즉각 처리하면서 관련된 세부 정보에 주의를 쏟고 중요하지 않은 세부 정보는 무시하도록 안내한다. 맥락이 없다면 관련성이 있든 없든 모든 세부 정보를 받아들이고 통합하여 의미 있는 전체를 만들어 내야만 한다.

자폐인은 자동적으로 맥락을 지침 삼지 않으며, 기본적으로 느리고 더 많은 노력을 요하는 세부-지향적인 처리detail-oriented process를 사용한다고 제안되었다. 2005년에 디나 머레이Dinah Murray 등이 주장하기로, 자폐인은 **단일-지향적인 사고방식**monotropic mind을 사용하는데, 초점 영역 내에서 지각적 명확성을 향상하는 협소하고 강렬한 주의 초점으로 세부 사항에 주목하고 물체를 인식한다. 2006년에 프란체스카 하페Francesca Happé와 우타 프리스Uta Frith의 연구에 따르면, 세부-지향적인 인지 양식에서는 큰 그림에 거의 주의를 기울이지 않는다. 이는 마치 직소 퍼즐에서 어느 조각의 모서리도 똑바르지 않고 밑바탕의 안내선이 하나도 없는 것과 같다. 분명 조각을 맞출 수는 있겠지만, 어렵고 시간이 오래 걸릴 것이다. 프리스 박사가 주장한 **취약한 중앙 응집성**central coherence 이론의 수정판에 많은 연구자가 도전장을 내밀었다. 예를 들어, 로랑 모트론Laurent Mottron 등에 따르면, 자폐인도 큰 그림에 집중해야 한다고 알게 되면 완벽하게 집중할 수 있지만, 세부 사항에 집중하는 것이 **기본값**default일 뿐이다.

피터 베르뮬렌Peter Vermeulen은 '상대적 세계에서의 절대적 사고'의 처리 편향processing bias이 지각, 사회적 상호작용, 의사소통, 지식에 적용되는 방식에 대해 문헌을 검토했고, 자폐인과 상호작용할 때 맥락을 명확히 설명해야 한다고 강력하게 주장했다. 맥락을 명확히 하면 비-자폐인이 자폐인과 더 효과적으로 상호작용할 수 있는데, 자폐인이 세부 사항을 해석하고 통합하여 단일화된 전체로 이해하기가 더 쉬워지기 때문이다. 그의 저서 『맥락을 읽지 못하는 자폐증Autism as Context Blindness』에서 제시한 사례를 살펴보면, 한 청년에게 집에서 어떤 지지support를 받았는지 질문하자, "바닥floor"이라고 대답했다. 베르뮬렌 박사는 '집에서 사람이나 조직으로부터 받은 지원'을 물어보면서 더 많은 맥락을 제공했어야 함을 알게 되었다.

베르뮬렌 박사는 자폐인뿐만 아니라 어떤 사람이라도 압도당한 상황에서 맥락을 제공해 주는 것이 매우 중요하다고 관찰했으며, "절대적 사고와 스트레스 사이에는 매우 강력한 연관성이 있다"고 개인 서신에서 언급했다.

문화 간 연결

저-맥락 문화권low-context cultures(예: 미국, 호주, 영국, 독일, 스칸디나비아, 스웨덴)의 화자speaker는 기본적으로 **더 많은 맥락을 제공하므로** 해당 국가에 사는 자폐인은 상대방을 이해하고 이해받기 더 쉬울 수 있다. **고-맥락 문화권**high-context cultures(예: 일본, 중국, 한국, 아랍 국가, 프랑스, 스페인, 많은 남아메리카, 아프리카 국가)의 화자는 **청자가 스스로 문맥을 파악하도록 기대한다.** 이와 같이 (잠재적으로 오류가 생길 수도 있는) 가정 때문에 고-맥락 문화권에서 생활하는 자폐인 청자는 자신이 들은 말을 오해하거나 오해석할 가능성이 더 높을 수 있다.

구어spoken language

2009년에 헬렌 타거-플러스버그Helen Tager-Flusberg 등은 언어장애를 가진 자폐증 아동이 언어 영역 전반에서 현저하게 비-동시적인asynchronous 발달을 보인다는 사실을 발견했다. 자폐인은 지적기능이 평균에서 평균 이상인 경우에도 자신을 표현하고 다른 사람의 말을 이해하는 데 어려움을 겪을 수 있다. 많은 자폐인의 언어 표현력은 이해력보다 훨씬 뛰어난 경우가 많아서 오해를 살 수도 있다. 언어 습득과 관련해서도 구별되는 패턴이 있다. 예를 들어, 극도로 고급 어휘를 구사하지만, 문법적으로 복잡한 문장을 구성하기는 어려워할 수 있다. 비공식적이지만, 저자들은 자폐증 내담자의 언어기술이 자신의 강렬한 관심사를 이야기할 때 가장 뛰어나다는 사실을 발견했다.

자폐인에게서 비-동시적인 발달이 더 자주 관찰되는 영역이 있다. 타거-플러스버그 박사 등은 자폐증에서 나타날 수 있는 언어적 차이를 다음과 같이 설명했다.

어휘:

- 제한적인/특이한/광범위한 어휘
- 두 가지 이상의 의미를 가진 단어(예: 파운드)를 어려워하거나 예민하게 반응함

- 새로운 데이터를 기반으로 단어의 의미나 발음을 새로 적용하기 어려움(예: '연어salmon'의 'l'을 발음하지 않아야 함)
- 매우 격식을 차리고 정확한 단어 및 어구를 구사함
- 비유적 언어(예: 은유, 직유, 암시)를 사용하기 어려움

문법과 형태:

- 구문의 레퍼토리syntatic repertoire가 제한적임(예: 비-자폐증 화자만큼 다양하고 서로 다른 문장 구조를 사용하지 않음)
- 의미에서 어순의 중요성에 대해 덜 민감함
- 전치사(향해서, 안에, 위에, 넘어서, 아래에 등)를 오해석하고 잘못 사용함
- 접속사(그리고, 그러나), 대명사(특히, 나/당신)의 사용이 어려움
- 3인칭 단수(그, 그녀, 그것)의 사용이 어려움

조직화:

이해:

- 추론이 어려움(데이터를 기반으로 결론을 도출하는 것. 예: 땅이 젖어 있는 것으로 보아 비가 왔을 것이다)
- 이야기 속에서 일어난 일을 잘못 해석하는 경향이 있음

생산성:

- 이야기를 전달할 때 사건을 순서대로 연결해서 전달하기 어려움
- 주제가 연속적이지 않음
- 세부 사항이 너무 많거나 너무 적음

대화 양식:

- 반응성이 적음(질문이나 언급에 대답하지 않을 수 있음)
- 간접적인 요청을 이해하기 어려움(예: "이 휴지통을 비울 필요가 있겠어요!")

지금까지 가능성 있는 언어적 차이를 살펴보았고, 물론 개인마다 언어의 강점과

약점은 다양한 패턴으로 나타날 수 있다. 몇몇 자폐인은 완벽하게 온전하거나 심지어 탁월한 언어능력을 가진 사람도 있으며, 우수한 언어 및 의사소통 능력이 있다고 자폐증을 배제해서는 안 된다는 점을 기억해야 한다.

학업기능

학업 문제는 학습장애, ADHD, 실행기능장애, 미세 운동 조절의 어려움, 명시적인 맥락에 대한 높은 요구 등이 복합적으로 작용해서 나타나는 경우가 많다. 학업에 영향을 미칠 수 있는 모든 조건을 요약하기는 불가능하므로, 자폐증 내담자에게서 흔히 관찰되는 몇 가지 양상에 초점을 맞추고자 한다. 과독증, 독해의 어려움, 쓰기 문제, 수학에서 언어를 기반으로 하는 요소의 어려움이 그것이다.

과독증hyperlexia은 단어를 소리 내는 능력(해독decoding 능력)이 뛰어나다는 특징이 있다. 과독증이 있는 학생은 직접 가르쳐 주지 않아도 아주 일찍부터 글자를 스스로 깨치고, 글자에 강하게 끌리고, 철자를 잘 쓰는 경우가 많다. 알렉시아 오스트롤렌크Alexia Ostrolenk 등에 따르면, 과독증 프로파일은 자폐증과 강하게 연관된다.

> 로한Rohan은 조용한 아이이다. 6세가 되도록 완전한 문장으로 말하지는 못하지만, 자기 생각을 가족과 나누고 싶어 하고, 2세 때는 혼자서 글자를 뗐다. 로한은 부모가 냉장고에 붙여 놓은 자석 글자를 가지고 철자를 써서 의사소통하기 시작했다. 4세 경 동생이 태어나고 아버지가 병원에서 집으로 돌아왔을 때, 로한은 냉장고에 '엄마와 아기' 철자를 배열해 놓았다.

독해reading comprehension의 어려움은 언어 처리, 불안정한 주의력, 사전 지식과 개인적인 경험을 글의 정보와 연결하기, 등장인물의 동기를 이해하기, 사건을 순서화하기, 글의 사건을 연결하기, 심적 이미지 만들기, 요점 파악하기 등의 문제에 기인할 수 있다. 더욱이 자폐인은 때때로 이야기의 세부 사항에 집중하여 큰 그림을 놓치기도 한다. 물론 어떤 자폐인은 매우 뛰어난 독해력을 가지고 있기도 하다.

쓰기written expression는 가장 복합적인 학업 기술 중 하나로, 미세 운동 협응, 정확한 표현, 문법 처리, 조직화 및 계획, 독자의 필요와 선호도 고려, 모호성에 대한 대처 등이 필요하다. 비-자폐인도 이 중 어느 하나에 해당할 수 있지만, 저자들의 경험상 자폐인은 이러한 요소 중 일부 또는 전부에 특히 취약할 수 있다(반면에 놀라운 수준의 글을 쓰는 자폐인도 있다).

수리적 기술mathematical skills은 일부 자폐인에게 강점이 되기도 하지만, 몇몇 자폐증 학생은 수학의 일부 측면을 어려워할 수 있다. 예를 들어, 언어적 처리나 가장 중요한 세부 사항을 파악하기 어려워할 수 있다. '덜/더' 같은 개념이나 곱하기의 의미를 이해하려면 수학의 언어를 배우고 언제 적용해야 하는지도 알아야 한다. 마찬가지로, 수학적 개념을 실제 상황에 연결하거나 다른 사람이 자신의 사고 과정을 따라갈 수 있도록 각 단계를 글로 써서 보여 주는 작업도 포함된다. 작업기억력 문제(복합적인 단계의 수학 문제를 풀 때 숫자를 기억하기 어려움), 미세 운동 혹은 시각-운동 기술의 문제(복잡한 계산을 할 때 숫자를 정렬하기 어려움), 부주의(+/× 같은 기호의 차이를 놓침), 수학 규칙을 적용해야 할 때를 파악하기 어려움, 문제해결력의 융통성이 부족함(즉, 문제를 해결할 수 있는 여러 방법이 있음을 알기) 등도 자폐인에게 수학을 어렵게 하는 요인이 된다.

느린 처리속도

처리속도는 몇몇 IQ 검사에 포함된 지표 중 하나로, 얼마나 기민하고 효율적으로 작업을 완수하는지를 측정한다. 자폐인의 (다른 사람도!) 처리속도 점수가 꽤 낮을 때가 있는데, 정보처리가 느리다는 결과가 그 이유를 파악하는 데 늘 도움이 되지는 않는다. 그리고 이유를 모른다면 해결 방안도 알아내기 어렵다. 더욱이 간단한 검사에서는 높은 점수를 받았지만, 실제 업무 속도는 훨씬 느린 사람도 있다(2019년의 개인 서신에서 저자의 동료인 빌 스틱스루드Bill Stixrud 박사는 인지적 단거리주자cognitive sprinters라고 지칭했다).

느린 처리속도에 기여하는 몇 가지 요인으로는 단어 인출의 어려움, 다른 사람의 말을 이해하기가 어려움, 사고 조직화의 어려움, 불안이나 우울로 인한 정서적 압도 등이 있다. 작업 방식의 영향도 있다. 만약 휴식이 필요하거나, 작업기억력의 저하 또는 불안 때문에 작업을 반복적으로 확인해야 하거나, 자신에게 맞지 않는 시간대에 일하는 사람은 일하는 속도가 더 느릴 것이다. 저자들은 이 책을 공동 작업하면서 하루 중 각자에게 최고의 시간대에 일하는 것이 어떤 영향을 미치는지를 정말로 실감했다. 도나Donna는 아침에, 사라Sarah는 밤에 더 효율적으로 일했다.

관련도에 따라 세부 정보를 분류하는 **상향식**bottom-up의 처리 방식도 느린 처리속도의 원인이 될 수 있다. 이 경우에 속도 자체는 느리지 않지만, 더 많은 정보를 처리하다 보니 시간이 더 오래 걸린다.

얼굴인식불능증

얼굴맹face blindness이라고도 알려진 얼굴인식불능증prosopagnosia을 가진 사람은 우연히 알게 된 사람뿐만 아니라 잘 아는 사람에서도 이전에 봤던 얼굴을 재인하고 식별하기 어렵다. 이름을 얼굴에 연결하는 문제가 아니다(자폐인이든 아니든 많은 사람이 이름 인출을 어려워한다). 얼굴의 특징을 단일한 전체로 지각하고 통합해서 본 대상을 이전의 경험 및 맥락과 연결짓기 어려워하는 아주 기본적인 지각적 문제와 관련된다.

얼굴인식불능증을 가진 사람은 상대방을 확인하기 위해 신발, 머리카락, 피부색, 체형, 목소리 등의 개별적인 특징에 의존할 수밖에 없다. 당신도 상상할 수 있겠지만, 이로 인해 사람들과 관계를 쌓아 나가거나 사교적으로 어울리기가 매우 어려울 수 있다. 인물을 쉽게 식별하기 어려워서 TV 프로그램이나 영화의 줄거리를 따라가기도 힘들 수 있다. 비-자폐인에게서 얼굴인식불능증은 비교적 드물지만(일반 인구의 2~3%), 일라리아 미니오-팔루엘로Ilaria Minio-Paluello 등은 자폐인의 거의 1/3이 얼굴맹이라는 사실을 발견했다.

자폐증 경험에서 본 시선으로: 얼굴인식불능증

"얼굴맹으로 살기는 정말 힘들어요. 제가 다른 사람들을 신경 쓰지 않는다고 모두들 생각해요. 저를 아는 사람은 많은데, 제가 모르는 사람이 너무 많아서 수년간 스스로가 끔찍한 사람이라고 생각했어요. 아는 사람인지, 모르는 사람인지가 확실치 않은데 우연한 만남을 실제 관계로 이어가기는 어려워요. 하지만 그렇다고 해서 무관심한 것은 아니에요. 외로울 뿐이죠."

– 샬롯 R. Charlotte R.

영재성

영재와 자폐인의 감별은 『자폐증인가요 II: 진단을 위한 동반 지침서』에서 논의했다. 이 책에서는 영재인 자폐증 아동에 집중할 것이다. 2020년에 1,263명의 영재를 대상으로 실시한 미공개 설문 조사에서 제시카 쾰러Jessica Koehler와 사만다 부엘Samantha Buell 박사는 부모에게 그들의 영재 자녀가 동반 진단을 받았는지 물었다(개인 서신, 2021년). 그 결과, 표본의 7.77%가 자폐증으로 확인되었으며, 저자들은 실제 유병률이 과소평가되었다고 꽤 확신한다. 이는 일반 인구의 유병률(이 글을 쓰는 시점에 2%를 조금 넘는 수준)보다 훨씬 높은 수치이다. 또한 많은 영재가 문제해결에 능숙하며, 이는 인상을 잘 관리하는 능력으로 나타날 수 있다는 점도 주목할 만하다. 자폐증을 가진 영재라면 자폐적 특성을 숨기기 위해 지적 능력과 문제해결 능력을 잘 활용하고 있을 가능성이 있다.

의료/건강

자폐인의 건강 및 생리와 관련해서 다른 점이 많다. 저자들은 **정서적 · 인지적 어려움을 다룰 때 의학적 문제도 함께 살펴야 한다**는 점을 강조하고 싶다. 2015년에 리사 크로엔Lisa Croen 등은 보험에 가입한 자폐증 성인 1,507명의 의료 기록을 검토하면서 이들과 연령과 성별이 일치하는 15,070명의 비-자폐증 성인 표본에서 동일 질환의 발병률을 비교했다. 결과는 충격적이었다. 자폐인은 조사된 모든 신체 기관에서 건강 문제의 발병률이 더 높았다. 저자들은 건강관리 서비스에 접근하기의 어려움, 자폐인의 호소를 심각하게 받아들이지 않는 서비스 제공자, 높은 스트레스 수준, 아동기의 부정적 경험(ACEs), 약물치료의 부작용, 식단, 생활방식, 자기-돌봄의 어려움 등의 요소가 어느 정도로 원인이 되는지 알 수 없다. 그러나 자폐인은 비-자폐인보다 질병을 가질 확률이 훨씬 높고, 건강 문제가 인지 및 행동의 문제를 초래하거나 악화시킬 수 있다는 점에는 논란의 여지가 없다. 기저의 의학적 질환을 치료하면 자폐인 프로파일의 다른 측면을 더 쉽게 관리할 수 있다.

이 단락에서는 다음을 설명한다.

- **일반적인 우려 사항:** 수면, 식사, 위장관 문제, 치아 문제, 비전형적인 약물 반응, 비만, 월경, 폐경 등.
- **신경학적 문제:** 운동 기술(소근육, 대근육, 근긴장 저하), 틱장애와 투렛 증후군, 발작, 편두통 등.
- **기타 건강 문제:** 자가면역질환, 결합조직장애, 자율신경실조증/기립성빈맥증후군POTS, 유전장애 등.

일반적인 우려 사항

수면: 자폐증 내담자가 수면에 어려움이 없다고 하면 의외라고 생각할 정도로 자폐인에게 수면 문제는 매우 흔하며, 연구에서도 확인할 수 있다. 클라우디아 카르마시Claudia Carmassi 등에 따르면, 자폐인은 수면 시간이 짧고 수면의 효율성이 떨어지며 입면 시간이 길고 렘수면 시간이 짧다. 또한 일반적인 취침 시간보다 2시간 이상 늦게 잠드는 야간 올빼미형인 경향이 있고, 아침에 일어나는 것이 어려울 수 있다. 암파로 디아즈-로만Amparo Díaz-Román과 준화 장Junhua Zhang 등의 메타분석에 따르면, 자폐증 아동은 비-자폐증 또래와 비교하여 잠드는 데 저항이나 불안이 더 많다. 호흡수면장애(수면 무호흡증)와 사건수면(야경증, 수면보행증, 악몽, 수면마비)도 흔한 증상이다.

식사: 많은 자폐인이 생애 초기부터 식사에 어려움을 경험하는데, 특히 깔끔하게 먹기 위해 필요한 미세 운동 협응에 문제가 있거나 소화기 증상이 발생할까 봐 걱정할 때 더욱 그렇다. 어린 나이에 맛, 냄새, 질감에 지나치게 민감하면 받아들일 수 있

는 음식이 연한 갈색이나 흰색으로 제한되는 경우가 많은데, 사라Sarah는 이러한 식습관을 **베이지 식단**beige diet이라고 불렀다. 어떤 자폐인은 베이지 식단과 반대되는 식습관을 가지기도 하는데(저자들은 이를 비공식적으로 **녹색 식단**green diet이라고 부른다), 열량이나 영양소를 충분히 섭취하지 못할 정도로 영양 지침을 경직되게 준수하고 건강한 식사의 원칙을 과도하게 적용한다. 이에 더해, 맛과 냄새에 대한 반응이 적어서 음식과 식사에 무관심할 수도 있다. 중추신경자극제 약물은 배고픔의 정상적인 신호를 일시적으로 억제할 수 있어서 문제를 악화시킬 수 있다.

회피적/제한적 음식섭취장애Avoidant/Restrictive Food Intake Disorder(이하 ARFID)는 섭취에 대한 흥미 결여, 음식에 대한 감각적 혐오, 질식, 구토, 소화기 증상의 발생에 대한 걱정으로 영양학적 요구량을 충족하기 어려울 때 진단된다. ARFID를 가진 사람 중 일부는 심각한 체중 미달로 인해 경구 영양 보충제를 통해 권장 열량을 채워야 할 수도 있다. 이들은 종종 "너무 말랐다"는 말을 들으면서 식단에 대해 혼란스러워하거나 수치심을 느낄 수 있고, 이로 인해 영양학적 요구량을 채우기가 더 어려워질 수 있다. 태너 쿠마르Tanner Koomar 등에 따르면, 자폐인의 21%가 ARFID를 가지고 있다. 자폐증 아동의 많은 부모가 자녀의 식단을 걱정하는 것은 두말할 필요가 없다.

자폐증인 훈련사 폴 미칼레프Paul Micallef는 감각 문제를 가진 자폐인이 싫어하는 음식을 먹는 일이 어떤 느낌인지 설명할 때 다음의 스크립트를 사용했다(개인 서신, 2022년).

누군가 당신에게 당근이 들어간 요리를 대접했다고 상상해 보세요. 그 요리를 먹으면 어떤 기분이 드시나요?

죄송해요, 당근이 아니라 구더기였어요. 제가 요리를 대접했는데 구더기가 들어있었어요. 이제 기분이 어떠세요? 아직도 먹고 싶으세요?

다른 먹을 것이 없으면 어떻게 하죠? 굶을까요?

제가 골라 드리면 어떨까요? 그러면 먹을 수 있으세요?

제가 으깨 드리면 어떨까요?

이 중 어느 것이 더 나아지고 있나요? 지금 당신이 먹고 싶은 음식에 조금이라도 더 가까워졌나요?

특정 음식을 향한 감각적 갈망은 폭식장애Binge-Eating Disorder(이하 BED)처럼 보일 수 있다. DSM에 따르면, BED는 필요 이상으로 많은 양의 음식을 '일정 시간 동안' 먹으며, '삽화 중에 먹는 것에 대한 조절 능력의 상실'을 느끼고, 삽화는 최소 3개월 동안 일주일에 1회 이상 발생한다. 충동 통제의 곤란, 스트레스성 식사, 포만감에 대한 내부수용감각 인식의 저하가 BED 삽화의 본질이며, 음식 섭취를 제한하기가 꾸준히 어려운 점과는 상당히 다르다.

몇몇 자폐인이 직면하는 또 다른 문제는 배가 고프거나 충분히 먹었는지 알기 어렵다는 점이다. 이는 내부수용감각의 문제일 수도 있으며, 이로 인해 언제 식사를 시작해야 하는지 알지 못하고 충분한 열량을 섭취한 후에도 식사를 계속할 수 있다.

자폐증과 섭식장애가 겹치는 증상을 구분하기 어려울 수 있다. 바네사 후크Vanessa Huke 등에 따르면, BED, 신경성 식욕부진증, 신경성 폭식증 환자의 22.9%가 자폐증이라는 사실은 감별을 더 어렵게 한다.

섭식장애의 치료에서 자폐증을 고려하기

임상가는 자폐증이 섭식장애 치료를 복잡하게 만드는 과정을 반드시 이해해야 한다. 만약 잘 알지 못해서 도움이 되지 않는 정도면 다행이고, 최악의 경우에는 치명적일 수도 있다. 섭식장애로 거의 죽을 뻔했던 자폐증 작업치료사 킴 클래리Kim Clairy는 과거의 치료 경험에서 최소 세 가지 문제를 설명했다.

(1) 고유수용감각의 문제로 자신의 신체 사이즈를 어림잡기가 어려웠다('체중이나 체형이 자기평가에 과도하게 영향'을 미치는 것은 아니었다).
(2) 구토는 리드미컬한 움직임에 대한 강렬한 감각적 욕구를 충족시켰다(건강관리전문가는 이를 신경성 식욕부진증의 제거형으로 오해석했지만).
(3) 자주 움직이고 싶은 강렬한 욕구는 열량을 소모하기 위한 운동이 아니었다. 그보다는 움직임이 집중력을 높이고 신경계를 조절해 일상 업무의 수행에 도움이 되었기 때문이다.

다른 진단적인 측면에서처럼, 제한된 식사 및 관련된 활동의 근본적인 이유를 반드시 이해해야 한다.

자폐증 경험에서 본 전문가 시선으로: 특별한 관심사와 섭식장애

"축구는 제 특별한 관심사예요. 대학에서 선수로 뛰었고 예정된 스케줄 전후에도 연습하곤 했어요. 심지어 수업 시간에 공을 드리블하기도 했고요. 코치님이 시즌 중에 '건강에 좋지 않은 음식'은 경기에 방해가 되니 멀리해야 한다고 말씀하셨고, 저는 그 말을 기억해서 대부분의 음식을 먹지 않았어요. 축구에 몰두하고 음식 섭취를 제한하다 보니 과도한 훈련이 되었고, 결국 체중이 빠져서 섭식장애의 일환이 되었어요."

– 킴 클래리Kim Clairy, OTR/L

소화기 문제: 많은 자폐인이 만성적인 복통으로 고통을 받으며, 변비, 설사, 위식도 역류질환GERD 등 소화기장애의 비율이 훨씬 높다(리사 크로엔Lisa Croen 등의 개관을 참고하라). 식도 질환과 상하부 위장관 문제의 가능성도 있다. 자폐인은 내부수용감각적 인식이 낮아 장과 방광 조절에 취약할 수 있고, 일반적인 연령대를 훨씬 지나서도 유분증(변실금 혹은 변을 지림)이나 유뇨증(방광 조절의 상실)을 보이는 경우가 흔하다. 위장관 문제는 기저 질환의 주요 증상일 수 있고, 불안/스트레스나 약물치료 부작용 외에 다른 질환이나 치료의 증상/부작용일 수도 있다. 자폐인과 이들을 아끼는 사람들이 위장관의 만성적이고 불편한 문제를 해결하기 위해 식이요법을 찾아 나서는 일이 충분히 이해가 된다.

치아 문제: 치과적 문제도 자폐인에게 흔하다. 많은 자폐증 아동은 감각 문제(잇몸이나 치아에 닿는 칫솔의 느낌, 치약에서 나오는 거품의 맛에 대한 혐오, 치실 사용의 통증) 혹은 미세 운동 조절의 어려움 때문에 양치질을 피한다. 치과 치료를 견디기는 훨씬 더 어려울 수 있다. 감각적 압도감, 통제 결여, 가만히 앉아만 있어야 하는 일을 많은 아동이 싫어하지만, 자폐증 아동(그리고 일부 성인)에게는 더욱 힘들 수 있다. 드릴 소리, 빛의 각도, 치석을 제거할 때 느끼는 긁히는 감각에 대처하기는 매우 어려울 수 있다. 이는 불량한 치아 위생의 패턴을 형성하고 심각한 치아 문제를 초래할 수 있다. 무하메드 압둘라 자베르Muhammed Abdullah Jaber에 따르면, 비-자폐인에 비해 자폐인은 썩거나 빠지거나 때운 치아가 더 많았고, 복원 치료도 더 많이 필요했으며,

연구 대상자 대부분이 구강 위생 상태가 불량한 가운데 97%가 치은염이 있었다.

비전형적인 약물치료 반응: 『자폐증 및 자폐증에 동반되는 정신과적 질환에 관한 옥스포드 핸드북The Oxford Handbook of Autism and Co-Occurring Psychiatric Conditions』의 약물 부분에서 브라이언 킹Bryan King 등은 자폐인의 약물 반응 연구들을 개관했다. 자폐증 대상자에게서 메틸페니데이트, 구안파신, 선택적세로토닌재흡수억제제(이하 SSRI)에 대한 반응률이 낮았고, 부작용의 비율은 모두 훨씬 높았다. 그리고 SSRI에 전혀 내성이 없었는데, 자폐증 대상자의 78%에게서 불쾌감이 촉발되었고, 흥분, 과잉행동, 때로는 공격성까지 경험하였다. 또한 49%는 메틸페니데이트에 잘 반응했지만 비-자폐인의 반응률(73.4%)에 비해 훨씬 낮았고, 자폐증 대상자의 18%는 과민성, 무기력증, 사회적 위축이 유의미하게 증가하여 투약을 할 수 없었다. 자폐증이 없고 ADHD인 사람의 3%만이 비슷한 부작용을 겪었다. 구안파신은 ADHD 증상을 보다 신뢰롭게 개선했지만, 자폐증 대상자의 13.3%는 심박수와 혈압이 상당히 저하되어 피로와 졸음 등 내성할 수 없는 부작용을 호소하여 중도 탈락했다. 사라Sarah와 도나Donna가 비공식적으로 발견하기로, 자폐증 내담자는 많은 약물에 비전형적인 반응을 보이며, 자폐증은 약물의 표적 증상과 부작용 모두를 비-자폐인과 다르게 경험할 수 있다.

비만: 비-자폐인보다 자폐인에게서 과체중이 더 많다는 점은 의심할 여지가 없다. 다만 식이요법, 내부수용감각의 문제(즉, 포만감을 느끼지 못함), 스트레스 관련 식습관, 염증, 약물 부작용, 낮은 운동량이 높은 비만율에 어느 정도로 원인이 되는지는 불분명하다. 더욱이 자폐증의 표현이 덜 분명한 사람의 체중을 구체적으로 살펴본 연구는 아직 없다. 츠릴 시만토프Tslil Simantov 등의 연구에 따르면, 자폐증 여성은 비-자폐증 여성보다 체질량지수Body Mass Index(이하 BMI)가 높거나 전당뇨 증상이 있을 가능성이 더 높았다. 진단받지 않은 여성 중 자폐적 특성이 더 많을수록 BMI가 높거나 전당뇨 증상을 가질 가능성이 더 높았다.

월경: 츠릴 시만토프 등에 따르면, 생식기계 진단, 불규칙한 사춘기의 시작(조기 또는 지연), 불규칙한 월경은 비-자폐증 여성보다 자폐증 여성에게서 훨씬 빈번했다.

사춘기의 변화는 비-자폐증 여아에게도 힘든 시기이지만 자폐증 여아에게는 특히 더 힘들 수 있다. 사춘기에 들어서는 여아는 신체 변화, 새 옷(예: 브래지어), 생리통과 기타 신체 증상, 호르몬 주기에 따른 정서적 증상에 대처해야 한다.

폐경: 폐경기의 호르몬 변화는 일부 자폐증 여성에게 어려움을 줄 수 있다. 레이첼 모슬리Rachel Mosely 등에 따르면, 폐경기에는 감각 문제, 욕구 전달의 어려움, 다른 사람과의 사회적 문제가 더욱 악화되며, 연구 참여자 일부는 자신의 어려움을 더 이상 숨길 수 없을 정도였다. 자폐증 청소년이 첫 월경에서 경험하는 어려움은 폐경기에도 동일하게 나타날 수 있다. 모슬리 박사 등은 감정폭발meltdown, 불안, 우울, 자살 충동의 증가를 보고하였다.

신경학적 문제

운동 기술: 발달성 협응장애Developmental Coordination Disorder(이하 DCD)는 실행곤란dyspraxia으로도 알려져 있다. 자폐인에게 매우 흔한 증상으로 수잔 두발Susanne Duvall 등은 이를 자폐증의 '경고 신호pink flag' 목록 중 하나로 올리기도 하였다. 물리치료사인 안자나 바트Anjana Bhat가 지적발달의 지연이 없는 5~17세의 자폐증 아동의 부모 11,814명을 조사한 결과, 86.9%가 운동 손상으로 진단될 정도였다!

미세 운동 및 대근육 조절뿐만 아니라 근긴장이 모두 영향을 받을 수 있다. **미세 운동 조절**은 손의 민첩성manual dexterity으로도 불리며, 손글씨 쓰기, 단추 채우기, 신발 끈 묶기, 은식기 사용하기와 같은 작업뿐만 아니라, 말하기, 씹기, 삼키기와 관련된 구강 운동 조절에도 사용된다. 흔히 악력이 약하다. **대근육 운동 조절**은 걷기, 달리기, 점프하기, 들어올리기 등에 적용되며, 이 문제를 가진 몇몇은 팔, 손, 다리, 발을 동기화하여 움직이기 어려운데, 보행의 어려움으로 이어지기도 한다. **근긴장저하**hypotonia가 있는 사람은 '늘어져 있으며floopy', 코어 근육의 힘이 약해 앉거나 서거나 걸을 때 도움이 필요할 수 있다. 근긴장저하가 있는 사람은 2세 이후에 발끝으로 걷기도 하며, 균형 감각이 떨어지고 자세가 불안정하며 걸음걸이가 어색할 수 있다. 계단을 내려가거나 복도를 걸을 때 안정감을 가지려고 벽을 짚으며, 아동의 경우에는 집단 활동 중에 다른 사람에게 기대어 있기도 하다. 근긴장저하의 또 다른 징후는 W자 앉기 자세로, 발목과 발이 엉덩이 양쪽에 있고 무릎은 앞쪽에 있으며, 다리를 위에서 보면 W자 형태가 되는데, 이 자세는 코어 근육이 약한 사람이라도 똑바로 앉을 수 있게 해 준다.

수잔 두발 등에 따르면, 운동 문제는 평생에 걸쳐 영향을 미칠 수 있다. 아동에게 운동 손상이 있으면 다른 사람과 어울리는 놀이가 힘들고, 운동 문제가 있는 성인과 아동은 게임과 스포츠에 참여하기도 어렵다. 협응의 어려움은 직업의 선택지를 제한하며, 요리, 청소, 자기 관리, 위생과 같은 일상 활동의 완수도 어렵게 한다.

틱장애와 투렛 증후군: 틱은 갑작스럽고 빠르며 반복적인 움직임으로, 눈, 얼굴, 머리, 어깨의 근육을 주로 포함한다. 일부 틱은 발성이나 혀 차는 등의 소리를 포함하기도 한다. 음성 틱과 운동 틱이 모두 1년 이상 지속되면 투렛 증후군으로 진단할 수 있다. 자폐적인 운동 상동증은 일반적으로 더 복잡하고(손, 팔, 혹은 몸 전체를 포함함) 더 리드미컬하고 더 오래 지속되고(예: 손의 펄럭이기나 손가락 튕기기) 목적이 있다는 점에서 틱과 다르다.

수잔 두발 등이 자폐증의 또 다른 경고 신호로 제시한 틱장애와 투렛 증후군은 자폐인에게서 훨씬 흔하며, 일반 인구에서는 0.3~0.9%만이 해당한다. 에프로시니 칼리바Efrosini Kalyva 등에 따르면, 자폐인의 9~12%가 틱장애에 해당하며, 평균에서 평균 이상의 지능을 가진 자폐인 중 20%에서 투렛 증후군이 나타난다.

발작: 발작장애seizure disorder와 뇌전증epilepsy은 자폐인에게서 훨씬 흔하다. 리사 크로엔Lisa Croen 등에 따르면, 자폐인이 비-자폐인보다 발작장애를 가질 확률이 16배나 더 높았다! 수잔 두발 등은 더 높은 유병률을 보고하면서 언급하였듯이, "[자폐인]의 약 25~30%가 발작을 경험하며, [자폐증]과 [지적발달장애]가 모두 있을 때 발작의 위험성이 가장 컸다." 흥미롭게도 하워드 킴Howard Kim 등에 따르면, 자폐인의 약 60%는 임상적 발작이 없을 때 비정상적인 뇌파를 보였다. 이는 기능적 함의를 시

사한다. 제이미 카팔Jamie Capal 등에 따르면, 발작을 경험한 사람은 자조 능력이 더 저조하고, 과잉행동이 더 많고, 스스로 삶의 질을 더 낮게 평가했다.

편두통: 편두통이 자폐인에서 더 흔하지는 않다. 하지만 신경학자인 오드리 브럼백Audrey Brumback이 의심하기로, 편두통을 경험하는 자폐인은 심신을 쇠약하게 만드는 두통, 메스꺼움, 피로, 불쾌감이 비전형적이라는 사실을 몰라서 편두통이 심각하게 과소 진단되었을 수 있다(개인 서신, 2021년). 내부수용감각의 인식이 낮고 감정인식불능증이 있는 자폐인은 편두통을 알아차리기가 더 어려울 수 있고(전형적인 전구, 전조 증상을 경험할 때), 외부인에게 피로, 압도감, 혹은 단순히 지속적인 두통과 같은 증상으로 경험할 수 있다.

기타 건강 문제

앞서 언급했듯이, 자폐증 성인은 비-자폐인보다 면역, 심혈관, 대사, 내분비, 신경, 소화기, 청각, 시각, 근골격, 폐 등 **거의 모든 신체 기관에 영향을 미치는 주요한 만성질환**을 가질 가능성이 훨씬 높다. 리사 크로엔Lisa Croen 등에 따르면, 자폐증 여성이 남성보다 이환될 가능성이 크지만, 모든 자폐인이 동류의 비-자폐인보다 건강 상태가 더 나빴다. 모든 질환을 자세히 설명할 수는 없으므로, 자폐인에게 특히 간과되고 과소 평가될 수 있는 세 영역에 초점을 맞추고자 한다. 자가면역질환, 자율신경실조증/기립성빈맥증후군, 결합조직장애 그리고 유전적인 문제가 많으므로, 유전장애를 간략히 설명하면서 이 단락을 마무리할 것이다.

자가면역질환: 구이펑 쉬Guifeng Xu 등에 따르면, 자폐인에게서 음식, 호흡기, 피부 알레르기가 더 흔했고, 아만다 엔스트롬Amanda Enstrom 등에 따르면, 자폐인의 일차 친족에서 제1형 당뇨, 류마티스 관절염, 갑상선 기능저하증, 건선, 전신 홍반성 루푸스의 발병률이 증가했다. 이러한 연구 결과를 바탕으로 연구자들은 염증 반응이 자폐증과 관련될 수 있다는 가설을 세웠고, 터프츠대학교 의과대학의 테오하리스 테오하리데스Theoharis Theoharides 등의 연구팀이 이를 입증했다. 지난 20년 동안, 연구

팀은 특히 자폐인에게서 스트레스와 비만세포 활성화mast cell activation 사이의 연관성을 설명하는 수많은 연구를 발표했는데, 이 과정에서 자폐증에서 시냅스 가지치기와 신경세포 연결성의 차이로 이어져 스트레스 반응에 더 민감하다는 가설을 제기했다.

자율신경실조증/기립성빈맥증후군: 자율신경계는 심장박동, 혈압, 위장 기능, 체온 조절, 순환, 호흡 등 우리가 의식적으로 생각하거나 통제하지 못하는 모든 생리적 기능을 조절한다. 자율신경계의 조절 곤란(자율신경실조증dysautomia)은 경미한 증상부터 심신을 쇠약하게 하는 증상까지 다양하고, 대개 여러 기관계organ system에 영향을 미치며, 다음의 증상을 포함한다. 균형 감각의 문제, 현기증, 만성 피로와 쇠약감, 심장의 두근거림, 심박수와 혈압 변동, 운동 불내성intolerance(심박수가 활동 수준의 변화에 따라 조절되지 않음), 편두통이나 잦은 두통, 체온과 피부 온도 조절의 어려움, 저혈당, 메스꺼움, 소화기 문제, 탈수, 요실금, 수면 문제, 소음/빛에 대한 민감성, 시야 흐림, 건망증 및 집중력 장애, 기분 기복이 그것이다.

자율신경실조증의 흔한 징후는 기립성 불내성orthostatic intolerance으로, 기절하거나 어지러움을 느끼지 않고 장시간(10분) 가만히 서 있기가 어렵다. 순환계의 자율신경실조증인 기립성빈맥증후군Postural Orthostatic Tachycardia Syndrome(이하 POTS)은 자폐인에게서 흔하다. POTS가 있는 사람이 너무 빨리 일어나면 심박이 빨라지고, 어지럽고, 기절할 수도 있다(그리고 POTS에 다른 증상도 동반될 수 있다).

결합조직장애connective tissue disorders: 결합조직은 우리 몸의 구조를 하나로 묶어 주는 역할을 한다. 결합조직의 형성을 관장하는 유전자의 결함은 근골격계, 심혈관계, 폐, 눈, 피부를 비롯한 여러 신체 기관에 영향을 미칠 수 있다. 가장 흔한 결합조직장애 중 하나는 과운동성 엘러스-단로스 증후군hypermobile Ehlers-Danlos Syndrome(이하 hE-DS)이다.

2020년에 에밀리 카사노바Emily Casanova 등은 hE-DS/과운동성 스펙트럼장애와 자폐증의 증상이 겹친다는 내용의 논문을 발표했는데, 다음이 포함된다. DCD/실행곤란, ADHD, 학습장애, 고유수용감각, 불안, 우울, 양극성장애, 자살 행동, 섭식장애, 발작장애, 수면장애, 과잉-/과소-감각[소섬유신경병증small fiber neuropathy으로 통각과민hyperalgesia(통증을 느끼는 민감도가 증가하고, 통증에 극단적으로 반응함) 및 이질통allodynia(접촉에 극단적으로 민감함)으로 이어지게 됨], 빈맥, 저혈압, 소화기장애(특히 운동성motility과 관련한), 방광 기능부전, 체온 조절의 곤란, 자율신경실조증, 뇌간/척수의 불안정성/기형, 비만세포 활성화 증후군이 그것이다.

2021년에 영국의 앤드류 오웬스Andrew Owens 등은 자폐인과 비-자폐인 표본에서 신경-심혈관 자율신경계 기능을 평가하여 자폐증, 자율신경실조증, hE-DS의 동시 발생을 조사했다. 그 결과, 많은 자폐인이 심혈관계와 체온 조절 체계를 조정하는 데 어려움이 있었고, hE-DS를 가진 자폐인에서 더 두드러졌다.

최근 제니 첵스Jennie Csecs 등은 ADHD, 투렛 증후군, 자폐증의 신경다양성을 가진 성인을 대상으로 과운동성, 자율신경실조증, 통증을 조사했는데, 절반이 과운동성 관절을 가지고 있었다. 무엇보다도, 신경다양성을 가진 대상자가 관절의 과운동성이 클수록 자율신경실조증과 근골격계 통증을 경험할 가능성도 더 높았다.

유전장애: 자폐증에서 유전적 변이의 발현을 규명하기 위한 수많은 연구가 진행되었다. 기욤 위게Guillaume Huguet 등은 자폐인 대상자의 약 25%에서 유전적 원인을 확인할 수 있었고, 이 유전자는 주로 신경계의 항상성을 관장하였다. 마찬가지로, 아만다 엔스트롬Amanda Enstrom 등은 자폐인의 면역 체계 기능을 관장하는 후보 유전자를 확인하였다. 서머 비숍Somer Bishop 등(2017)에 따르면, (유전이 아닌) 신생de novo 변이를 가진 아동은 또래보다 걸음마 시기가 늦었지만, 사회적 의사소통 기준을 덜 충족하고 언어 기술은 더 뛰어났으며, 이외의 자폐적 특성은 덜 분명했다. 물론 신경생물학적·환경적 요인도 영향을 미치지만, 유전적 구성makeup이 (자폐적이든 아니든) 개개인의 표현에 기여한다는 점은 분명하다.

기타

지금까지 자폐인에게서 흔히 나타나는 정서적·인지적·의학적 상태를 설명했고,

여기에 속하지 않는 네 가지 영역의 경험이 더 있다.

- 적응기능
- 운전 회피
- 학교 회피
- 젠더 및 매력

적응기능

자폐인이 청소년기를 거쳐 성인기에 접어들면 인지적 기술(특히 IQ)이 꼭 예후를 예측하지는 않는다는 당혹스러운 현실이 분명해진다. 그 대신에 일상생활의 요구에 부응하는 개인의 능력(적응기능)으로 예후를 더 잘 예측할 수 있다. 적응기능 기술은 자기 관리, 집 관리, 일정 관리, 지역사회에서 이동하기, 식사 준비 등 삶을 독립적으로 영위하는 데 필요하다.

2017년에 줄리아 바스콤Julia Bascom과 그레고리 월리스Gregory Wallace는 삶의 질이 적응기능 기술에 크게 좌우된다고 언급했다. 이는 IQ가 70 미만인 자폐인에게 해당된다고 오랫동안 여겨졌지만, 평균이나 평균 이상의 IQ를 가진 자폐인에게도 적용된다는 사실이 점점 더 명확해지고 있다. 월리스 박사는 어린이 국립의료센터의 카라 푸글라이즈Cara Pugleise가 이끄는 연구팀과 함께 IQ와 적응기능을 분리하기 위해 연구하고 있다. 푸글라이즈 박사팀이 적응기능을 추적한 결과, 청소년기까지 자폐증 청소년의 성취가 비-자폐증 또래를 따라가지 못했다. 이후 같은 센터의 캐서린 크레이퍼Catherine Kraper가 주도한 연구에서 IQ와 적응기능 간의 편차를 추적했을 때, 그 편차가 클수록 우울과 불안의 비율이 더 높았다.

바스콤과 월리스 박사가 기술했듯이, "적절한 지원을 받지 못한 저조한 적응기능은 자폐증 성인에게서 고등교육과 고용 비율이 낮은 점을 설명한다. 특히 지적장애가 없는 자폐인이라면 별다른 지원 없이도 대학 진학이나 취업 경쟁을 할 수 있다고 생각되어서 더욱 그러하다. 하지만 실제로 이들은 기본적인 일상생활 기능에 상당한 장애가 있는 경우가 많다." 저자들의 임상 경험과 수많은 자폐인의 생생한 경험에서도 잘 반영된다. 게다가 이 상황에서 자폐인은 "자신의 잠재력에 부응하지 못한다"는 비난과 수치심에도 대처해야 한다.

적응기능 기술의 어려움은 성인기로 전환되면서 더욱 뚜렷해지거나 두드러질 수 있다. 줄리 라운즈 테일러Julie Lounds Taylor와 마샤 메일릭 셀처Marsha Mailick Seltzer는 상당수의 자폐증 청년이 시간이 지남에 따라 독립성과 일상생활 기술의 발휘가 크게 저하되는 양상을 발견했고, 여성이 더 취약했다. 그리고 적응기능이 저조할수록 취업률도 낮아졌다.

여기서 요점은, 모든 자폐인의 적응기능이 저조하지는 않다는 것이다. 그리고 함께 작업 중인 내담자의 적응기능이 놀라울 정도로 미흡하다면, 자폐증을 경고하는 다른 신호가 있는지 살펴봐야 한다.

운전 회피

2018년에 나단 윌슨Nathan Wilson 등이 전 세계의 연구를 검토한 결과, 자폐인의 66~91%가 운전을 하지 않았고(비-자폐인의 32%와 대조적으로), 평균적으로 2년 후에 운전면허를 취득했다. 심지어 브라이언 달리Brian Daly 등에 따르면, 자폐인은 운전을 배우더라도 비-자폐인보다 교통법을 더 많이 위반했다. 윌슨 박사는 자폐인이 멀티태스킹, 운동 협응, 주의력, 계획, 정신적 융통성, 시각적 지각을 걱정하고 있다고 보고하였다.

윌슨 박사팀은 자폐증 운전자가 운전 기술의 습득에 더 오랜 시간이 걸리며, 운전 시뮬레이터를 사용한 교육 프로그램이 유용할 수 있다는 점을 발견했다. 연구팀은 자폐증 초보 운전자가 면허를 취득하는 데 시간이 더 걸릴 수 있지만, 결국에는 많은 환경에서 성공적으로 안전 운전을 할 수 있다고 주장했다.

자폐증 경험에서 본 시선으로: 운전

"워싱턴 DC에서는 도저히 운전을 감당할 수 없어요. 모든 것이 너무 빠르게 움직여요. 더 빨리 가려고 차를 타면서 사고 위험을 감수하느니 차라리 버스를 타는 게 훨씬 나아요."

— 톰 W. Tom W.

▌문화 간 연결

흑인, 원주민, 유색인종의 자폐인과 그 가족, 특히 남성의 경우에 운전에 대한 두려움은 단지 운전 기술의 문제나 경찰이 차를 세우도록 할 때의 불안감에만 기인하지 않는다. 자폐증 성인과 그 가족에게 운전 기피와 두려움은 유색인종(특히 유색인종 남성)이 마주해 온 역사적인 인종 편견과 차별에서 비롯된다. 예를 들어, 많은 흑인 남성의 현실인 인종 프로파일링은 자폐인 흑인 남성의 부모와 배우자에게 마비될 정도의 두려움을 준다. 이들은 사랑하는 사람이 납득할 수 없는 이유로 차를 세워야 할 때 정서 조절 곤란이 발생할 수 있음을 예민하게 인식하고 있다.

더욱이 비-흑인 자폐인에게서 고집스러워 보이는 행동이 자폐인 흑인 남성에 대해서는 공격적이고 위협적이라고 비춰질 수 있다. 이러한 편견에 더해, 자폐인의 언어적, 비언어적 의사소통 기술이 효과적이지 않다는 점을 모르면 상당히 부정적인 결과가 나타날 수 있다.

▌학교 회피

저자들은 등교 거부school refusal라는 용어를 사용하지 않는데, 이 용어는 등교를 회피하기로 의식적으로 결정했다는 의미를 내포하기 때문이다. 학교 회피school avoidance라는 용어는 두려움이나 부담감 등 더 넓은 범위의 동기를 포괄한다. 학교에 가고 싶지만, 너무 무서워서 등교하지 못하는 경우도 포함할 수 있다.

오슬로대학병원의 엘렌 캐서린 뭉크하우겐Ellen Katherine Munkhaugen 등이 2016년에 공립학교 교사를 대상으로 설문 조사를 실시한 결과, 학령기인 자폐증 학생(42.6%)의 학교 회피가 비-자폐증 학생(7.1%)에 비해 훨씬 더 높았다. 실제로 자폐증 학생에게 학교 회피는 매우 흔한 일이라서 코로나19 팬데믹 이전에 저자들은 내담자가 학교를 회피하려는 모습을 보이면 자폐증의 경고 신호로 간주했다.

▌젠더 및 매력

저자들은 이 동반질환 장에 젠더 다양성과 매력attraction을 포함해야 할지 고민했는데, 이는 질환이나 장애가 아니기 때문이다. 그러나 자폐인이 시스젠더 이외의 정체성을 지닌 경우가 더 많으며, 서로 다른 젠더에 대한 매력도 다양하다.

젠더: 젠더gender의 개념은 사람들이 젠더를 경험할 수 있는 다양한 방식에 대한 이해와 함께 진화하고 있다. 독자들이 이 글을 읽을 때쯤이면 젠더에 대한 이해는 아마 확실히 진화했을 것이다. 이 책을 쓴 2022년에 저자들이 알고 있는 내용을 최선으로 담아 보려고 했다.

- **젠더 다양성**은 가능한 젠더 정체성의 범위를 일컫는다. 전 세계 문화권에서는 오래 전부터 다양한 젠더의 존재를 인정해 왔으며, 현재 미국 사회를 지배하는 젠더 이분법은 가능한 하나의 사회적 구성물일 뿐이다.
- **출생 시 부여된**assigned **젠더**: 해부학, 호르몬, 염색체의 조합에 따라 남성, 여성, 중성, 다른 성sex으로 분류된다.
- **젠더 정체성**: 남성, 여성, 남성도 여성도 아닌neither, 남성이자 여성인both, 다른 젠더 등 자신의 젠더에 대한 선천적인 감각
  - **트랜스젠더**transgender: 출생 시 부여된 성과 내적인 젠더 정체성이 일치하지 않는 경우
  - **시스젠더**cisgender: 출생 시 부여된 성과 내적인 젠더 정체성이 동일한 경우
  - **젠더퀴어**genderqueer: 젠더의 어느 쪽도 아니거나, 모두이거나, 그 조합인 정체성
    - **논바이너리**non-binary: 남성 또는 여성의 한쪽이 아니거나, 남성 또는 여성의 요소가 혼합되어 있거나, 남성도 여성도 아닌 다른 젠더 정체성
    - **에이젠더**agender: 특정한 젠더로 자신을 규정하지 않거나, 젠더 스펙트럼의 외부에서 정체성을 찾음
- **젠더 표현**expression/presentation: 행동, 옷, 헤어스타일, 화장, 관심사, 체형, 활동 선택 등을 통해 자신의 젠더를 표현하는 방법
- **젠더 유동성**fluidity: 젠더 표현이나 젠더 정체성이 시간이 지나면서 혹은 젠더 스펙트럼에 따라 지속적으로 변하는 경우

아직 연구되지는 않았지만, 몇몇 자폐인의 경험의 일부를 차지하는 또 다른 유형의 젠더가 있다. 오티젠더autigender는 자폐증에 크게 영향을 받아 (결국 사회적 구성물인) 젠더의 정의가 개인의 사고 및 존재 방식과 분리될 수 없는 상태를 의미한다. 데이비드 잭슨-페리David Jackson-Perry는 젠더에 대한 사회적 기대로부터 하향식으로 제한되는 것을 따르지 않고, 상향식으로 세상에 대해 정보처리하는 자폐적 특성으로서 오티젠더를 설명하였다: "이러한 방식에 따라, 젠더 표현의 가능성은 무엇이 가능한지 학습되는 것이 아니라 실제 경험에 따라 결정된다." 이렇게 젠더에 대해 정보처리하는 방식을 통해 자폐인은 '자신에 대한 범주화를 보류'할 수 있으므로 '충분한 데이터를 확보할 때까지 더 느슨하게' 자신의 젠더를 정할 수 있다. 오티젠더는 다른 젠더 정체성과 공존할 수 있고, 실제로도 공존하고 있다.

그렇다면 젠더에 대한 자폐적 경험을 연구한 결과는 어떨까? 2014년에 존 스트랭John Strang 등에 따르면, 자폐증 아동이 비-자폐증 아동보다 시스젠더가 아닐 가능성이 7배 더 높았다. 2022년에 같은 클리닉의 블라이스 코벳Blythe Corbett이 이끄는 연구팀은 더 자세한 설문 조사를 실시했는데, 자폐증 아동이 트랜스젠더 또는 젠더퀴어일 가능성이 특히 더 높다는 사실을 발견했다. 이들의 경험을 장기적으로 연구한 바는 아직 알려지지 않았다.

자폐증 아동의 부모는 젠더-신체의 부조화를 훨씬 더 많이 보고했으며, 이는 출생 시 남성보다 여성으로 부여된 아동에게서 훨씬 더 많았다. 이러한 부조화는 많은 고통을 초래할 수 있는데, 특히 출생 시 여성으로 부여된 아동이 사춘기일 때 그러하다. 만약 내담자가 젠더퀴어나 트랜스젠더이고, 다른 경고 신호pink flags를 보인다면 자폐증의 가능성을 고려해 보도록 권한다.

스트랭 박사의 연구 결과 중 자폐증 성소수자의 32%가 자폐증 진단 때문에 젠더 정체성에 의문을 품었다고 답한 점은 우려스럽다. 이는 우울과 불안이 높은 트랜스젠더나 젠더퀴어인 자폐증 청소년의 안녕에 영향을 미칠 것이다. 또한 바룬 워리어Varun Warrier등에 따르면, 트랜스젠더와 젠더퀴어에서 ADHD, 양극성장애, 학습장애, OCD, 조현병 등 다른 형태의 신경다양성을 가지는 비율이 더 높았다.

자폐증 경험에서 본 시선으로: 젠더

"저에게 젠더를 붙일 날이 올 거라고는 생각하지 않아요. 저는 젠더를 가지지 않았어요. 제 젠더는 빛이 반짝이는 숲속 공터에 있는 커다란 나무 그루터기예요. 이게 제 젠더랍니다."

– 조시 E. Josei E.

"젠더, 그리고 젠더에 기반하는 사회적 규범을 저는 잘 이해하지 못하겠고, 젠더가 사회적 구성물이라는 사실을 깨달은 뒤로는 더 그래요. 자폐인으로서 저는 아동기부터 젠더를 포함한 인간 경험으로부터 단절되어 있었죠. 17개월 위의 제 남자 형제에게는 없었던 규칙과 제한을 경험하면서 젠더의 구조, 특히 바이너리에 대한 경멸이 더 심해졌어요. 성인이 된 지금 저는 스스로를 에이젠더, 오티젠더의 정체성으로 인정하고 있어요."

– 아시아투 Asiatu

매력 Attraction: 매력은 성적인, 로맨틱한, 정서적인, 미적인, 플라토닉 등의 다양한 차원에서 평가되며, 젠더 정체성과 별개이다. 젠더와 마찬가지로, 매력은 이분법적이지 않으며, 다른 젠더의 사람에게도 느낄 수 있다. 몇몇 자폐인은 낭만이 없는 aromantic/무성애적 asexual(아로 aro/아세 ase라고도 불림)의 정체성을 가진다.

사회적 제약을 고려하지 않고 젠더와 매력을 평가하는 자폐적 능력과 함께 우리의 이해는 나날이 진화하고 있다. 내담자가 이와 관련한 자신의 경험을 들고 왔을 때 당신이 수용적이고 개방적이고 호기심 많은 태도를 보인다면, 이들과 신뢰를 형성하여 더 나은 자기-이해의 과정으로 안내할 수 있을 것이다.

참고문헌 및 읽을거리

Antshel, K. M., Polacek, C., McMahon, M., Dygert, K., Spenceley, L., Dygert, L., Miller, L., & Faisal, F. (2011). Comorbid ADHD and anxiety affect social skills group intervention treatment efficacy in children with autism spectrum disorders. *Journal of Developmental & Behavioral Pediatrics, 32*(6), 439–446. https://doi.org/10.1097/DBP.0b013e318222355d

Au-Yeung, S. K., Bradley, L., Robertson, A. E., Shaw, R., Baron-Cohen, S., & Cassidy, S. (2019). Experience of mental health diagnosis and perceived misdiagnosis in autistic, possibly autistic and non-autistic adults. *Autism, 23*(6), 1508–1518.

Baron-Cohen, S., Johnson, D., Asher, J., Wheelwright, S., Fisher, S. E., Gregersen, P. K., & Allison, C. (2013). Is synaesthesia more common in autism?. *Molecular Autism, 4*(1), 40. https://doi.org/10.1186/2040-2392-4-40

Bascom, J., & Wallace, G. (2017, November 28). *Why intelligence scores do not predict success for autistic adults*. Spectrum|Autism Research News. www.spectrumnews.org/opinion/viewpoint/intelligence-scores-not-predict-success-autistic-adults/

Bhat, A. N. (2020). Is motor impairment in autism spectrum disorder distinct from developmental coordination disorder? A report from the SPARK study. *Physical Therapy, 100*(4), 633–644. https://doi.org/10.1093/ptj/pzz190

Bishop, S. L., Farmer, C., Bal, V., Robinson, E. B., Willsey, A. J., Werling, D. M., Havdahl, K. A., Sanders, S. J., & Thurm, A. (2017). Identification of developmental and behavioral markers associated with genetic abnormalities in autism spectrum disorder. *American Journal of Psychiatry, 174*(6), 576–585. https://doi.org/10.1176/appi.ajp.2017.16101115

Bishop, S. L., Thurm, A., Robinson, E., & Sanders, S. J. (2021). Prevalence of returnable genetic results based on recognizable phenotypes among children with autism spectrum disorder. *medRxiv*. https://doi.org/10.1101/2021.05.28.21257736

Capal, J. K., Macklin, E. A., Lu, F., & Barnes, G. (2020). Factors associated with seizure onset in children with autism spectrum disorder. *Pediatrics, 145*(Suppl. 1),

S117-S125. https://doi.org/10.1542/peds.2019-1895O

Carmassi, C., Palagini, L., Caruso, D., Masci, I., Nobili, L., Vita, A., & Dell'Osso, L. (2019). Systematic review of sleep disturbances and circadian sleep desynchronization in autism spectrum disorder: Toward an integrative model of a self-reinforcing loop. *Frontiers in Psychiatry, 10*(366), 1-35. www.frontiersin.org/article/10.3389/fpsyt.2019.00366

Casanova, E. L., Baeza-Velasco, C., Buchanan, C. B., & Casanova, M. F. (2020). The relationship between autism and Ehlers-Danlos syndromes/hypermobility spectrum disorders. *Journal of Personalized Medicine, 10*(4), 260. https://doi.org/10.3390/jpm10040260

Cassidy, S. (2020). Suicidality and self-harm in autism spectrum conditions. In S. W. White, B. B. Maddox, & C. Mazefsky (Eds.), *The Oxford handbook of autism and co-occurring psychiatric conditions*. Oxford University Press.

Cassidy, S., Bradley, L., Shaw, R., & Baron-Cohen, S. (2018). Risk markers for suicidality in autistic adults. *Molecular Autism, 9*(42), 1-14. https://doi.org/10.1186/s13229-018-0226-4

Corbett, B. A., Muscatello, R. A., Klemencic, M. E., West, M., Kim, A., & Strang, J. F. (2023). Greater gender diversity among autistic children by self-report and parent-report. *Autism: The International Journal of Research and Practice, 27*(1), 158-172. https://doi.org/10.1177/13623613221085337

Croen, L. A., Zerbo, O., Qian, Y., Massolo, M. L., Rich, S., Sidney, S., & Kripke, C. (2015). The health status of adults on the autism spectrum. *Autism: The International Journal of Research and Practice, 19*(7), 814-823. https://doi.org/10.1177/1362361315577517

Cruz, F., Pulido, A., Ampolos, L., LaMarca, K., Keehn, R., & Lincoln, A. (2010). *Characteristics of anxiety in children with co-occurring autism spectrum and anxiety disorders*. Poster session presented at the International Meeting for Autism Research, Philadelphia, PA.

Csecs, J. L. L., Iodice, V., Rae, C. L., Brooke, A., Simmons, R., Quadt, L., Savage, G. K., Dowell, N. G., Prowse, F., Themelis, K., Mathias, C. J., Critchley, H. D. & Eccles,

J. A. (2022). Joint hypermobility links neurodivergence to dysautonomia and pain. *Frontiers in Psychiatry, 12*, 786916. https://doi.org/10.3389/fpsyt.2021.786916

Daly, B. P., Nicholls, E. G., Patrick, K. E., Brinckman, D. D., & Schultheis, M. T. (2014). Driving behaviors in adults with autism spectrum disorders. *Journal of Autism and Developmental Disorders, 44*(12), 3119–3128. https://doi.org/10.1007/s10803-014-2166-y

Danielsson, S., Gillberg, I. C., Billstedt, E., Gillberg, C., & Olsson, I. (2005). Epilepsy in young adults with autism: A prospective population-based follow-up study of 120 individuals diagnosed in childhood. *Epilepsia, 46*(6), 918–923. https://doi.org/10.1111/j.1528-1167.2005.57504.x

Díaz-Román, A., Zhang, J., Delorme, R., Beggiato, A., & Cortese, S. (2018). Sleep in youth with autism spectrum disorders: Systematic review and meta-analysis of subjective and objective studies. *Evidence-Based Mental Health, 21*(4), 146–154. https://doi.org/10.1136/ebmen tal-2018-300037

Dinkler, L., Yasumitsu-Lovell, K., Eitoku, M., Fujieda, M., Suganuma, N., Hatakenaka, Y., Hadjikhani, N., Bryant-Waugh, R., Råstam, M., & Gillberg, C. (2022). Early neurodevelopmental problems and risk for avoidant/restrictive food intake disorder (ARFID) in 4–7-year-old children: A Japanese birth cohort study. *JCPP Advances*, 2(3), e12094. https://doi.org/10.1002/jcv2.12094

Dodson, J. (2020, July 29). *New insights into rejection sensitive dysphoria*. ADDitude. www.additudemag.com/rejection-sensitive-dysphoria-adhd-emotional-dysregulation/

Duvall, S., Armstrong, K., Shahabuddin, A., Grantz, C., Fein, D., & Lord, C. (2021). A road map for identifying autism spectrum disorder: Recognizing and evaluating characteristics that should raise red or "pink" flags to guide accurate differential diagnosis. *The Clinical Neuropsychologist, 36*(5), 1–36. https://doi.org/10.1080/13854046.2021.1921276

Eigsti, I.-M., de Marchena, A. B., Schuh, J. M., & Kelley, E. (2011). Language acquisition in autism spectrum disorders: A developmental review. *Research in Autism Spectrum Disorders, 5*(2), 681–691. https://doi.org/10.1016/

j.rasd.2010.09.001

Ekinci, O., İpek Baş, S. A., Ekinci, N., Doğan, Ö. I., Yaşöz, C., & Adak, İ. (2021). Sluggish cognitive tempo is associated with autistic traits and anxiety disorder symptoms in children with attention-deficit/hyperactivity disorder. *Revista Brasileira de Psiquiatria, 43*(2), 153-159. https://doi.org/10.1590/1516-4446-2020-0965

Ellis Weismer, S., Lord, C., & Esler, A. (2010). Early language patterns of toddlers on the autism spectrum compared to toddlers with developmental delay. *Journal of Autism and Developmental Disorders, 40*(10), 1259-1273. https://doi.org/10.1007/s10803-010-0983-1

Enstrom, A. M., Van de Water, J. A., & Ashwood, P. (2009). Autoimmunity in autism. *Current Opinion in Investigational Drugs, 10*(5), 463-473.

Fosdick, C. M., Wink, L. K., McClellan, L., Dominick, K. C., Pedapati, E. V., & Erickson, C. A. (2017). Pharmacologic treatment options for children and adolescents with autism spectrum disorder. *The Pharmaceutical Journal*. https://pharmaceutical-journal.com/article/research/pharmacologic-treatment-options-for-children-and-adolesce nts-with-autism-spectrum-disorder

Frazier, J. A., Doyle, R., Chiu, S., & Coyle, J. T. (2002). Treating a child with Asperger's disorder and comorbid bipolar disorder. *American Journal of Psychiatry, 159*(1), 13-21. https://doi.org/10.1176/appi. aip.159.1.13

Gioia, G. A., Isquith, P. K., Guy, S. C., & Kenworthy, L. (2000). Test review: Behavior rating inventory of executive function. *Child Neuropsychology, 6*(3), 235-238. https://doi.org/10.1076/chin.6.3.235.3152

Griffiths, S., Allison, C., Kenny, R., Holt, R., Smith, P., & Baron-Cohen, S. (2002). The Vulnerability Experiences Quotient (VEQ): A study of vulnerability, mental health and life satisfaction in autistic adults. *Autism Research, 12*(10), 1516-1528. https://doi.org/10.1002/aur.2162

Happé, F., & Frith, U. (2006). The weak coherence account: Detail-focused cognitive style in autism spectrum disorders. *Journal of Autism and Developmental Disorders, 36*(1), 5-25. https://doi.org/10.1007/s10803-005-0039-0

Henderson, D. (in press). *Is this autism? A companion guide for diagnosing*. New York: Routledge.

Hill, A. P., Zuckerman, K. E., & Fombonne, E. (2015). Obesity and autism. *Pediatrics, 136*(6), 1051–1061. https://doi.org/10.1542/peds.2015-1437

Hirvikoski, T., Mittendorfer-Rutz, E., Boman, M., Larsson, H., Lichtenstein, P., & Bölte, S. (2016). Premature mortality in autism spectrum disorder. *The British Journal of Psychiatry: The Journal of Mental Science, 208*(3), 232–238. https://doi.org/10.1192/bjp.bp.114.160192

Hoover, D. W., & Romero, E. M. G. (2019). The interactive trauma scale: A web-based measure for children with autism. *Journal of Autism and Developmental Disorders, 49*(4), 1686–1692. https://doi.org/10.1007/s10803-018-03864-3

Hossain, M. M., Khan, N., Sultana, A., Ma, P., McKyer, E. L. J., Ahmed, H. U., & Purohit, N. (2020). Prevalence of comorbid psychiatric disorders among people with autism spectrum disorder: An umbrella review of systematic reviews and meta-analyses. *Psychiatry Research, 287*, 112922. https://doi.org/10.1016/j.psychres.2020.112922

Hudson, C. C., Hall, L., & Harkness, K. L. (2019). Prevalence of depressive disorders in individuals with autism spectrum disorder: A meta-analysis. *Journal of Abnormal Child Psychology, 47*(1), 165–175. https://doi.org/10.1007/s10802-018-0402-1

Huguet, G., Ey, E., & Bourgeron, T. (2013). The genetic landscapes of autism spectrum disorders. *Annual Review of Genomics and Human Genetics, 14*(1), 191–213. https://doi.org/10.1146/annurev-genom-091212-153431

Huke, V., Turk, J., Saeidi, S., Kent, A., & Morgan, J. F. (2013). Autism spectrum disorders in eating disorder populations: A systematic review. *European Eating Disorders Review, 21*(5), 345–351. https://doi.org/10.1002/erv.2244

Jaber, M. A. (2011). Dental caries experience, oral health status and treatment needs of dental patients with autism. *Journal of Applied Oral Science, 19*(3), 212–217. https://doi.org/10.1590/S1678-77572011000300006

Jackson-Perry, D. (2020). The autistic art of failure? Unknowing imperfect systems of sexuality and gender. *Scandinavian Journal of Disability Research, 22*(1), 221–229.

https://doi.org/10.16993/sjdr.634

Jónsdóttir, S. L., Saemundsen, E., Antonsdóttir, I. S., Sigurdardóttir, S., & Ólason, D. (2011). Children diagnosed with autism spectrum disorder before or after the age of 6 years. *Research in Autism Spectrum Disorders, 5*(1), 175–184. https://doi.org/10.1016/j.rasd.2010.03.007

Kalyva, E., Kyriazi, M., Vargiami, E., & Zafeiriou, D. I. (2016). A review of co-occurrence of autism spectrum disorder and Tourette syndrome. *Research in Autism Spectrum Disorders, 24*, 39–51. https://doi.org/10.1016/j.rasd.2016.01.007

Kaufman, R. (n.d.). *Your child is having a neuro-crash: What it is, how to spot it, and ways to prevent it*. Exceptional Needs *Today*. https://issuu.com/exceptionalneedstoday/docs/ent_n3_final/s/12110492

Kim, H. L., Donnelly, J. H., Tournay, A. E., Book, T. M., & Filipek, P. (2006). Absence of seizures despite high prevalence of epileptiform EEG abnormalities in children with autism monitored in a tertiary care center. *Epilepsia, 47*(2), 394–398. https://doi.org/10.1111/j.1528-1167.2006.00434.x

King, B., Rynkiewicz, A., Janas-Kozik, M., & Tyszkiewicz-Nafor, M. (2020). Medications to treat co-occurring psychiatric conditions in autism spectrum disorder. In S. W. White, B. B. Maddox, & C. Mazefsky (Eds.), *The Oxford handbook of autism and co-occurring psychiatric conditions* (pp. 370–386, Oxford University Press.

Klein, E. R., Ruiz, C. E., Morales, K., & Stanley, P. (2019). Variations in parent and teacher ratings of internalizing, externalizing, adaptive skills, and behavioral symptoms in children with selective mutism. *International Journal of Environmental Research and Public Health, 16*(21), 4070. https://doi.org/10.3390/ijerph16214070

Koomar, T., Thomas, T. R., Pottschmidt, N. R., Lutter, M., & Michaelson, J. J. (2021). Estimating the prevalence and genetic risk mechanisms of ARFID in a large autism cohort. *Frontiers in Psychiatry, 12*, 668297. www.frontiersin.org/article/10.3389/fpsyt.2021.668297

Kraper, C. K., Kenworthy, L., Popal, H., Martin, A., & Wallace, G. L. (2011). The gap between adaptive behavior and intelligence in autism persists into young adulthood and is linked to psychiatric comorbidities. *Journal of Autism and Developmental Disorders, 47*(10), 3007–3017. https://doi.org/10.1007/s10803-017-3213-2

Lai, C. L. E., Lau, Z., Lui, S. S. Y., Lok, E., Tam, V., Chan, Q., Cheng, K. M., Lam, S. M., & Cheung, E. F. C. (2017). Meta-analysis of neuropsychological measures of executive functioning in children and adolescents with high-functioning autism spectrum disorder. *Autism Research, 10*(5), 911–939. https://doi.org/10.1002/aur.1723

Lai, M.-C., Kassee, C., Besney, R., Bonato, S., Hull, L., Mandy, M., Szatmari, P., & Ameis, S. H. (2019). Prevalence of co-occurring mental health diagnoses in the autism population: A systematic review and meta-analysis. *Lancet Psychiatry, 6*(10), 819–829. https://doi.org/10.1016/S2215-0366(19)30289-5

Lau, B. Y., Leong, R., Uljarevic, M., Lerh, J. W., Rodgers, J., Hollocks, M. J., South, M., McConachie, H., Ozsivadjian, A., Van Hecke, A. V., Libove, R., Hardan, A., Leekam, S., Simonoff, E., & Magiati, I. (2020). Anxiety in young people with autism spectrum disorder: Common and autism-related anxiety experiences and their associations with individual characteristics. *Autism, 24*(5), 1111–1126. https://doi.org/10.1177/1362361319886246

Leyfer, O. T., Folstein, S. E., Bacalman, S., Davis, N. O., Dinh, E., Morgan, J., Tager-Flusberg, H., & Lainhart, J. E. (2006). Comorbid psychiatric disorders in children with autism: Interview development and rates of disorders. *Journal of Autism and Developmental Disorders, 36*(7), 849–861. https://doi.org/10.1007/s10803-006-0123-0

Mahler, K., McLaughlin, E., & Anson, D. (2020). Interoception across varying degrees of mental wellness. *American Journal of Occupational Therapy, 74*(S1). https://doi.org/10.5014/ajot.2020.74S1-PO9513

Mantzalas, J., Richdale, A. L., Adikari, A., Lowe, J., & Dissanayake, C. (2022). What is autistic burnout? A thematic analysis of posts on two online platforms. *Autism in Adulthood, 4*(1), 52–65. https://doi.org/10.1089/aut.2021.0021

Matthews, N. L., Smith, C. J., Pollard, E., Ober-Reynolds, S., Kirwan, J., & Malligo, A. (2015). Adaptive functioning in autism spectrum disorder during the transition to adulthood. *Journal of Autism and Developmental Disorders, 45*(8), 2349–2360. https://doi.org/10.1007/s10803-015-2400-2

Minio-Paluello, I., Porciello, G., Pascual-Leone, A., & Baron-Cohen, S. (2020). Face individual identity recognition: A potential endophenotype in autism. *Molecular Autism, 11*(1), 81. https://doi.org/10.1186/s13 229-020-00371-0

Moseley, R. L., Druce, T., & Turner-Cobb, J. M. (2020). 'When my autism broke': A qualitative study spotlighting autistic voices on menopause. *Autism, 24*(6), 1423–1437. https://doi.org/10.1177/1362361319901184

Mottron, L., Dawson, M., Soulières, I., Hubert, B., & Burack, J. (2006). Enhanced perceptual functioning in autism: An update, and eight principles of autistic perception. *Journal of Autism and Developmental Disorders, 36*(1), 27–43. https://doi.org/10.1007/s10803-005-0040-7

Munkhaugen, E. K., Gjevik, E., Pripp, A. H., Sponheim, E., & Diseth, T. H. (2017). School refusal behaviour: Are children and adolescents with autism spectrum disorder at a higher risk?. *Research in Autism Spectrum Disorders, 41–42*, 31–38. https://doi.org/10.1016/j.rasd.2017.07.001

Muris, P., & Ollendick, T. H. (2021). Selective mutism and its relations to social anxiety disorder and autism spectrum disorder. *Clinical Child and Family Psychology Review, 24*(2), 294–325. https://doi.org/10.1007/s10567-020-00342-0

Murray, D., Lesser, M., & Lawson, W. (2005). Attention, monotropism and the diagnostic criteria for autism. *Autism, 9*(2), 139–156. https://doi.org/10.1177/1362361305051398

Naigles, L. R., Cheng, M., Xu Rattanasone, N., Tek, S., Khetrapal, N., Fein, D., & Demuth, K. (2016). "You're telling me!": The prevalence and predictors of pronoun reversals in children with autism spectrum disorders and typical development. *Research in Autism Spectrum Disorders, 27*, 11–20. https://doi.org/10.1016/j.rasd.2016.03.008

Newson, E., Le Maréchal, K., & David, C. (2003). Pathological demand avoidance syndrome: A necessary distinction within the pervasive developmental disorders. *Archives of Disease in Childhood, 88*(7), 595–600. http://dx.doi.org/10.1136/

adc.88.7.595

Ostrolenk, A., Forgeot d'Arc, B., Jelenic, P., Samson, F., & Mottron, L. (2017). Hyperlexia: Systematic review, neurocognitive modeling, and outcome. *Neuroscience & Biobehavioral Reviews, 79*, 134-149. https://doi.org/10.1016/j.neubiorev.2017.04.029

Overweg, J., Hartman, C. A., & Hendriks, P. (2018). Children with autism spectrum disorder show pronoun reversals in interpretation. *Journal of Abnormal Psychology, 127*(2), 228-238. https://doi.org/10.1037/abn0000338

Owens, A. P., Mathias, C. J., & Iodice, V. (2021). Autonomic dysfunction in autism spectrum disorder. *Frontiers in Integrative Neuroscience, 15*, 787037. www.frontiersin.org/article/10.3389/fnint.2021.787037

Poquérusse, J., Pastore, L., Dellantonio, S., & Esposito, G. (2018). Alexithymia and autism spectrum disorder: A complex relationship. *Frontiers in Psychology, 9*, 1196. https://doi.org/10.3389/fpsyg.2018.01196

Pugliese, C. E., Anthony, L., Strang, J. F., Dudley, K., Wallace, G. L., & Kenworthy, L. (2015). Increasing adaptive behavior skill deficits from childhood to adolescence in autism spectrum disorder: Role of executive function. *Journal of Autism and Developmental Disorders, 45*(6), 1579-1587. https://doi.org/10.1007/s10803-014-2309-1

Pugliese, C. E., Wallace, G. L., Anthony, L. G., & Kenworthy, L. (2020). Understanding executive function challenges in autism spectrum disorder. In S. W. White, B. B. Maddox, & C. Mazefsky (Eds.), *The Oxford handbook of autism and co-occurring psychiatric conditions* (pp. 305-325). Oxford University Press.

Raymaker, D. M., Teo, A. R., Steckler, N. A., Lentz, B., Scharer, M., Santos, A. D., Kapp, S. K., Hunter, M., Joyce, A., & Nicolaidis, C. (2020). "Having all of your internal resources exhausted beyond measure and being left with no clean-up crew": Defining autistic burnout. *Autism in adulthood, 2*(2), 132-143. https://doi.org/10.1089/aut.2019.0079

Rumball, F., Happé, F., & Grey, N. (2020). Experience of trauma and PTSD symptoms in autistic adults: Risk of PTSD development following DSM-5 and non-DSM-5 traumatic life events. *Autism Research, 13*(12), 2122–2132. https://doi.org/10.1002/aur.2306

Scahill, L., Lecavalier, L., Schultz, R. T., Evans, A. N., Maddox, B., Pritchett, J., Herrington, J., Gillespie, S., Miller, J., Amoss, R. T., Aman, M. G., Bearss, K., Gadow, K., & Edwards, M. C. (2019). Development of the parent-related anxiety scale for youth with autism spectrum disorder. *Journal of the American Academy of Child and Adolescent Psychiatry, 58*(9), 887–896. https://doi.org/10.1016/j.jaac.2018.10.016

Scarborough, H. S., Rescorla, L., Tager-Flusberg, H., Fowler, A. E., & Sudhalter, V. (1991). The relation of utterance length to grammatical complexity in normal and language-disordered groups. *Applied Psycholinguistics, 12*(1), 23–46. https://doi.org/10.1017/S014271640 000936X

Schöttle, D., Briken, P., Tüscher, O., & Turner, D. (2017). Sexuality in autism: Hypersexual and paraphilic behavior in women and men with high-functioning autism spectrum disorder. *Dialogues in Clinical Neuroscience, 19*(4), 381–393. https://doi.org/10.31887/DCNS.2017.19.4/dschoettle

Sedgewick, F., Leppanen, J., & Tchanturia, K. (2020). Gender differences in mental health prevalence in autism. *Advances in Autism, 7*(3), 208–224. https://doi.org/10.1108/aia-01-2020-0007

Serdarevic, F., Ghassabian, A., van Batenburg-Eddes, T., White, T., Blanken, L. M. E., Jaddoe, V. W. V., Verhulst, F. C., & Tiemeier, H. (2017). Infant muscle tone and childhood autistic traits: A longitudinal study in the general population. *Autism Research, 10*(5), 757–768. https://doi.org/10.1002/aur.1739

Simantov, T., Pohl, A., Tsompanidis, A., Weir, E., Lombardo, M. V., Ruigrok, A., Smith, P., Allison, C., Baron-Cohen, S., & Uzefovsky, F. (2022). Medical symptoms and conditions in autistic women. *Autism, 26*(2), 373–388. https://doi.org/10.1177/13623613211022091

Smith, L. E., Maenner, M. J., & Seltzer, M. M. (2012). Developmental trajectories in adolescents and adults with autism: The case of daily living skills. *Journal of the American Academy of Child and Adolescent Psychiatry, 51*(6), 622–631. https://

doi.org/10.1016/j.jaac.2012.03.001

Solmi, F., Bentivegna, F., Bould, H., Mandy, W., Kothari, R., Rai, D., Skuse, D., & Lewis, G. (2021). Trajectories of autistic social traits in childhood and adolescence and disordered eating behaviours at age 14 years: A UK general population cohort study. *Journal of Child Psychology and Psychiatry, 62*(1), 75–85. https://doi.org/10.1111/jcpp.13255

Steffenburg, H., Steffenburg, S., Gillberg, C., & Billstedt, E. (2018). Children with autism spectrum disorders and selective mutism. *Neuropsychiatric Disease and Treatment, 14*, 1163–1169. https://doi.org/10.2147/NDT.S154966

Strang, J. F., Kenworthy, L., Dominska, A., Sokoloff, J., Kenealy, L. E., Berl, M., Walsh, K., Menvielle, E., Slesaransky-Poe, G., Kim, K.-E., Luong-Tran, C., Meagher, H., & Wallace, G. L. (2014). Increased gender variance in autism spectrum disorders and attention deficit hyperactivity disorder. *Archives of Sexual Behavior, 43*(8), 1525–1533. https://doi.org/10.1007/s10508-014-0285-3

Strang, J. F., Powers, M. D., Knauss, M., Sibarium, E., Leibowitz, S. F., Kenworthy, L., Sadikova, E., Wyss, S., Willing, L., Caplan, R., Pervez, N., Nowak, J., Dena Gohari, D., Gomez-Lobo, V., Call, D., & Anthony, L. G. (2018). "They thought it was an obsession": Trajectories and perspectives of autistic transgender and gender-diverse adolescents. *Journal of Autism and Developmental Disorders, 48*(12), 4039–4055. https://doi.org/10.1007/s10803-018-3723-6

Tager-Flusberg, H., Rogers, S., Cooper, J., Landa, R., Lord, C., Paul, R., Rice, M., Stoel-Gammon, C., Wetherby, A., & Yoder, P. (2009). Defining spoken language benchmarks and selecting measures of expressive language development for young children with autism spectrum disorders. *Journal of Speech, Language, and Hearing Research, 52*(3), 643–652. https://doi.org/10.1044/1092-4388(2009/08-0136)

Taylor, G. J., Bagby, R. M., Parker, J. D. A., & Grotstein, J. (1997). *Disorders of affect regulation: Alexithymia in medical and psychiatric illness* (1st ed.). Cambridge University Press. https://doi.org/10.1017/CBO9780511526831

Taylor, J. L., & Seltzer, M. M. (2010). Changes in the autism behavioral phenotype during the transition to adulthood. *Journal of Autism and Developmental Disorders, 40*(12), 1431–1446. https://doi.org/10.1007/s10803-010-1005-z

Taylor, J. L., Smith, L. E., & Mailick, M. R. (2014). Engagement in vocational activities promotes behavioral development for adults with autism spectrum disorders. *Journal of Autism and Developmental Disorders, 44*(6), 1447–1460. https://doi.org/10.1007/s10803-013-2010-9

Tek, S., Mesite, L., Fein, D., & Naigles, L. (2014). Longitudinal analyses of expressive language development reveal two distinct language profiles among young children with autism spectrum disorders. *Journal of Autism and Developmental Disorders, 44*(1), 75–89. https://doi.org/10.1007/s10803-013-1853-4

Theoharides, T. C., Kavalioti, M., & Tsilioni, I. (2019). Mast cells, stress, fear and autism spectrum disorder. *International Journal of Molecular Sciences, 20*(15), 3611. http://dx.doi.org/10.3390/ijms20153611

Thompson, H. (2019). *The PDA paradox: The highs and lows of my life on a little-known part of the autism spectrum*. Jessica Kingsley Publishers. https://uk.jkp.com/products/the-pda-paradox

Tye, C., Runicles, A. K., Whitehouse, A. J. O., & Alvares, G. A. (2019). Characterizing the interplay between autism spectrum disorder and comorbid medical conditions: An integrative review. *Frontiers in Psychiatry, 9,* 751. www.frontiersin.org/article/10.3389/fpsyt.2018.00751

Vermeulen, P. (2012). *Autism as context blindness*. AAPC Publishing.

Vermeulen, P. (2021). *Autisme en het voorspellende brein: Absoluut denken in een relatieve wereld*. Pelckmans Publishers.

Vivanti, G., & Hamilton, A. (2014). Imitation in autism spectrum disorders. In F. R. Volkmar, R. Paul, S. J. Rogers, & K. A. Pelphrey (Eds.), *Handbook of autism and pervasive developmental disorders: Diagnosis, development, and brain mechanisms* (4th ed., Vol. 1, pp. 278–301). John Wiley.

Warrier, V., Greenberg, D. M., Weir, E., Buckingham, C., Smith, P., Lai, M.-C., Allison, C., & Baron-Cohen, S. (2020). Elevated rates of autism, other neurodevelopmental and psychiatric diagnoses, and autistic traits in transgender and gender-diverse individuals. *Nature Communications, 11*(1), 3959. https://doi.org/10.1038/s41467-020-17794-1

Wechsler, D. (2014). *Wechsler intelligence scale for children* (5th ed.). Bloomington, MN: NCS Pearson.

Weimer, A. K., Schatz, A. M., Lincoln, A., Ballantyne, A. O., & Trauner, D. A. (2001). "Motor" impairment in Asperger syndrome: Evidence for a deficit in proprioception. *Journal of Developmental & Behavioral Pediatrics, 22*(2), 92-101.

White, S. W., Maddox, B. B., & Mazefsky, C. (Eds.). (2020). *The Oxford handbook of autism and co-occurring psychiatric conditions*. Oxford University Press.

Wilding, T. (2020, April 4). *Changing the name PDA*. Tomlin Wilding: Neuropsychology Specialist. https://tomlinwilding.com/changing-the-name-pda/

Williamson, P., Carnahan, C. R., & Jacobs, J. A. (2012). Reading comprehension profiles of high-functioning students on the autism spectrum: A grounded theory. *Exceptional Children, 78*(4), 449-469. https://doi.org/10.1177/001440291207800404

Wilson, N. J., Lee, H. C., Vaz, S., Vindin, P., & Cordier, R. (2018). Scoping review of the driving behaviour of and driver training programs for people on the autism spectrum. *Behavioural Neurology, 2018*, 6842306. https://doi.org/10.1155/2018/6842306

Xu, G., Snetselaar, L. G., Jing, J., Liu, B., Strathearn, L., & Bao, W. (2018). Association of food allergy and other allergic conditions with autism spectrum disorder in children. *JAMA Network Open, 1*(2), e180279. https://doi.org/10.1001/jamanetworkopen.2018.0279

Yerys, B. E., Bertollo, J. R., Pandey, J., Guy, L., & Schultz, R. T. (2019). Attention-deficit/hyperactivity disorder symptoms are associated with lower adaptive behavior skills in children with autism. *Journal of the American Academy of Child & Adolescent Psychiatry, 58*(5), 525-533. https://doi.org/10.1016/j.jaac.2018.08.017

제 10 장

자폐적 강점

대개 자신의 세상을 잘 헤쳐 나가기 어려워서 치료나 평가를 원하곤 한다. 당사자나 부모는 자신의 기능, 목표 달성, 안전과 만족감을 제한하는 요인을 궁금해하며, 이에 따라 임상가는 문제에 집중하게 된다. 하지만 모든 사람은 복합적인 존재이고 각자마다 강점과 약점을 가진다는 사실을 꼭 기억해야 하며, 이러한 이해는 신경다양성 패러다임에서 중요하다.

어떤 상황에서의 약점이 다른 상황에서는 강점이 될 수도 있다. 주변에 소음이 많을 때 잘 듣지 못하는 사람은 음식점에서 친구들과 대화할 때 '장해가 있다고' 보일 수 있다. 하지만 그 사람은 다양한 소리를 분석하고 분류하는 능력이 뛰어나, 음성 샘플을 매끄럽게 편집하거나 호소력 짙은 영화 음악을 만드는 훌륭한 오디오 엔지니어일 수도 있다. 템플 그랜딘Temple Grandin이 리처드 파넥Richard Panek과 함께 쓴 『나의 뇌는 특별하다: 템플 그랜딘의 자폐성 뇌 이야기The Autistic Brain: Thinking Across the Spectrum』에서 감동적으로 서술했듯이, "자신의 사고방식에서 강점과 약점을 의식적으로 인식할 수 있다면 적절한 이유를 가지고 적절한 생각을 찾을 수 있게 된다. 그렇게 한다면 때로는 적절한 마음이 자폐성 뇌에 있음을 알게 될 것이다." (그랜딘은 자폐인의 강점을 심도 있게 연구한 소수의 사람 중 한 명이며, 이 장에서 자주 인용될 것이다.)

어떤 사람들은 자폐인에게 초능력이 있다고 생각하는데, 이 믿음은 대중문화에서 묘사된 자폐인의 **서번트 증후군**savant syndrome 때문에 강화되었다(예: 영화 〈레인맨Rain Man〉에서 경이로운 기억력을 가졌다고 묘사된 레이몬드 배빗Raymond Babbitt). 서번트 증후군이 있는 사람은 다른 영역의 능력을 고려했을 때 예상하기 어려운 엄청난 능력을 소유하고 있다. 서번트 증후군은 일반인(단지 1% 정도)보다 자폐인(10~28%)에게서 더 자주 발생하지만, 모든 자폐인에게 나타나지는 않는다. 비-자폐인에게 그러하듯이, 자폐인이 초능력이 없어도 되는 특권을 반드시 허용해야 한다. 다시 말해 모든 사람은 상대적인 강점과 어려움으로 구성된 프로파일을 가진다. 개인의 강점을 강조해야 하는데, 자신이 잘하는 일을 알면 그 강점의 계발과 양성에 집중할 수 있기 때문이다. 이는 자신을 '고치는' 일에 모든 에너지를 쏟는 것보다 훨씬 더 가슴 뛰게 하고 희망을 준다.

이 분위기를 타서 저자들은 당신이 주변에 있는 자폐인의 재능, 기술, 자질을 생각해 보길 바란다. 이 장에서 설명하는 모든 강점을 소유한 자폐인은 없겠지만, 이 장을 읽으면서 몇몇 가능성을 떠올리면 좋겠다. 이 장에서는 저자들의 자폐증 내담자에게서 두드러졌던 7개 영역의 강점을 설명하겠다: (1) 감각적 차이, (2) 인지적 처리, (3) 강렬한 관심사, (4) 일관성, (5) 사회적 의사소통, (6) 유머, (7) 근성grit. 몇몇 영역은 앞에서 진단 기준의 일부로 논의되었으며, 여기서는 적합한 환경에서 이러한 특성이 어떻게 강점이 될 수 있는지 알아보려고 한다. 앞으로 살펴보겠지만, 이 특성은 자폐인이 우리 사회와 세상에 독특하고 가치 있는 방식으로 공헌하도록 해 준다.

감각적 차이

앞서 언급했듯이, 자폐증 진단 기준에 포함될 만큼 감각적 차이를 보이는 자폐인이 많다. 이러한 감각 경험은 자폐인의 삶을 방해할 수 있지만, 유용한 상황도 있다. 예를 들어, 많은 자폐인은 감각적 인식이 고조되어 있어서 다른 일에 집중하는 중에도 주변의 위험에 깨어 있을 수 있다고 보고한다. 타는 냄새나 화학물질이 누출된 냄새를 다른 사람보다 먼저 알아차릴 수도 있다. 또는 새 집을 찾을 때 벽에서 쥐 소리를 듣거나 처진 바닥을 감지해 낼 수도 있다.

시각

자폐인은 시각 정보에 **매우 민감하게 조율되어**highly attuned 있을 수 있다. 자폐인은 다른 사람이 놓쳤던, 심지어는 볼 수 없었던 시각적 세부사항까지 발견한다고 자주 보고된다. 이는 꼭 시각적으로 예리해서라기보다는 세부 사항을 더 잘 알아차리고, 사물을 더 쉽게 인식할 수 있는 다른 신경 구조wiring의 결과로 생각된다. 세부를 알아차리는 능력은 독특한 문제해결 능력에 기여할 수 있다.

청각

몇몇 자폐인은 **소리의 다른 측면에 조율되어**attuned 있다. 약 5%의 자폐인은 다른 사람이 지각하지 못하는 소리를 들을 수 있을 뿐만 아니라 표준 도구(예: 피치 파이프pitch pipe[1]나 소리 굽쇠tuning fork 등)를 사용해서 비교하지 않고도 음을 정확하게 식별할 수 있다. 이러한 절대 음감은 일반 인구의 0.05%에게만 나타나며, 음악가, 작곡가, 음향 엔지니어 등에게 매우 값질 수 있다.

주파수(음조)를 정확하게 변별하거나, 시끄러운 환경에서 여러 소리를 동시에 추적하거나 혹은 특정 소리만을 파악하는 청각 능력도 있다. 이 기술은 모터의 기계적 문제를 진단하는 것부터 방문자의 도착을 듣는 것까지 다양한 업무에 도움이 된다. 이 능력은 구어 영역으로도 확장될 수 있는데, 일부 자폐인은 말의 리듬, 억양, 크기에 반영된 상대방의 정서적 상태 변화나 새로 배우는 언어의 말소리(음소phonemes)를 민감하게 알아차릴 수 있다.

마거릿Marguerite은 소리에 매우 민감해서 콘서트나 영화를 볼 때 쉽게 압도되었다. 성인이 되어 사운드 엔지니어가 되었는데, 말과 음악의 미묘한 변화를 들을 수 있는 능력 덕분에 여러 출처의 소리를 한 번에 방해받지 않고 녹음한 듯 들리는 사운드트랙을 만들 수 있었다.

1) 역자 주: 기본음을 잡을 때 사용하는 작은 피리

후각, 미각, 촉각, 고유수용감각, 전정감각

이외의 감각적 차이도 귀하다. 상하기 직전의 음식 냄새를 맡을 수 있거나, 소량의 음식을 맛보고도 식중독의 가능성을 줄일 수 있다. 훌륭하게 와인을 감별하거나 놀라운 레시피를 만드는 능력이 될 수도 있다. 목공예가는 완벽한 마감을 위해 질감(촉감)에 민감하게 의존하며, 제빵사는 반죽을 치대면서 적절한 농도가 되었을 때를 파악해야 한다. 운동선수는 자기 몸의 자세와 움직임의 방식(고유수용감각)을 정교하게 이해해야 하며, 지붕 공사자roofer는 높은 곳에서 균형을 유지할 수 있어야 한다(전정감각). 통증을 잘 참는 사람은 다른 사람이라면 견디지 못하는 옷을 입거나(패션!) 혹은 다른 사람이 고통스러워하는 일을 대신해 줄 수 있다(예: 얇은 주방 장갑으로 오븐에서 뜨거운 팬 꺼내기).

자폐증 경험에서 본 시선으로: 감각적 강점

"저는 디테일에 매우 예민하고 시각적 감각이 뛰어나다고 자부하는데, 제 주력인 강점이라고 생각해요. 시각적인 세부 사항을 기억할 수 있어서 매핑/GIS 수업이 어렵지 않았어요."

– 자카리 M. Zachary M.

"저는 관찰력이 뛰어나요. 항상 주변 환경을 살피고 정보를 처리해요. 덕분에 다른 사람이 눈치채지 못한 많은 걸 알아챌 수 있답니다."

– 노엘 B. Noelle B.

"옷이 너무 꽉 끼거나 신발이 너무 작아도 신경 쓰이지 않아요. 원하는 건 뭐든 입을 수 있어요!"

– 그레이스 O. Grace O.

인지적 처리

자폐인은 많은 인지적 강점을 가진다. 이들의 신경 구조wiring는 다른 이들과 구별되는 방식으로 정보를 처리하며, 잠재적으로 특별한 문제 해결력, 창의력, 통찰력을 발휘할 수 있다.

기억력

몇몇 자폐인은 관심 영역의 **상세한 정보를 흡수하고 유지하는 놀라운 능력**을 소유한다. 날짜, 기차 시간표, 소프트웨어의 제품 코드, 스포츠 통계, 역사, 지리 등의 영역에서 기발한 기억력을 가질 수 있다.

부모는 4세인 존Jon이 생년월일을 단 한 번만 듣고도 기억할 수 있다는 사실을 발견했다. 수년 동안 부모는 집에서 파티를 열어 이전에 존이 만났지만 몇 달 동안 보지 못했던 친구들의 생일을 외우게 했다. 성인이 된 존은 업무에 중요한 날짜를 기억하고 있어 마감일을 놓치지 않으면서 복잡한 프로젝트를 관리할 수 있었다.

연합적 사고associative thinking

일부 자폐인은 다른 사람이 생각하지 못한 방식으로 **연상**하는 데 탁월한 능력을 발휘한다. 아이디어들을 예상치 못한 방식으로 연결하는 것부터 과학 및 예술에서 창의적인 돌파구를 만드는 일까지 다양하다. 앨리 S.Allie S.가 언급하였듯이, "공예가이자 예술가로서 제가 예술을 생각하고, 때로 자발적으로 창조하는 방식은 독창적이고 예상 밖의 연상을 포함해요. 이게 저를 훌륭한 선생님으로 만들어 준다고 생각합니다."

주의력

2005년에 디나 머레이Dinah Murray 등에 따르면, **좁고 강렬한 주의 초점**은 자폐적인 신경계의 핵심 특징이다. 단일-지향적인 **사고방식**monotropism은 주의 전환의 어려움과 같은 문제를 설명하지만, 강렬한 관심사에 깊이 집중하는 능력, 세부 사항에 대한 주의력과 같은 자폐증의 강점을 설명할 수도 있다. 다른 사람이 놓친 **세부 사항을 알아차리는 놀라운 능력**은 꼭 시각적 지각이 좋기 때문만은 아니다. 오히려 협소하고 강렬한 주의 초점은 집중이 향하는 영역 내에서 지각적 선명도를 높인다. 주의 초청이 강렬한 사람은 극도로 철저하고 정확할 수 있는데, 가령 컴퓨터 코드, 재고, 스프레드시트의 자료에서 실수를 찾아낼 때 유용할 수 있다. 협소한 주의 초점은 시각 정보에 국한되지 않고 감각, 신체, 인지 등 모든 영역에 적용할 수 있다.

주의의 자원이 매우 좁은 범위에 집중되기 때문에 자폐인은 관심 있는 일을 할 때 **산만함이 훨씬 적**을 수 있다. 따라서 관심사인 프로젝트를 작업하는 동안에 오랜 시간 깊이 집중(또는 초집중)할 수 있다.[2]

❙ 자폐증 경험에서 본 시선으로: 주의력과 초집중

"제 프리랜서 번역 작업에서 가장 실용적인 [강점]은 디테일에 대한 주의력과 장시간 집중할 수 있는 능력이죠."

– 린 V. Leen V.

"최근에 밤을 새워 가면서 스타듀 밸리Stardew Valley[3] 테마의 십자수 시계를 디자인했어요. 학교 숙제에는 그렇게 집중하고 에너지를 쏟았던 적이 없었을 거예요."

– 앤지 L. Angie L.

"신경-전형적인 동료를 귀찮게 하는 '반짝이는 물체를 쫓는 것'에 저는 영향을 받지 않았던 경험이 여러 번 있어요."

– 에릭 O. Eric O.

2) 저자 주: 많은 사람이 이 책을 검토해 주었는데, 이 중 자폐인 일부는 큰 틀의 문제뿐만 아니라 작은 세부 사항에 이르기까지 원고 편집자와 비-자폐인 검토자, 그리고 저자들마저도 간과했던 수많은 오류를 발견해 주었다.

3) 역자 주: 에릭 바론(Eric Barone)이 2016년에 개발한 롤플레잉 게임(RPG)이다.

체계화

캠브리지 대학교 자폐증 연구센터의 사이먼 바론-코헨Simon Baron-Cohen, 2009 등에 따르면, 몇몇 자폐인은 정보를 분석하고 그 정보를 이해하기 위한 체계를 구축하려는 욕구drive를 상당히 강하게 지니고 있으며, 이는 세부에 훌륭하게 주의 집중한 직접적인 결과이다. 연구팀은 이 기술을 **체계화**systemising(영국 철자법에 따라 s를 붙임; 미국에서는 systematizing)라고 지칭했다.

체계화의 결과로 자폐인은 다양한 영역의 패턴을 조직하고 분류하고 발견하는 데 극도로 유능하다. 어떤 정보를 받아들일 때 이것이 어떻게 큰 그림에 들어맞을지 선입견을 품지 않으며, 그 대신에 처음부터 무관하거나 낮은 수준에서 파편화되어 있는 세부 사항에 초점을 맞추기 때문에 부분적으로 가능한 일이다. 패턴과 반복을 파악하는 능력은 복잡한 장면에 삽입된 그림을 재인하거나, 컴퓨터 코드의 오류를 찾거나, 체스와 같은 전략 게임에 능숙하거나, 예술 작품을 만드는 등의 작업을 더 쉽게 수행하도록 해 준다.

그랜딘의 설명에 따르면, 이는 **상향식**bottom-up **사고방식으로서 구조가 명료해질 때까지 세부 사항을 분석하고 조직체를 탐구하려는 욕구이다.** 상향식 사고방식은 (대다수의 비-자폐인 방식처럼) 자료를 수집할 때 이전의 경험을 바탕으로 생각의 근거를 마련하지 않는다. 자폐적 사고방식에서는 기존의 가설을 지지하는 자료를 수집하도록 제약을 받지 않기 때문에 **상향식 사고방식**으로 종종 참신하고 혁신적인 해결책을 더 쉽게 떠올릴 수 있다. (나중에 맥락을 읽지 못하는context blindness 현상을 설명할 예정이다. **상향식 사고방식**은 자료의 수집과 분석을 제한하기 위해 맥락을 활용하지 않으며, 이것이 강점이 될지 약점이 될지는 그 맥락에 따라 다르다.)

이 기술을 가진 자폐인은 다양한 정보, 사물, 활동에 대한 체계화를 즐긴다. 음식, 질감, 뜨개질, 스포츠, 음악, 미술, 수집품, 달력, 시간표, 수학, 시각적 패턴, 경로, 가구 배치, 사회적 체계, 얼굴, 날씨, 정원 가꾸기, 장치의 작동 방식, 언어적 규칙, 영화 등의 목록은 무한하다!

서로 다른 유형의 체계화가 있다: 시각, 언어, 창의력.

시각적 체계화: 일부 자폐인은 **그림으로 생각하는 경향**이 있다. 사진으로 찍은 듯한 선명한 기억인 경우도 많지만, **작동 혹은 조립 방식을 이해하기 위해 사물을 직접 보고 조작해야만** 할 때도 있다. 그랜딘은 자신이 장비를 설계할 때 사용하는 상향식 접근에 관해 다음과 같이 설명했다: "축산업 장비를 설계할 때 가상현실 컴퓨터 프로그램처럼 머릿속으로 장비를 점검해 볼 수 있답니다."

언어적 체계화: 모든 자폐인의 언어 처리가 지연 혹은 손상되었다는 틀린 믿음에도 불구하고, 언어 정보의 분석과 기억에서 경이로운 능력을 보여 주는 자폐인이 있다. 그랜딘과 파넥이 언급했듯이, **특출난 언어적/논리적 사고력을 가진 자폐인은 단어, 문헌, 연설을 연구하기 좋아하며 언어 학습에 재능이 있는 경우가 많다.** 이들 대부분은 **과독증**hyperlexic으로, 매우 어린 나이(18개월부터)부터 읽기 시작하고 읽는 속도가 빠를 뿐만 아니라 철자법도 뛰어나다. 목록 나열하기를 좋아할 수도 있다. 그림 그리기나 시각적으로 생각하기에는 능숙하지 않을 수 있지만, 유명인, 스포츠 경기, 책, 역사적 사건 등 관심 주제에 대해서는 다른 사람들이 기억하지 못하는 사실을 기억할 수 있다.

언어적 사고력을 지닌 야엘 C.Yael C.은 다음과 같이 설명했다: "저는 행동과 언어에서 패턴을 봐요. 남편은 저를 '말의 달인Mrs. Wordsmith'이라고 부르면서 저의 현학성에 대해서는 '시장성이 없는 상품'이라고 했어요. 저는 그저 말을 좋아하고, 그 말을 사용하는 사람들에 대해 배우기를 좋아해요. 물론 저는 잘 훈련받은 심리학자이지만, 임상가로서의 제 능력은 자폐적 재능 덕분임을 알고 있어요. 저는 말로 표현되지 않은 내용이나 어떻게 말로 표현되었는지의 패턴을 포착해 내곤 해요."

창의적인 체계화: 많은 자폐인은 놀라울 정도로 창의적이고 혁신적인데, 이는 부분적으로 사고 과정과 세상을 경험하는 방식이 독특하기 때문이다. 가수 아미르 칼립 톰슨Ahmir Khalib Thompson(일명 퀘스트러브Questlove), 토킹 헤드Talking Heads의 데이비드 번David Byrne, 포켓몬을 창작한 사토시 타지리Satoshi Tajiri 등이 해당한다. 이와 같은 **창의적인 사고력을 가진 자폐인은 종종 경이로운 상상력을 가지고 놀라운 방식으

로 **참신한 아이디어를 표현한다**. 오드리안 F.Audrian F.가 설명하기로, "저의 가장 큰 기술 중 하나이자 확실한 사회적인 관심사는 방대하고 상세한 줄거리와 캐릭터를 창조하는 것이랍니다."

실제로 **복잡성을 참신한 형태로 경험**하려는 욕구는 자폐적 경험의 일부가 된다. 앨리 S.Allie S.가 언급하기로, "제 뇌에는 참신함이 필요해서 저는 항상 새로운 무언가를 배우고 싶은 열망과 의지가 있어요. 쉬운 레이스 도면은 끌리지가 않아서 저는 아주 복잡한 레이스 뜨개질을 한답니다."

자폐증 경험에서 본 시선으로: 체계화

"저는 문제가 무엇인지 파악하고 효과적인 해결책을 제시하는 데 정말 능숙해요. 이것이 체계화라고 생각하는데, 특히 주변 사람에 대한 체계화라고 생각해요. 사람들의 말과 행동에서 패턴을 알아차리고, 이 관찰을 바탕으로 어떻게 결과를 예측할지 알아내는 것이죠."

– 샬롯 R. Charlotte R.

"저는 아주 패턴 지향적이라서 다른 사람이 수년간 놓쳤던 뜨개질 도면 패턴에서 오류를 찾아내곤 해요."

– 앨리 S. Allie S.

분석적 사고

몇몇 자폐인은 **논리적으로 일관된 방식으로 문제를 추론**하는 능력이 탁월하다. 앞에서 언급한 바와 같이 이들은 의사결정 과정에서 선입견이 작용할 가능성이 적고, 그래서 무엇을 해야 할지 결정할 때 가용한 모든 사실을 고려할 수 있다. 이 강점은 추론, 판단, 의사결정 영역에서 두드러지는데, 자폐인은 종종 비-자폐인보다 더 이성적이고 편견으로부터 자유로운 의사결정을 내려서 **향상된 합리성**rationality을 종종 보여 준다.

예를 들어, 자폐인은 직관에 덜 의존하고, 신중한 논증에 더 의존하며, 선택의 일관성이 높고, 이미 발생하여 회수할 수 없는 비용(매몰 비용)의 영향을 덜 받으며, 바람직한 정보와 바람직하지 않은 정보로부터 동등하게 학습하는 경향이 있다는 연구 결과가 있다. 더욱이 리론 로젠크란츠Liron Rozenkrantz, 아닐라 디멜로Anila D'Mello, 존 가브리엘리John Gabrieli의 2021년 연구에 따르면, 자폐인은 스스로가 소속 집단 내 다른 구성원과 비슷하다고 가정하는 경향이 덜했고, 어떤 사실이 제시되거나 구성된 방식보다는 그 사실에 기반하여 정보를 평가하였다. 이는 비합리적인 결정을 내릴 가능성이 낮다는 점을 의미한다. 셜록 홈즈가 『보헤미아의 스캔들A Scandal in Bohemia』에서 남긴 유명한 말처럼, "아직 데이터가 없네. 자료를 확보하기 전에 이론을 세우는 건 크나큰 실수이지. 무의식적으로 한 번 시작하게 되면 이론을 사실에 맞추기보다는 이론에 맞추려고 사실을 왜곡하게 된다네(도일Doyle, 2005)."

고도의 합리성을 가진 몇몇 자폐인은 위기 상황에서도 **감정보다 이성을 우선시한다**. 즉, 비-자폐인이 압도될 수 있는 상황에서 자폐인은 꽤 도움이 될 수 있다.

저자들은 감정을 무시하는 능력에 관한 놀라운 사례로 존 엘더 로비슨John Elder Robison의 저서 『뇌에 스위치를 켜다Switched On』를 떠올렸다. 로비슨은 늦은 밤에 운전을 하다가 한적한 도로에서 타이어를 교체하던 중에 한 남성이 깔려 사망한 사건을 목격했다. 사망한 남성의 동승자는 6피트[4] 떨어진 곳에 앉아 몸을 덜덜 떨면서 충격으로 말을 못하고 있었다. 로비슨은 침착하게 근처에 있는 집으로 걸어가 문을 두드린 후에 문을 열고 나온 사람에게 "경찰을 불러 주세요. …… 밖에 자동차 사고가 나서 사람이 죽었습니다"라고 말했다. 그 사람이 문을 닫고 들어가자, 로비슨은 다시 사고 현장으로 돌아가서 경찰이 도착할 때까지 기다렸다.

▎자폐증 경험에서 본 시선으로: 분석적 사고

"저는 원래부터 호기심이 많아서 모든 걸 질문하고 싶고 왜 중요한지 알고 싶어

4) 역자 주: 약 1.8m

했어요. 덕분에 아무리 엉뚱한 주제라도 빠른 속도로 깊이 파고들 수 있지요. 그리고 올바른 질문을 하는 방법도 배웠어요. 직장에서 새로운 프로젝트가 시작될 때마다, 저는 미처 검토되지 않은 시나리오에 대해 적절한 질문을 할 수 있고, 그래서 시간을 절약할 수 있어요."

– 노엘 B.Noel B.

"저는 문제를 잘 해결해요. 제 직업은 최악의 시나리오를 살펴보는 거예요. 최악의 시나리오를 모두 생각해서 어떻게 피할지 방법을 떠올리는 일에 있어서 불안하고 자폐적인 사람보다 좋은 사람이 누가 있겠어요?"

– 재무 설계사 앤드류 K.Andrew K.

"입양된 저는 유전자 검사를 하고, 온라인 데이터베이스를 검색해서 촌수가 두 번 멀어진 사촌을 찾아냈어요. 약 6시간 만에 제 생모를 알아낼 수 있었어요. 사망 기사를 찾아보고, 인터넷을 검색하고, 가능성을 연결하고, 얼굴을 찾아보고, 전화를 걸었죠. 그리고 촌수가 세 번 떨어진 사촌을 새로 데이터베이스에 추가하니, 약 4시간 만에 친부를 찾을 수 있었어요."

– 캐롤 B.Carol B.

"저는 앨버타 대학교에서 몇몇 과학자와 함께 이판암shale 같은 다공성 매개체에서 석유의 흐름을 측정하고 있었어요. 전체 측정값 대신에 세부 측정값을 살펴보니 이판암층을 통해 직선적이고 납작한 손바닥 모양의 흐름을 전송하고 핵심부를 통과해서 꾸준하고 직접적으로 전파된다는 사실을 발견했어요. 그렇게 해서 손바닥 모양의 흐름이 한 구획을 채우고, 석유는 같은 방식으로 다음 구획으로 이동하는 거죠. 그 흐름을 매핑하면 마치 계단식 함수처럼 보이고요. 제가 이 사실을 알아내기 전까지 아무도 몰랐다고 하네요."

– 밥 W.Bob W.

강렬한 관심사

자폐인은 강렬한 관심사를 탐구하는 과정 중에 많은 강점을 발휘할 수 있으며, 다음이 포함된다. **배움에 대한 깊은 열망**을 자극하는 **강렬한 호기심, 초점의 강도, 주제에 대한 백과사전적 이해를 쌓아 나갈 수 있는** 에너지와 기억력이 그것이다. 이러한 욕구는 강도 높은 자기 주도적 학습을 통해 고도로 숙련된 인재로 거듭나도록 해준다. 흥미롭게도 자폐인의 사회적 의사소통 능력은 관심사에 관해 다른 사람들과 이야기할 때 더 상호적이고 유연하며 참여적인 특성을 보여 준다. 이들은 다른 사람들과 함께 자신의 관심사에 몰입해서 초점을 맞춰 탐구하는 친절하고 심오한 대화를 즐긴다고 한다.

자폐증 경험에서 본 시선으로: 강렬한 관심사

"저는 관심사, 그중에서도 수공예를 극단적으로 독학하는 편이에요. 책을 읽고 유튜브 동영상을 보면서 뜨개질, 코바늘뜨기, 손바느질, 기계 바느질 등을 아주 높은 수준으로 혼자 떴답니다."

— 앨리 S. Allie S.

"저는 제 관심사라면 무엇이든 가리지 않고 개처럼 달려들어요. 대학에서 복수 전공을 하면서 응급실에서 풀타임 3교대로 근무하고, 럭비팀에서 경기하고, 염소 유제품 사업을 바닥부터 시작했는데, 이 모든 일에 관심이 있었기 때문이에요. 잠? 휴식? 인간관계? 상관없어요. 제게 중간 지대란 없어요. 중용은 제 강점이 아니에요. 저는 하거나 하지 않을 뿐이죠. 일에서 영웅이 필요하거나, 무언가를 해결해야 하거나, 방대하거나 도전적인 모델이 제시되거나, 적시에 예측되어야 할 때 저는 저와 제 집착 사이의 반쯤은 허구적인 장벽을 기꺼이 내던지고, 30시간 동안 문제를 해결하면서 하루를 구원하는 데 몰두할 거예요."

— 제시 P. Jesse P.

"저는 특별한 관심인 기술적 주제에서 새로운 기술을 아주 빠르게 습득하는 재주가 있어요."

– 에릭 O. Eric O.

일관성

융통성 결여inflexibility를 긍정적으로 바라보면 일관성consistency이 된다. 반복적인 일정을 지속하면서 지루해 하지 않는 능력은 매일 똑같은 업무를 수행해야 하는 환경에서 강점이 된다. 다른 사람이 만든 규칙을 정확하게 따라야 하는 업무에서도 중요한 장점이 되며, 항공 교통관제나 원자로 운영이 그 예시가 될 수 있다. 규칙을 따르고 기억하도록 도와주는 일을 좋아하는 사람에게 불쾌감을 느낄 수도 있지만, 이러한 기술은 합의된 범위 내에서 경기를 진행하는 스포츠 심판에게는 매우 중요하다.

"심판을 보는 건 제게 목적의식을 줘요. 공정성과 질서를 향한 저의 애정을 발휘할 수 있으니까요. 어렸을 때 스포츠를 좋아하기는 했지만, 선수로서의 미래는 없었는데, 심판이 되면서 스포츠의 일부가 될 수 있었어요. 그리고 지금은 프로 경기의 심판이 될 만큼 실력이 늘었답니다."

– 일야 Z. Ilya Z.

사회적 의사소통 양식의 차이

자폐인의 사회적 연결성은 두 가지 측면에서 엄청난 잠재적 강점이 될 수 있다: (1) 자폐인이 비-자폐인과 연결되어 소통하는 방법을 이해하기 위한 노력은 때때로 이 영역에서 뛰어난 능력으로 이어질 수 있다. (2) 자폐적 신경 구조의 본질 자체가 자산이 될 수도 있다.

제2장의 '상호성'에서 언급했듯이, **사회적 위장**은 사회적 상황에서 덜 자폐적으로 보이려는 목적을 가지고 전략을 사용하는 것이다. 위장이 어떻게 장해가 되는지 설명했지만, 한편으로는 장점이 되기도 한다. 자폐인은 비-자폐인의 행동 방식을 비판적으로 분석하고 명시적으로 묘사할 필요가 있으며, 이 때문에 몇몇 자폐인은 비-자폐인보다 사회적 역학을 더 잘 이해할 수 있으며, **사회적인 실용적 단서** pragmatic cues**를 읽고 사용하는 신묘한 능력**을 발휘할 수 있다.

> "평생 가면을 쓰고 다른 사람의 몸짓 언어를 읽기 위해 열심히 노력한 덕택에 저는 두 가지 모두를 유별나게 잘해요. 제가 완전히 몰입하면 대부분의 사람보다 의도를 더 잘 읽고, '나는 거짓말을 하고 있고, 숨기려고 한다' 같은 복잡한 의도도 알아챌 수 있어요. 이렇게 완전히 몰입하는 일은 지치지만, 의도적으로 행할 때는 제게 경쟁력이 되기도 해요. 저는 보통 중요한 순간에만 몰입하는데, 속상하거나 화난 사람에게 지지적으로 상담해 줄 때, 면접을 볼 때, 중요한 사회적 행사나 회의에서 인맥을 만들 때, 서로의 의도를 추리하는 게임을 할 때winning social deduction games 등등에서요."
>
> – 드류 R.Drew R.

안톤 골비처Anton Gollwitzer, 카메론 마르텔Cameron Martel, 제임스 맥파트랜드James McPartland, 존 바흐John Bargh가 2019년에 관찰한 바와 같이, 자폐인은 평균적으로 **사회적-심리적 현상을 더 잘 예측**하며, 특히 즉각적인 반응이 필요하지 않은 환경에서 그렇다. 이것이 바로 온라인 커뮤니티가 몇몇 자폐인에게 효과적일 수 있는 이유 중 하나이다. 다른 사람들과 글로 소통할 때 다른 커뮤니티 회원이 작성한 글을 천천히 읽고, 상대방이 전달하려는 내용을 이해하며, 다정하고 숙고하는 방식으로 반응할 수 있다.

> "역설적이지만 제 강점 중 하나는 다른 사람의 관점에서 바라보기예요. 직접 소통하거나 단서를 읽을 때는 잘 통하지 않아요. 하지만 이걸 보완하려고 저는 다른 사람

의 관점을 회고적으로 또는 가설로 구성하는 정교한 '작은 역할극'을 만드는데, 갈등이 조직적이거나 오래 지속되는 상황에서 도움이 돼요."

– 엘레나–마리아 G. Elena-María G.

저자들은 몇몇 자폐인이 자폐적 신경 구조wiring의 본질상 **다른 사람의 감정에 예리하게 조율된**keenly attuned(즉, 엄청난 정서적 공감 능력을 소유하고 있는) 것을 관찰해 왔다. 극도의 측은지심은 적절한 상황에서 상당한 이점이 될 수 있다. 공감 능력이 뛰어난 친구나 치료자를 원치 않는 사람은 없을 것이다.

"저는 제가 가진 높은 공감 능력으로 사랑하는 사람들에게 훌륭한 지지 체계가 되어 준다는 사실을 발견했어요."

– 오드리안 F. Audrian F.

"클럽, 라이브 음악 공연, 올림픽에서 상을 받거나 금메달을 따는 등의 흥분되는 순간이나 사람들이 행복해하는 모습을 보는 것만으로도 기분이 좋아요. 저는 배우자가 행복해할 때 저도 덩달아 행복해지는 '공감 기쁨compersion' 수준이 아주 높고, 이건 저희의 관계를 더 좋게 해 줘요."

– 알리스 C. Alis C.

동물과의 정서적 공감 능력이 특별히 강한 자폐인도 있다. 이들은 반려동물과 깊이 연결되며, 동물과 함께 일하는 직업에 이끌린다.

예리한 공감 능력은 **공정성과 정의감에 대한 의식으로도** 확장될 수 있다.

그레타 툰베리Greta Thunberg는 환경 문제, 특히 지구온난화의 해결에 관심을 보인 젊은 자폐증 여성으로 잘 알려져 있다. 2020년에 툰베리의 어머니인 말레나 에른만Malena Ernman은 다음과 같이 기술했다: "결국 툰베리는 현대 생활의 모순을 받아들일 수 없었다. 모든 것이 앞뒤가 맞지 않았다. …… 툰베리는 우리 중 나머지가 보지 않으려고 하는 것들을 보았다. 마치 육안으로 우리의 이산화탄소 배출량을 볼 수 있는 것 같았다. …… 그녀는 모든 것을 보았고(물론 문자 그대로가 아니지만), 굴뚝에서 흘러나오는 온실가스가 바람을 타고 위로 날아가서 대기를 보이지 않는 거대한 쓰레기장으로 바꾸는 모습을 보았다. 동화 〈벌거벗은 임금님〉에서처럼 그녀는 아이였고, 우리는 왕이었다. 그리고 우리는 벌거벗고 있었다."

툰베리는 혼자가 아니다. 불의에 깊은 상처를 입은 내담자가 많다. 다른 아동이 부당하게 벌을 받으면 교사에게 심하게 화를 내는 자폐증 아동도 많다. 사라Sarah의 자폐증 친구는 '#흑인의 생명도 소중하다#Black Lives Matter' 운동에서 드러난 부조리와 흑인 친구에 관한 생각을 멈출 수가 없어서 생산성이 저하되어 직장을 잃을 뻔한 적이 있다. 걱정의 강도는 다양하고, 이러한 걱정은 **실제로 변화를 가져오는 행동**으로 이어질 수 있다.

자폐인이 불의에 맞서 목소리를 낼 수 있는 이유는 이들이 사회적 규범에 의문을 제기하고 가설에 도전할 수 있으며, **위계 질서가 덜하고, 또래의 압력에 덜 영향받**기 때문이다.

공정성과 평등에 대한 심오한 욕구는 **진실성에 대한 확고한 의식**strong sense of integrity과 분리될 수 없다. 자폐적 강점, 기술, 관심사 척도Survey of Autistic Strengths, Skills, and Interests: SASSI에서는 다음의 질문으로 이 특성을 평가한다: "당신의 신념이나 당신이 중요하게 여기는 요소 때문에 다수의 의견에 기꺼이 반대했던 경우를 설명할 수 있습니까?" 이 특성을 가진 자폐인은 자신의 윤리 강령에서 벗어난 상황과 마주했을 때 다수의 의견에 기꺼이 이의를 제기하고 반박한다. 그리고 신뢰할 수 없다고 생각하는 사람을 피할 것이다.

진실성에 대해 확고한 의식과 함께 옳은 일을 하려는 열망을 지닌 자폐인은 자신이 강점을 가진 분야에서 **학업적으로도 극히 우수**할 수 있다. 이들은 마감일을 진지하게 받아들이고, 자신의 작업이 훌륭하길 바라며, **존경하는** 교사나 상사의 지적에도 방어적이지 않다.

이렇게 진실성과 공정성에 대한 의식이 확고한 자폐인은 흔히 **서로 다름에 수용적이며 소외되고 오해받는 다른 집단에 개방적**이다. 아마도 자신의 경험 때문인지 나와 다른 이들과 기꺼이 친구가 되어 이해하고자 노력한다. SASSI에서는 "당신은 연령대, 문화, 삶의 방식, 능력 수준이 다른 사람과 어느 정도로 친구가 될 의향이 있습니까?"라고 질문하며, 다른 신경다양성을 가진 사람과의 우정도 묻는다.

> "제 생각에 진실한 사람이 되기 위한 핵심은 다른 사람에게 대접받고 싶은 대로 다른 사람을 대하는 거예요. …… 진실성의 문제에 있어서 서로 다르더라도 상대방을 있는 그대로 수용해야 해요. 왜냐하면 이것이 제가 저 스스로에게, 그리고 제가 사랑하는 사람에게 바라는 것이기 때문이죠."
>
> – 찰리 R.Charli R.

자폐인은 다른 사람을 잘 대하고 싶어 하기 때문에, 매우 개방적이고, 서로 다른 영향을 배려하며, 덜 판단적이다. 강렬한 호기심과 결합했을 때, 자폐인은 철저히 다른 삶을 경험한 타인도 이해할 수 있다.

> "생각과 배경의 차이를 수용한 것이 제 경력에 큰 도움이 됐어요."
>
> – 에릭 O.Eric O.

> "저의 또 다른 강점은 …… 깊은 연민, 심리학과 사회학 연구를 향한 열광, 그리고 매우 수용적이고 비-판단적인 마음가짐이랍니다. 저는 지위나 젠더의 사회적 구성물을 믿지 않아요. 그리고 모든 나이와 젠더인 내담자와 쉽게 연결될 수 있어요."
>
> – 야엘 C.Yael C.

짐작할 수 있겠지만, 수용적이고 개방적인 자폐인은 **믿을 수 없을 정도로 사려 깊은 친구**가 된다. 실제로 자폐증 아동에게 보이는 긍정적인 특성을 부모에게 물으면 이들이 사랑스럽고 친절하며 매우 충실하다는 대답이 많다. 또한 자폐증 아동은 무엇이 좋은 친구로 만들어 주는지 신중하게 생각하므로 비-자폐인 친구라면 하지 않았을 일을 해 줄 수도 있다.

수잔Susan은 생일을 잊어버리지 않고 기념일이나 다른 특별한 날에는 기쁜 일이든 슬픈 일이든 항상 정성을 담아 손편지를 보냈다. 수잔은 친구와 가족에게 완벽한 선물이 무엇인지 고민하기를 좋아했고, 이들을 위해 노래를 만들었으며, 기쁘고 유용할 수 있는 선물을 사곤 했다. 세심한 배려를 아끼지 않아 친한 친구 세 명에게만 시간을 할애할 수 있었지만, 친구들은 수잔의 인심과 친절함을 사랑하고 고마워했다.

많은 자폐인은 **직접적이고 직설적인 의사소통 양식**을 가지고 자신이 관찰한 바를 솔직하게 말하기를 선호하는데, 특히 상대방이 무례하거나 부적절한 행동을 했다고 생각하는 경우에 그렇다. 이를 통해, 표현되지 않은 반응이나 갈등의 신호를 파악하려고 복잡하게 노력하지 않고도, 더 **진솔하고 정직하게** 상호작용할 수 있다.

> "저는 아주 진솔하고 직설적이에요. 내담자들은 저와 함께라면 곧바로 편안해진답니다. 저는 온종일 진정성 있고 의미 있는 대화를 나눠요. 그리고 안전하고 예측 가능한 내담자-치료자 관계의 경계 안에서 깊숙이 연결되는 축복을 가졌기 때문에 저는 제 일을 사랑해요."
>
> – 야엘 C.Yael C.

> "'그이와 헤어져야 할지 말지'를 두고 고민하는 사람들의 이야기를 들으면서 인간관계의 '드라마'를 이해해 본 적이 없어요. 제 머릿속은 모 아니면 도예요. 저는 친구들에게 말하곤 해요. '45분 째 이 사람 때문에 괴로운 일들을 말하고 있잖아. 그러면

이 사람은 너한테도 안 맞는 거고, 너도 그 사람이랑 안 맞아.'"

– 캐롤 B. Carol B.

2020년과 2021년의 코로나19 격리 중에 크게 이득이 된 특성은 **고독을 즐기는 능력**이었다. 미국에서 격리 기간의 대부분 동안에 사라Sarah의 큰아들은 가족 외의 사람과 어울려야 한다는 압박이 없어서 어느 때보다 행복했다.

몇몇 자폐인은 자신이 좋아하는 일을 하면서 오랜 시간을 혼자 보내길 정말 좋아한다. 실제로 많은 자폐인은 혼자만의 오랜 시간을 **필요로 한다**. 비-자폐인은 이를 걱정스럽게 바라보기도 하는데, 사회적 관계망이 풍부한 사람의 정신건강이 더 좋다는 연구 결과가 있기 때문이기도 하다. 그러나 혼자 있기를 선호하는 자폐인을 대상으로 사회적 관계가 정신건강에 미치는 영향을 조사한 연구는 아직 없다.

> "52년 동안의 제 경험에 따르면, 건강관리전문가들은 매우 관계지향적prorelationship이에요. 의도했든 의도하지 않았든 관계에 대해 질문하고 논의할 때 데이트하는 사람이 없거나 오랜 기간 함께할 사람을 적극적으로 찾고 있지 않으면 '열등'하다고 가정하더라고요."

– 캐롤 B. Carol B.

유머

자폐인에 대한 터무니없는 오해 중 하나는 유머 감각이 부족하다는 것이다. 저자들 모두는 우리가 사랑하고, 같이 일하고, 함께 살았던 자폐인들 중 정말 웃긴 사람을 떠올릴 수 있다!

저자들이 최근 자폐인 33명에게 유머 감각을 질문한 결과, 몇 가지 살펴볼 만한 주제를 발견했다. 한 가지 주제는 자신이 고의적으로 자극되었음을 애매모호하게 하려고 **일부러 평탄 정동을 사용**하는 것이다. 실제로 대상자 중 몇몇은 사람들이 자신의 농담을 이해하지 못했을 때 이를 즐기는 것처럼 보였다("그건 확실히 좋은 농담이었지만 쉽게 놓칠 수 있는 농담이었죠. 그게 저한테는 더 재밌네요"라고 에오인 W.Eoin W.가 말했다). 물론 어떤 사람은 단순히 평탄 정동을 보이기도 한다("이게 원래 제가 말하는 방식이에요. 어쩌다 농담이랑 잘 어울렸네요"라고 코미디언 스티븐 라이트Steven Wright가 말했다).

1/3의 대상자가 **말장난이 포함된 유머**를 즐긴다고 보고했고, 다음을 포함한다: 동음이의어를 이용한 말장난("웃긴 질문이네요!Punny thing you ask!"), 일부러 잘못 발음함("소포클레스Sophocles를 큐티클cuticle"로 혹은 그 반대로, "포크, 스푼, 커-니프ker-niffee"), 두음전환('잭해머jackhammer' 대신에 '핵재머hackjammer'라고 말하기), 동음이의어나 모호한 의미를 이용해서 혼란스럽게 하기("만약 어구가 모호하거나 단어에 여러 의미가 있을 때 저는 일부러 의도하지 않았던 의미를 선택합니다. 그리고 상대방이 다시 설명해 주려고 하면 제가 선택한 의미를 더 고집합니다."), 합성어를 뒤집기("왜 스포크spork=SPoon+fORK이고, 푼foon=Fork+spOON은 아니죠?"), 철자를 거꾸로 써서 발음하기("저는 편지함mailbox 대신에 함지편xobliam에 우편물이 있는지 물어볼 거예요."), 단어를 웃기게 결합하기가 그것이다.

> 가족들은 친구인 윌리엄William의 이름을 빌Bill이라고 불렀다. 그레이스Grace는 격식 있게 윌리엄으로 불러야 할지, 가볍게 빌이라고 불러야 할지 결정할 수 없어서 '빌리엄Billiam'이라고 부른다.

30%는 **블랙 유머**dark humor를 언급했는데, 특히 **비꼬는 말**sarcasm**이나 풍자**satire와 함께 사용한다.

> "제 유머 감각은 어둡고 냉소적이고 풍자적이에요. 사람들이 '정말 방금 그런 말을 한 거야?'라는 표정으로 반응하는 경우가 많아요. 가끔은 제가 웃기려고 하지 않았는데도 사람들이 신경질적으로 웃고 있을 때도 있어요."
>
> – 존 W.Jon W.

18%는 가장 좋아하는 유머의 종류로 비꼬는 말을 꼽았으며, 특히 논리적 오류를 지적하면서 풍자할 때라고 답했다.

> "제가 가장 좋아하는 유머는 명백히 멍청하거나 틀린 말을 진심으로 믿는 듯이 말하는 거예요. 예를 들어. 식기세척기는 물을 엄청나게 많이 사용하니까 조금 비싸더라도 더러운 설거지는 바로 쓰레기통에 버리는 편이라고 말하는 거죠."
>
> – 파비안 B.Fabian B.

몇몇 대상자는 **암묵적인 규칙을 위반하는 무해하고 엉뚱한 유머**를 즐긴다고 언급했다.

어느 날 아침, 메건Meaghan의 부모가 일어나 보니 집 안의 모든 가족사진이 스타워즈 캐릭터인 츄바카Chewbaca로 바뀌어 있었다.

마지막으로, 몇몇은 예상치 못한 디테일이 웃기다고 말했다.

댄 에이크로이드Dan Aykroyd, 티그 노타로Tig Notaro, 한나 개즈비Hannah Gadsby 등 많은 코미디언이 자폐인이라는 사실이 흥미롭다. 우리만 자폐적 유머가 재미있다고 생각하지 않는 듯하다.

근성grit

저자들이 알고 있는 자폐인에게서 발견한 가장 인상적인 자질 중 하나는 이들을 위해 설계되지 않은 사회에서도 살아나가는 **놀라운 회복탄력성과 인내심**이다. 실제로 많은 자폐인이 **확고한 직업윤리**를 가지고 있다. 주변에 맞추면서 잘 해내야 한다는 스트레스가 압도적임에도 매일 학교에 가는 아이를 생각해 보라. 혹은 동료가 자신을 이해하지 못하고 인정하지 않음을 알면서도 출근하는 성인을 생각해 보라. 이를 위해서는 엄청난 **끈기와 용기**가 필요하며, 수많은 자폐인이 엄청난 대가를 치르면서 해나가고 있다. 저자들은 자폐인의 결의를 인정하는 동시에 자폐증의 도전과 재능을 인정하는 더 친절한 세상을 옹호하고, 신경다양성의 사람들이 자신만이 할 수 있는 방식으로 세상에 몰입하고 기여할 수 있도록 지지하고 격려하고 싶다.

자폐증 경험에서 본 시선으로: 회복 탄력성과 끈기

"저의 가장 큰 장점은 인내심이에요! 원하는 것이 있으면 절대 포기하지 않죠. 저는 실수로부터 배우는 능력이 뛰어나요. 정말 많은 것을 배워 왔기 때문에 저는 어렸을 때와는 완전히 다른 사람입니다."

– 린 V. Leen V.

"17년 동안 한 명의 고용주와 근무하면서 혹독한 제도적 관료주의에 맞선 끈기와 회복 탄력성, 그리고 헌신도!"

– 에릭 O. Eric O.

"끈기와 회복탄력성에 점수를 매길 수 있다면 제 점수는 아주 높을 거예요. 저는 쉽게 포기하지 않아요. 플랜 A가 실패하면 항상 플랜 B나 플랜 C를 찾아야 한다고 생각하죠."

– 샬롯 R. Charlotte R.

자주 하는 질문(FAQ)

- **강점이자 동시에 문제가 되는 특성은 어떤 점에서 좋을까요?** 사람은 자신의 특성을 선택할 수 없다. 다만 그 특성이 강점으로 작용하는 환경을 확인하고, 그 환경에서 가능한 최선으로 기능하도록 노력할 뿐이다. 자신의 강점을 살리면서 문제를 인정하는 일은 성공적인 적응 방략 중 하나이다.
- **사람들은 왜 자폐증을 언급할 때 강점보다 문제에 초점을 맞출까요?** 여러 가지 이유가 있다. 그중 하나로, 건강관리전문가들은 대개 상태가 좋지 않은 시기의 자폐인을 만나며, 그래서 도움을 제공하고 문제를 해결하기 위해 무엇이 잘못되고 있는지에 집중하게 된다. 다른 이유로 인간은 문제를 인지하도록 배선되어 있기 wired 때문이다. 상황이 잘 풀리는 중이라면 변화할 필요가 없다. 상황이 좋지 않다면 조정이 가능하도록 그 이유에 주목하는 것이 가장 좋다. 다른 이유도 있겠지만, 부정적인 측면에 주의를 기울이는 대신에 자폐증의 긍정적인 측면을 널리 알리는 방법에 초점을 두어야 한다.

참고문헌 및 읽을거리

Baron-Cohen, S., Ashwin, E., Ashwin, C., Tavassoli, T., & Chakrabarti, B. (2009). Talent in autism: Hyper-systemizing, hyper-attention to detail and sensory hypersensitivity. *Philosophical Transactions of the Royal Society B: Biological Sciences, 364*(1522), 1377–1383. https://doi.org/10.1098/rstb.2008.0337

Berkman, L. F., Kawachi, I., & Glymour, M. M. (2014). *Social epidemiology*. Oxford University Press.

Bertone, A., Mottron, L., Jelenic, P., & Faubert, J. (2005). Enhanced and diminished visuo-spatial information processing in autism depends on stimulus complexity. *Brain, 128*(10), 2430–2441. https://doi.org/10.1093/brain/awh561

Brosnan, M. J., Gwilliam, L. R., & Walker, I. (2012). Brief report: The relationship between visual acuity, the embedded figures test and systemizing in autism spectrum disorders. *Journal of Autism and Developmental Disorders, 42*(11), 2491-2497. https://doi.org/10.1007/s10803-012-1505-0

Cost, K. T., Zaidman-Zait, A., Mirenda, P., Duku, E., Zwaigenbaum, L., Smith, I. M., Ungar, W. J., Kerns, C., Bennett, T., Szatmari, P. Georgiades, S. Waddell, C. Elsabbagh, M., & Vaillancourt, T. (2021). "Best things": Parents describe their children with autism spectrum disorder over time. *Journal of Autism and Developmental Disorders. 51*(12), 1-15, 4560-4574. https://doi.org/10.1007/s10803-021-04890-4

Davies, W. J. (2019, November 30). *Autistic listening*. Aural Diversity Conference 2019, Leicester, UK. http://auraldiversity.org/conferences.html

Doyle, A. C. (2007). *The new annotated Sherlock Holmes* (Vol. 1, L. S. Klinger, Ed.). W. W. Norton & Company.

Ernman, M. (2020, February 23). *Malena Ernman on daughter Greta Thunberg: 'She was slowly disappearing into some kind of darkness'*. The Guardian. www.theguardian.com/environment/2020/feb/23/great-thunberg-malena-ernman-our-house-is-on-fire-memoir-extract

Fletcher-Watson, S., & Bird, G. (2020). Autism and empathy: What are the real links?. *Autism, 24*(1), 3-6. https://doi.org/10.1177/136236131 9883506

Gollwitzer, A., Martel, C., McPartland, J. C., & Bargh, J. A. (2019). Autism spectrum traits predict higher social psychological skill. *Proceedings of the National Academy of Sciences, 116*(39), 19245-19247. https://doi.org/10.1073/pnas.1911460116

Grandin, T., & Panek, R. (2013). *The autistic brain: Thinking across the spectrum*. Houghton Mifflin Harcourt.

Grandin, T. (2009). How does visual thinking work in the mind of a person with autism? A personal account. *Philosophical Transactions of the Royal Society B: Biological Sciences, 364*(1522), 1437-1442. https://doi.org/10.1098/rstb.2008.0297

Grandin, T. (2013, May 23). *How an entirely new, autistic way of thinking powers silicon valley*. Wired. www.wired.com/2013/05/silicon-valley-coders-and-autism-

and-asperbergers-maybe-its-a-new-kind-of-design-thinking/

Holt-Lunstad, J., Smith, T. B., & Layton, J. B. (2010). Social relationships and mortality risk: A meta-analytic review. *PLoS Medicine, 7*(7), e1000316. https://doi.org/10.1371/journal.pmed.1000316

Howlin, P., Goode, S., Hutton, J., & Rutter, M. (2009). Savant skills in autism: Psychometric approaches and parental reports. *Philosophical Transactions of the Royal Society B: Biological Sciences, 364*(1522), 1359-1367. https://doi.org/10.1098/rstb.2008.0328

Kaufman, S. B. (2014, February 25). *Where do savant skills come from?.* Scientific American Blog Network. https://blogs.scientificamerican.com/beautiful-minds/where-do-savant-skills-come-from/

Li, J., Zhu, L., & Gummerum, M. (2014). The relationship between moral judgment and cooperation in children with high-functioning autism. *Scientific Reports, 4*, 4314. https://doi.org/10.1038/srep04314

Logan, B. (2017, June 26). *Steven Wright, master of meh: "This is just how I talk. It accidentally went well with the jokes."* The Guardian. www.theguardian.com/stage/2017/jun/26/steven-wright-comedy-interview-emoji-movie

Mottron, L., Dawson, M., Soulières, I., Hubert, B., & Burack, J. (2006). Enhanced perceptual functioning in autism: An update, and eight principles of autistic perception. *Journal of Autism and Developmental Disorders, 36*(1), 27-43. https://doi.org/10.1007/s10803-005-0040-7

Murray, D., Lesser, M., & Lawson, W. (2005). Attention, monotropism and the diagnostic criteria for autism. *Autism, 9*(2), 139-156. https://doi.org/10.1177/1362361305051398

O'Connor, K. (2012). Auditory processing in autism spectrum disorder: A review. *Neuroscience and Biobehavioral Reviews, 36*(2), 836-854. https://doi.org/10.1016/j.neubiorev.2011.11.008

Panek, T. G. R. (2013, October 7). *Temple Grandin: What's right with the autistic mind.* Time. http://content.time.com/time/subscriber/article/0,33009,2153096-3,00.html

Ponnet, K., Buysse, A., Roeyers, H., & De Corte, K. (2005). Empathic accuracy in adults with a pervasive developmental disorder during an unstructured conversation with a typically developing stranger. *Journal of Autism and Developmental Disorders, 35*(5), 585–600. https://doi.org/10.1007/s10803-005-0003-z

Rawlings, D., & Locarnini, A. (2008). Dimensional schizotypy, autism, and unusual word associations in artists and scientists. *Journal of Research in Personality, 42*(2), 465–471. https://doi.org/10.1016/j.jrp.2007.06.005

Remington, A., & Fairnie, J. (2017). A sound advantage: Increased auditory capacity in autism. *Cognition, 166*, 459–465. https://doi.org/10.1016/j.cognition.2017.04.002

Remington, A., Hanley, M., O'Brien, S., Riby, D. M., & Swettenham, J. (2019). Implications of capacity in the classroom: Simplifying tasks for autistic children may not be the answer. *Research in Developmental Disabilities, 85*, 197–204. https://doi.org/10.1016/j.ridd.2018.12.006

Rimland, B., & Fein, D. (1988). Special talents of autistic savants. In L. K. Obler & D. Fein (Eds.), *The exceptional brain: Neuropsychology of talent and special abilities* (pp. 474-492). The Guilford Press. https://psycnet.apa.org/record/1988-97460-025

Robertson, A. E., & Simmons, D. R. (2013). The relationship between sensory sensitivity and autistic traits in the general population. *Journal of Autism and Developmental Disorders, 43*(4), 775–784. https://doi.org/10.1007/s10803-012-1608-7

Robertson, C. E., Kravitz, D. J., Freyberg, J., Baron-Cohen, S., & Baker, C. I. (2013). Tunnel vision: Sharper gradient of spatial attention in autism. *Journal of Neuroscience, 33*(16), 6776–6781.

Robison, J. E. (2016). *Switched on: A memoir of brain change and emotional awakening*. Speigel & Grau.

Rozenkrantz, L., D'Mello, A. M., & Gabrieli, J. D. E. (2021). Enhanced rationality in autism spectrum disorder. *Trends in Cognitive Sciences, 25*(8), 685–696. https://doi.org/10.1016/j.tics.2021.05.004

Samson, F., Mottron, L., Soulières, I., & Zeffiro, T. A. (2012). Enhanced visual functioning in autism: An ALE meta-analysis. *Human Brain Mapping, 33*, 1553–1581. https://doi.org/10.1002/hbm.21307

Santini, Z. I., Koyanagi, A., Tyrovolas, S., Mason, C., & Haro, J. M. (2015). The association between social relationships and depression: A systematic review. *Journal of Affective Disorders, 175*, 53–65. https://doi.org/10.1016/j.jad.2014.12.049

Shah, P., Catmur, C., & Bird, G. (2016). Emotional decision-making in autism spectrum disorder: The roles of interoception and alexithymia. *Molecular Autism, 7*(1), 43. https://doi.org/10.1186/s13 229-016-0104-x

Sparrow, M. (2020, March 19). *Autistic in the pandemic: A call to action*. Thinking Person's Guide to Autism. www.thinkingautismguide.com/2020/03/autistic-in-pandemic-call-to-action.html

St. John, T., Woods, S., Bode, T., Ritter, C., & Estes, A. (2021). A review of executive functioning challenges and strengths in autistic adults. *The Clinical Neuropsychologist, 36*(5), 1–32. https://doi.org/10.1080/13854046.2021.1971767

Treffert, D. A. (2009). The savant syndrome: An extraordinary condition. A synopsis: past, present, future. *Philosophical Transactions of the Royal Society B: Biological Sciences, 364*(1522), 1351–1357. https://doi.org/10.1098/rstb.2008.0326

Woods, S. E. O., & Estes, A. (2023). Toward a more comprehensive autism assessment: The Survey of Autistic Strengths, Skills, and Interests (SASSI). *Frontiers in Psychiatry*, 14, 1264516. http://doi.org/10.3389/fpsyt.2023.1264516

마치며

저자가 처음 시작했던 다음의 질문으로 마무리하고자 한다. 저자는 이 책을 왜 썼는가?

저자는 모두가 마땅히 존중받고 이해받고 인정되고 수용되어야 한다고 전적으로 믿기에 이 책을 저술했다. 자신에게 맞는 방식으로 세상을 살아가야 하며, 자신만의 독특한 기여로 가치를 인정받아야 한다. 스스로를 이해하고, 안전하다고 느끼고, 관계와 목적의 균형 잡힌 삶을 추구해야 한다. 젠더, 인종, 나이, 종교, 성적 지향, 신경-양식neuro-style과 무관하게 우리 모두는 이를 누릴 자격이 있다. 이 책에 담긴 정보, 특히 생생한 삶의 경험을 공유한 자폐인들의 이야기로 우리가 조금이라도 올바른 방향으로 나아가기를 희망한다.

찾아보기

인명

용어

ㄱ

ㅊ

ㅌ

ㅍ

ㅎ

* 저자 소개는 5p 참고

역자 소개

신민섭 (Shin Min-Sup)

임상심리전문가 및 정신건강임상심리사 1급
연세대학교 대학원 심리학과 임상심리학 박사 졸업
서울대학교병원 정신건강의학과 임상심리전문가 수련
현 서울대학교 의과대학 정신과학교실·서울대학교병원 정신건강의학과 명예교수
고려대학교 심리학부 특임교수

이가영 (Lee Ga Young)

임상심리전문가 및 정신건강임상심리사 1급
고려대학교 대학원 심리학부 임상 및 상담심리학 박사 수료
서울대학교병원 정신건강의학과 임상심리전문가 수련
전 서울대학교병원 발달장애인거점병원 행동발달증진센터 임상심리전문가
현 서울대학교병원 소아청소년정신과 임상심리실 수퍼바이저

신다예 (Shin Dayeah)

임상심리전문가 및 정신건강임상심리사 1급
서울대학교 대학원 심리학과 임상 및 상담심리학 석사 졸업
서울대학교병원 정신건강의학과 임상심리전문가 수련

자폐증인가요 I: 임상가와 모두를 위한 지침서

Is This Autism: A Guide for Clinicians and Everyone Else

2025년 10월 25일 1판 1쇄 인쇄
2025년 10월 30일 1판 1쇄 발행

지은이 • Donna Henderson · Sarah Wayland · Jamell White
옮긴이 • 신민섭 · 이가영 · 신다예

펴낸이 • 김진환
펴낸곳 • (주) 학지사
04031 서울특별시 마포구 양화로 15길 20 마인드월드빌딩
대표전화 • 02)330-5114 팩스 • 02)324-2345
등록번호 • 제313-2006-000265호

홈페이지 • http://www.hakjisa.co.kr
인스타그램 • https://www.instagram.com/hakjisabook/

ISBN 978-89-997-3564-6 93370

정가 22,000원